*Iconografía del gótico*

Carlos Taranilla

# *Iconografía del gótico*

ALMUZARA

Primera edición: mayo de 2024



Editorial Almuzara • Colección Arte y Patrimonio
Director editorial: Antonio Cuesta
Editor: Manuel Ortiz de Galisteo

www.editorialalmuzara.com
pedidos@almuzaralibros.com - info@almuzaralibros.com

Editorial Almuzara
Parque Logístico de Córdoba. Ctra. Palma del Río, km 4
C/8, Nave L2, nº 3. 14005 - Córdoba

Imprime: Liberdúplex
ISBN: 978-84-10521-86-5
Depósito legal: CO-698-2024
Hecho e impreso en España - *Made and printed in Spain*

*A la* Pulchra leonina, *la*
*catedral de mi tierra*

# *Índice*

# *Lista de abreviaturas*

Ap: Libro del Apocalipsis
Cant: El Cantar de los Cantares
Col: Epístola a los colosenses
Cor: Epístola a los corintios
Cró: Libros de Crónicas
Dn: Libro de Daniel
Dt: Libro del Deuteronomio
Eclo (Si): Libro de la Sabiduría o Eclesiástico (Sirácida)
Est: Libro de Esther
Éx: Libro del Éxodo
Ez: Libro de Ezequiel
Gál: Epístola a los gálatas
Gn: Libro del Génesis
Hb: Epístola a los hebreos
Hch: Hechos de los apóstoles
Is: Libro de Isaías
Jdt: Libro de Judith
Jn: Evangelio de san Juan
Job: Libro de Job
Jon: Libro de Jonás

Js: Libro de Josué
Jr: Libro de Jeremías
Ju: Libro de los Jueces
Judas: Epístolas de san Judas Tadeo
Lc: Evangelio de san Lucas
Lv: Libro del Levítico
Mac: Libro de los Macabeos
Mc: Evangelio de san Marcos
Ml: Libro de Malaquías
Mt: Evangelio de san Mateo
Nm: Libro de Números
Ped: Epístolas de san Pedro
Prov: Libro de los Proverbios
Re: Libro de los Reyes
Rom: Epístola a los Romanos
Sab: Libro de la Sabiduría
Sal: Libro de los Salmos
Sf: Libro de Sofonías
Sm: Libro de Samuel
Tes: Epístola a los Tesalonicenses
Tob: Libro de Tobías
Zac: Libro de Zacarías

# *Prólogo*

Recuerdo con frecuencia la reflexión de mi profesor de historia del arte sobre la *Pulchra leonina*, la catedral de mi tierra. Él nos decía que, si la fatalidad quisiera algún día que un terremoto, por ejemplo, la echase abajo nos moriríamos de pena porque nuestra catedral forma parte de lo que somos, de nuestra identidad, de modo que, al perder este referente, la idea de quiénes somos, de nuestra forma de ser e identificarnos como leoneses, quedaría eclipsada, en cierto modo huérfana.

*Iconografía del gótico* de Carlos Taranilla está dedicado, precisamente, a este prodigio radiante de crucerías, vidrieras y rosetones, cuya presencia rotunda los leoneses volvemos a buscar cada poco, cuando las responsabilidades nos obligan a alejarnos demasiado tiempo de ella. Entonces, en cuanto volvemos a pisar León, corremos a contemplar sus hechuras verticales de piedra, de luz y color, porque esa sola visión nos repara y nos trae de vuelta a casa.

Los leoneses somos, como esta misma catedral, herederos de siglos de luchas y resistencias por construirnos y seguir considerándonos como parte de un reino que cambia de fronteras, pero nunca pierde su identidad propia y singularidad. Así se ha ido forjando a lo largo de los siglos nuestro carácter resistente y resiliente.

Los leoneses hemos sido desde nuestro origen batalladores y nos quisimos orgullosos defensores de instituciones propias. Defensores de derechos. No en vano somos «cuna del parlamentarismo» con los históricos Decreta de 1188.

Podemos decir, con orgullo, que leonesa fue la primera reina europea que lo fue por derecho propio: la reina Urraca de León, la Temeraria.

No pasan muchas semanas sin que me acerque al pasillo de cuadros de reyes que vigilan los pasillos del Congreso, y justo en el de la reina leonesa recuerdo y evoco la tenacidad y decisión con la que luchó por sus derechos. Un ejemplo y un orgullo, como mujer y como leonesa.

Son muchas las muestras que ejemplifican el espíritu del pueblo del león rampante. Pero hoy, como diputada nacional por la provincia de León, quiero aprovechar la oportunidad que me brinda el autor para honrar una vez más nuestros símbolos, poniéndolos en valor, como la iconografía lo ha hecho también durante siglos para enseñar, sobre paredes y cristales, a quienes no eran capaces de leer los códices.

Porque la iconografía cuenta una historia que puede leerse en las piedras. Pero que es sentida fácilmente por el alma, por el corazón que se encoge, como decía mi profesor que ocurriría si un cataclismo nos privara de ese referente. Al contrario, algo se tranquiliza dentro de nosotros cuando comprobamos que los símbolos que nos definen se mantienen firmes. Y nos decimos: «todo está bien, todo sigue en pie».

La «bella» sigue reinando en nuestro «reino» desde esa verticalidad simbólica y geométrica que hace única y esbelta la arquitectura gótica, y a la vez la carga de un significado profundo que vale la pena descubrir. Así que, gracias a Carlos, gracias por esta recopilación minuciosa de imágenes, símbolos y alegorías. Gracias por ordenar todo este conocimiento y, especialmente, por dedicar tu libro a la catedral de León, lugar emblemático para tantos leoneses como yo, que nunca dejan de maravillarse con su belleza.

Estoy segura de que esta obra fascinará a quien la lea, tal y como me ha ocurrido a mí, al adentrarse en los misterios que acompañan a cada elemento arquitectónico, a cada escultura, a cada pliegue del manto o la sonrisa de esculturas de vírgenes, apóstoles o fieros animales. Porque a través de la observación de los detalles, iremos poco a poco encontrando la magia del conocimiento de los evangelios, los órdenes del mundo bajo las bóvedas que nos hacen sentir que estamos entre la tierra y el cielo, siendo conscientes de la historia, rodeados de los signos sobre los que los leoneses hemos ido construyendo los cimientos de un reino.

Ester Muñoz de la Iglesia
Diputada nacional por León

# *Introducción*

El término «gótico» fue aplicado la primera vez por el teórico y artista italiano Giorgio Vasari, en su célebre obra *Vida de los más excelsos pintores, escultores y arquitectos* (h. 1550), para designar con carácter peyorativo un estilo que se consideraba arte de bárbaros (godos) porque se apartaba de la estética clásica. En el siglo XIX, el Romanticismo, dentro de su añoranza por la Edad Media, revalorizó el estilo.

Otras especulaciones peregrinas, como las de un tal Fulcanelli (seudónimo con el que firmó *El misterio de las catedrales*, 1926), ajenas al rigor histórico, afirman que deriva del término francés —Francia fue el país desde el que se expandió el estilo— *l'argotique* (de *art* y *gotique*), que no significa «arte gótico», sino que se trata de un adjetivo procedente de la voz «argot», que indica un lenguaje específico de los *maçons* o albañiles: la lengua argótica, *langue verte* («lengua verde») o «lengua de los pájaros» (animales de alta consideración entre los celtas, el sufismo o los augures), que era como se denominaba a la sabiduría ancestral e iniciática, aludiendo a una terminología secreta que solo un grupo de iniciados, los «argoteros», conocían. Estos se consideraban descendientes de los argonautas, viajeros helenos que, a bordo del navío Argos, atendiendo a la llamada de Jasón, embarcaron hacia la Cólquida en busca del vellocino de oro. Se denominaban, asimismo, herméticos, seguidores del mítico filósofo Hermes Trismegisto («Tres veces grande», como filósofo, sacerdote y rey, según el humanista italiano del *quattrocento* Marsilio Ficino), dios y maestro en las religiones egipcia y griega.

También se ha querido especular con el término *Art-Goat*, que en lengua celta significa «el lugar del bosque», debido al paralelismo con la vegetación que se puede apreciar en una catedral a partir de la maraña de arbotantes, contrafuertes y pináculos que, estirando la imaginación, recordarían al ramaje de los árboles, con cuya madera, además, se hacían las cimbras y armazones para levantar los arcos y bóvedas.

Otra hipótesis pseudocientífica, según Louis Charpentier, busca la raíz en las palabras griegas *goiteia* («magia») o *góes* («mago», «encantador», «hechicero»), aludiendo a la magia que, además del arte, debían dominar los constructores de estos templos tan monumentales como simbólicos, así como a los efectos sorprendentes que producen en quienes se adentran en su interior.

## LA ARQUITECTURA

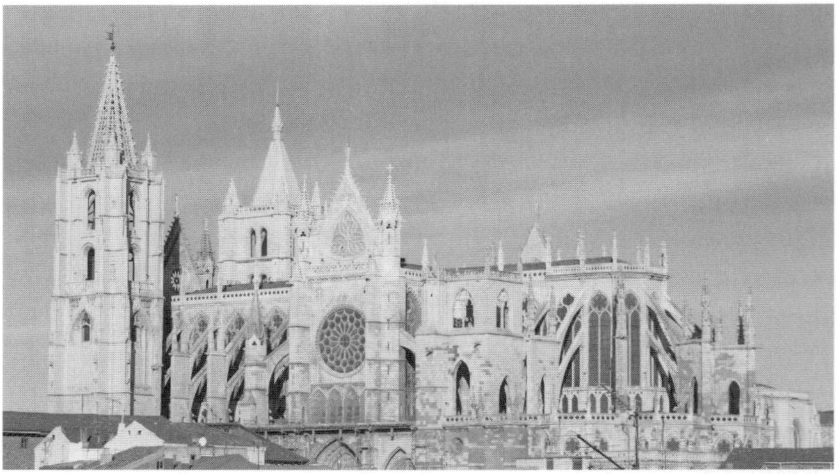

La catedral de León, *Pulchra leonina*. Como reza su sobrenombre, constituye el mejor ejemplo en suelo hispano de la etapa clásica del gótico en el siglo XIII.

La arquitectura gótica tiene su punto de partida más inmediato en la arquitectura cisterciense, que supone una evolución desde el románico de transición y la bóveda de arcos semicirculares apuntados, que surge en la catedral de Durham (Inglaterra), de donde pasa a la arquitectura normanda a finales del siglo XI y se traslada a la Isla de Francia (región en torno a París). Tradicionalmente, se viene señalando como fecha de la primera arquitectura gótica el año 1140, comienzo de las obras de la cabecera de la iglesia abacial de Saint-Denis, por iniciativa del abad Suger, entusiasta de la luz, quien ya había empezado las obras de la fachada, punto de transición entre la arquitectura románica y gótica.

El elemento básico es el arco de dos centros, apuntado, cuyas circunferencias cortándose en la clave dibujan una ojiva; de ahí que también se conozca con el nombre de ojival, del latín *augere* («aumentar»), pues supone un alargamiento del vano que permite la entrada de más luz en el interior, una de las preocupaciones fundamentales del gótico, que se materializa en los muros rasgados a base de vidrieras. Su proyección en el espacio origina la bóveda de crucería, soportada por plementos cruzados que reciben el nombre de nervios, prolongados a través de finas columnillas adosadas hacia los gruesos y altos pilares, cuya verticalidad representa el impulso ascendente hacia el creador del universo, simbolizado en la bóveda del templo, que rememora la bóveda celeste, mientras las nervaduras que la soportan semejan los rayos del astro rey y las claves donde se cruzan el cielo tachonado de estrellas. Para no cargar el peso de la cubierta sobre los muros, como en el románico, y hacer posible la apertura de las grandes vidrieras, los empujes se trasmiten por medio de arbotantes o segmentos de arco hacia los contrafuertes exteriores, reforzados con pináculos, que cumplen también una función decorativa.

La arquitectura gótica se difundió desde Francia por toda Europa (excepto la zona oriental, de influencia bizantina). En su evolución se pueden establecer tres etapas principales:

- Etapa de transición (finales del s. XII), surgida a partir de las formas cistercienses que se impusieron a la arquitectura románica: arcos apuntados, bóvedas de crucería, rosetones y arbotantes.
- Etapa clásica (s. XIII) o de plenitud, en la que se produjo la expansión del estilo.
- Fase flamígera (s. XV), del francés *flamboyant* («llameante», por su decoración ondulante basada en la combinación de arcos conopiales en ritmo de curva y contracurva que parecen lenguas de fuego), caracterizada por arcos ojivales muy apuntados, bóvedas complicadas y, en general, por la decoración abundante, dando lugar a una etapa barroquizante en el gótico; de ahí que también haya recibido el nombre de gótico florido.

En cuanto al simbolismo de las magnas catedrales, impresionantes construcciones que, tanto ayer como hoy, presiden el conjunto urbano, para Chueca Goitia, todo el edificio encierra un mensaje divino: los cimientos y muros son el fundamento físico y espiritual de la obra. Los sillares simbolizan al pueblo cristiano unido por la argamasa de la caridad. Los pilares son los santos y los dogmas de fe que conducen la mirada hacia las arcadas, que constituyen el camino de la salvación. Las ventanas son los escritores sagrados a través de los que nos llega la luz divina, que desciende del cielo para alumbrar a los fieles, acogidos bajo la bóveda —cuyos nervios cruzados aluden a las manos unidas en plegaria, como decía el poeta Paul Claudel—. Por ello, el templo constituye para los fieles un refugio sagrado frente a los avatares del exterior.

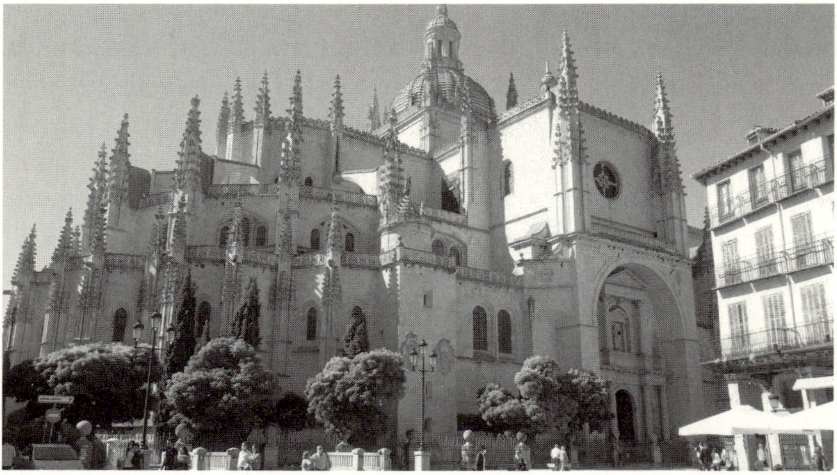

Cabecera de la catedral de Segovia, Dama de las Catedrales, muestra del último gótico que se adentra en el siglo XVI.

Según el arquitecto italiano Bruno Zevi, la catedral gótica, como el cuerpo humano, es «un haz de huesos, fibras y músculos, un esqueleto constructivo recubierto de cartílagos inmateriales».

Al contrario de lo que sucede en otros campos de las bellas artes, en la arquitectura, tradicionalmente considerada su hermana mayor, se conoce el nombre o alguna identidad de los *magister operis* que trazaron los monumentales templos catedralicios: Simón, Juan Pérez y el francés maese Enrique, que trabajó en España (catedrales de Burgos y León).

# LA ESCULTURA

La escultura gótica, aunque como la románica se encuentra subordinada a la arquitectura, tiene vida propia. Sus principales características estéticas son la búsqueda del naturalismo (canon estilizado, figuras que se arquean independizándose del soporte arquitectónico) y la humanización que experimenta el mundo divino: los personajes establecen un diálogo gestual, se miran y sonríen (*sacra conversazione*) transmitiendo sentimientos. Si el Cristo románico, a pesar de estar crucificado, no sufría y aparecía glorioso en la cruz, distante de los fieles, en el gótico, Cristo en la cruz sufre, sangra por sus heridas en solitario o bien componiendo el Calvario con la Virgen y san Juan Evangelista. Si la Virgen románica solo era el trono en el que se sentaba un niño ya mayor, como un adulto reducido de tamaño, modelo heredado de la *Theotokos* («Madre de Dios») bizantina, en el arte gótico se observa una relación humana entre madre e hijo: la *Sedes Sapientiae,* María sedente con Jesús (la Sabiduría) en el regazo, o en pie con el niño en brazos (modelo de origen francés derivado de las estatuas de los parteluces) se miran, sonríen y acarician mutuamente, existe una comunicación natural entre ambos.

Esta evolución tipológica se produjo desde un primer modelo frontal (ss. XII-XIII), con madre e hijo hieráticos, ausentes, el niño centrado en el regazo de la Virgen o ligeramente desplazado a la rodilla izquierda, mientras ella coloca la mano del mismo lado sobre el hombro del niño o levanta el borde del manto como protegiéndole, y con la derecha le ofrece una manzana, símbolo de la nueva Eva, que borra el pecado del mundo. A lo largo del s. XIII —con contadas excepciones— el niño termina desplazado completamente a la rodilla izquierda y, sobre los plegados de la túnica en «V» y «M», el manto de la Virgen se dispone terciado de derecha a izquierda dejando, como Jesús, descubierto su brazo derecho para sostener el atributo; el velo que cubre su cabeza comienza a despegarse y forma pliegues ondulados. A finales del XIII y principios del XIV, los rostros de ambos pierden la inexpresividad y el niño su anterior apariencia, siendo representado ya como un infante. Durante el transcurso de esta centuria, se presenta más dinámico, con las piernas movidas y, en ocasiones, vuelto hacia su madre, dando lugar a un lenguaje gestual provocado por las posturas y los gestos. El paso siguiente es cuando el niño está de pie sobre una de las piernas de su madre; ambos en postura frontal y mirándose mutuamente mientras el niño toca el rostro y los cabellos de la madre.

Por tanto, Cristo solo en la cruz, el Calvario y la Virgen con el niño serán las imágenes de culto características en el interior de los templos a partir del siglo XIII.

Junto a estos tipos iconográficos proliferan las figuras de santos, surgen grupos como la Anunciación, la Visitación y la Piedad y se mantienen otros de época románica como el Descendimiento.

Si bien predomina la temática religiosa, también hay que contar con una rica iconografía profana a través del retrato, lo cotidiano, el detalle costumbrista, los elementos simbólicos, enigmáticos, el bestiario, etc.

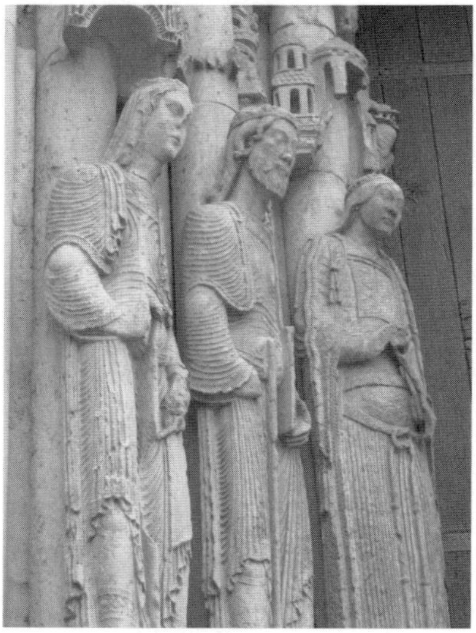

Estatuas-columnas adosadas a las jambas del pórtico principal de la catedral de Chartres (mediados del s. XII).

Siguiendo las instrucciones de los teólogos, los artistas tienden a agudizar la sensibilidad de los fieles a través de episodios tremendamente emotivos como el sufrimiento del crucificado, torturado y sangrante, el desmayo de María durante el Descendimiento de la cruz de su hijo muerto, la presencia a los pies del patíbulo de las santas mujeres deshechas en lágrimas y de san Juan Evangelista compungido, ejemplos de *compassio* con los que no solo se busca despertar la piedad, sino el temor ante la muerte y la condenación que aguarda a los pecadores, llegando hasta el extremo de la mortificación corporal: flagelantes, estigmatización milagrosa de san Francisco de Asís.

En la escultura gótica se distinguen cuatro etapas:

- Protogótica o de transición (segunda mitad del siglo XII y principios del XIII), que cabalga sobre la última fase del románico o tardorrománica. Las estatuas-columnas de las jambas y los parteluces de los pórticos comienzan a independizarse del marco arquitectónico para convertirse en estatuas exentas. Algunas actitudes continúan siendo solemnes, pero gestos y posturas prescinden de la rigidez románica y caminan hacia una humanización que las acerca al observador; quieren comunicar con él, captarle a través de una sencillez que ya no transmite el temor a lo sobrehumano propagado por el románico. El pórtico real de Chartres constituye el mejor ejemplo de transición de las formas románicas a las góticas.
- Clasicista, avanzado el siglo XIII: las figuras se impregnan de naturalismo y efectos pictóricos, con presencia de las características sonrisas que plasman los cuerpos espiritualizados de los resucitados («a salvo del dolor», según la teología franciscana) y transmiten cercanía frente al distanciamiento de lo divino propio del románico. Con la nueva religiosidad del siglo XIII, derivada de la pobreza predicada por las órdenes mendicantes (franciscanos y dominicos), se humaniza la concepción de las imágenes. Cristo Hombre se manifiesta al mismo tiempo que Cristo Dios, es comprensivo, humano, y como Él, el resto de personajes sacros. Los artistas ya no buscan lo solemne, sino lo emotivo transmitiendo sensaciones: dolor, placer, alegría, ternura, simpatía. Ejemplos se observan en el *Ángel de la Anunciación* de Reims, en el *Beau Dieu* («Bello Dios») y en la *Virgen Dorada* de Amiens o en la *Virgen Blanca* de la catedral de León, la joven madre con la sonrisa en los labios que, con el niño en el brazo, aguarda a los fieles desde el parteluz del templo, invitándoles a entrar en su casa, la *Domus Dei* (la «Casa de Dios»).
- Hacia el último cuarto del siglo XIII y mediados del XIV, coincidiendo con el gótico *rayonnant* («radiante») francés —denominado así porque las vidrieras, irradiadoras de la luz solar, ocupan gran parte de los muros—, se impone un virtuosismo técnico que se manifiesta en el alargamiento, *contrapposto* y ondulación de las figuras, arqueadas buscando plasticidad tanto en las posturas como en los pliegues de los ropajes; un

estilo apartado del idealismo, la armonía y la serenidad clásica, que expresa una nueva categoría estética: el manierismo. No obstante, cobra fuerza también otra corriente dominada por el patetismo en rostros y actitudes, derivado de los sermones tremendistas de las órdenes mendicantes y del pesimismo social, procedente de las agudas crisis que se sucedieron durante esta centuria y la siguiente a causa de fenómenos devastadores como la guerra de los Cien Años y la peste negra, catástrofes que diezmaron demográficamente Europa.

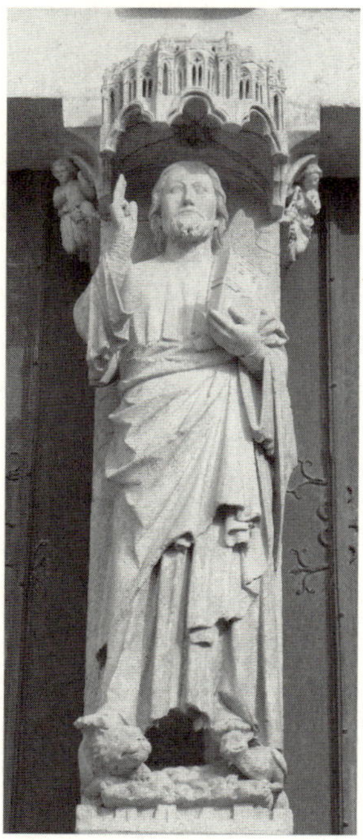

El *Beau Dieu* («Bello Dios»), mediados del s. XIII, preside el parteluz de la portada principal de la catedral de Amiens.

- Durante el siglo XV, se imponen dos corrientes fundamentales. La borgoñona en la primera mitad de la centuria —triunfará en España, sobre todo, en Navarra y Cataluña—, en la que tiene lugar una exageración de las formas, particularmente visible en los ampulosos, acartonados pliegues de los ropajes, y un predominio del realismo en los rostros de los personajes, que adoptan posturas teatrales para transmitir un patético mensaje de dolor ante la muerte, personificada por la tragedia de Cristo en la cruz. La otra corriente, la flamenca y su variante hispano-flamenca, se manifiesta especialmente en Castilla y Andalucía, fomentada por la llegada de maestros nórdicos (Flandes y Alemania), está dominada también por el realismo y el detallismo.

En cuanto a los tallistas, de buena parte de ellos se desconoce su identidad, particularmente de los más antiguos, por lo que se nombran citando sus respectivas obras o el templo donde las llevaron a cabo: maestros del Juicio Final y de la Virgen Blanca en la catedral de León, maestro del *Beau Dieu* en la de Amiens, maestro del *Ángel de la Sonrisa* en Reims, maestro de Bamberg, etc. No obstante, avanzando el tiempo, algunos están plenamente identificados, como el alemán Veit Stoss (conocido en polaco como Wit Stwosz), los Pisano (Nicolo y su hijo Giovanni, Andrea y su hijo Nino) que en Italia anunciaron el Renacimiento; el flamenco Gil de Siloé, Lorenzo Mercadante de Bretaña, Rodrigo Alemán y el borgoñón Felipe Vigarny, que esculpieron en España; el holandés Klaus Sluter y su sobrino Klaus de Werve, que trabajaron fundamentalmente en Borgoña (Dijon), y otros artistas.

## LAS SILLERÍAS DE CORO

Respecto a las sillerías corales, los primeros ejemplos en España, cuyos restos se conservan en el Museo Arqueológico Nacional, datan de los siglos XIII (tres estalos del monasterio de Santa María de Gradefes, León) y XIV (cuatro estalos del de Santa Clara de Astudillo, Palencia), fecha de la que también procede la silla episcopal (1351) de la catedral de Gerona y la sillería alta de la seo barcelonesa.

No obstante, es a mediados del siglo XV cuando se tallan a gran escala las grandes sillerías de coro rodeando el altar de los templos catedralicios —en España, la de León fue trasladada a la nave mayor en 1746—, impuestas por las necesidades de los cultos solemnes: el rezo de las horas canónicas, el canto y celebración del oficio divino. Están formadas por un conjunto de asientos o estalos plegables, separados por un apoyabrazos y dispuestos en forma de U, emplazados a derecha e izquierda (nave del evangelio y nave de la epístola, respectivamente, mirando desde el altar), divididos en coro alto (destinados a los canónigos y dignidades) y coro bajo (para los beneficiados y cantores). Bajo los mismos, una repisa (la misericordia o paciencia) servía de apoyo disimulado a los canónigos cuando se alzaban los asientos para ponerse en pie durante los largos oficios litúrgicos. En un principio, los respaldares se tallaron con motivos geométricos de lacerías o imitando las tracerías arquitectónicas, pero pronto se convirtieron en un espacio que constituyó una especie de cajón de sastre en el que cabían lo divino, lo humano y lo profano, desplegando un rico repertorio de imágenes tanto religiosas (generalmente, escenas del Viejo Testamento en los bajos y del Nuevo en los altos) como profanas: cacerías, motivos vegetales, animales fantásticos y reales, figuras obscenas (sobre todo en las misericordias), exaltando las virtudes y atacando con carácter satírico y moralizante los vicios de la sociedad, y el clero, un repertorio de figuras simbólicas tomadas de fuentes literarias como las fábulas de Fedro y Esopo recogidas por el arcipreste de Hita, el libro de *El conde Lucanor* o las *Coplas de Di, panadera*, entre otros.

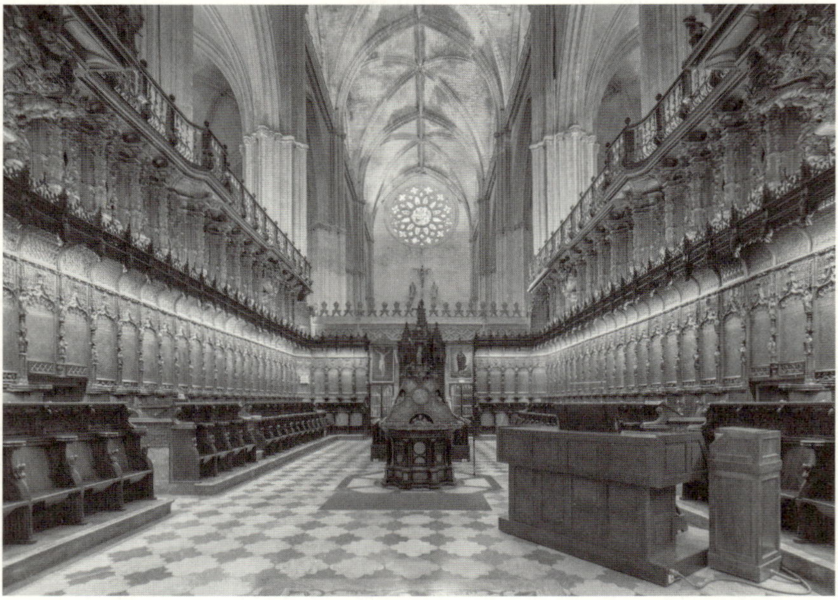

Sillería de coro de la catedral de Sevilla, tallada entre 1464-1479.

Se conocen la mayoría de los maestros que labraron tan primorosos trabajos: Robert Ellis y John Filles en San Jorge de Windsor; Erasmus Grasser en la catedral de Múnich; Oliveiro de Gant en el convento del Cristo de Tomar (arrasado por las hordas napoleónicas), el maestro Machín y Juan de Colonia en Santa Cruz de Coímbra; el maestro Eloy, autor de la silla episcopal de Gerona; Pere Ça Anglada de la sillería alta de la catedral de Barcelona y Macià Bonafè de la baja; los Gomar y Juan Navarro de la de la seo de Zaragoza; Egas Cueman y Hannequin de Bruselas labraron la de Cuenca; Enrique y los flamencos Juan de Malinas, Copín de Holanda y Jusquin, con la colaboración de Fadrique Alemán y Jorge Fernández, la de la catedral de León; Juan de Colonia la de Astorga; Rodrigo Alemán (que creó todo un estilo), la sillería baja de la de Toledo y las de Sigüenza, Plasencia y Ciudad Rodrigo; Martín Sánchez de Valladolid talló el coro de los Padres de la Cartuja de Miraflores, y a la gubia de Felipe Bigarny se debe la de la catedral de Burgos.

## LA PINTURA

Con las vidrieras ocupando los muros de los templos, en el gótico la pintura ya no tendrá como en el románico su gran campo de acción en estas superficies, sino que los maestros, además de trasladar su actividad a los vitrales, se dedicarán preferentemente a la pintura sobre tabla, es decir, a los retablos y frontales de altar, además de los libros y códices miniados.

Junto a la humanización de los personajes, característica del nuevo estilo, surge un arte narrativo con secuencias historiadas sobre Cristo, la Virgen y los santos, así como temas profanos de la vida cotidiana que acercaban la obra al espectador. Aparecieron el retrato y las escenas de género, demandadas por la burguesía urbana, el paisaje, los donantes (estos, y no ya los teólogos, son los que deciden la temática de la obra) y las primeras naturalezas independientes en los objetos litúrgicos complementarios, antecedentes de los bodegones.

Nuevos descubrimientos como la técnica del óleo, procedente de Flandes, atribuida a los hermanos Van Eyck, provocarán una importante innovación en el realismo y la captación minuciosa de los detalles, tanto en los personajes como en los demás elementos de la composición.

El primer período, entre finales del siglo XIII y principios del XIV, se conoce como gótico lineal o franco gótico, porque sus orígenes se sitúan en Francia y se caracteriza por la importancia del dibujo para delimitar los planos (sin sombras ni gradación) y luminosos colores.

La segunda etapa tiene su punto principal en Italia durante el siglo XIV, periodo que se conoce como *trecento*. Destacan dos escuelas o *manieras*: la sienesa, con Duccio di Buoninsegna y Simone Martini, caracterizada por los fondos dorados, el preciosismo del color y las líneas sinuosas para lograr una especial delicadeza en las actitudes de los personajes, y la florentina, donde, a la *maniera latina,* Giotto introduce fondos azules y paisaje para apartarse del misticismo que desprendía el pan de oro, desarrollando la perspectiva y el volumen con el recurso a las figuras de espaldas.

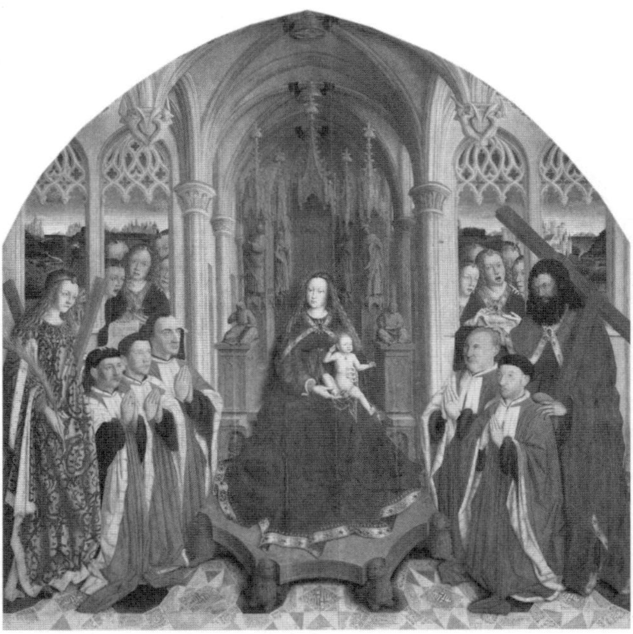

*Verge del Consellers* (h. 1445), de Lluís Dalmau. Museo Nacional de Arte de Cataluña. Barcelona. María con el niño entronizada sobre cuatro leones bajo bóveda ojival, rodeados de ángeles, entre san Andrés y santa Catalina, con presencia de los consejeros que realizaron el encargo y los típicos «mirones», de procedencia flamenca, asomando por las flamígeras ventanas.

A finales del siglo XIV se desarrolla el gótico internacional, producto de la combinación del estilo lineal con la pintura trecentista, dándose un amaneramiento de las actitudes que, según Camón Aznar, debía de dar también nombre al período: «gótico amanerado»; no obstante, creemos que se trata más bien de una corriente ecléctica en la que se aúnan distintas influencias, con especial interés en el simbolismo, lo anecdótico y narrativo. En la pintura italiana destaca la obra de Gentile da Fabriano, en la que prima el dibujismo y el sentido compositivo. En España el introductor fue el florentino Jacopo Starnina, que trabajó en Valencia, donde también tuvo obra el alemán Marçal Sax. En Cataluña, Ramón Mur, Bernat Martorell y Lluís Borrassà. En Aragón, Lorenzo Zaragoza, Juan de Leví y el maestro de Sigüenza, quizá Juan de Peralta. En la escuela castellana los pintores principales fueron Nicolás Francés y Nicolás Florentino (Dello Delli). El primero fue autor de las pinturas del claustro de la catedral leonesa y de su retablo mayor (perdido en gran parte), así como del *Retablo sobre la vida de la Virgen y de san Francisco* que se conserva en el Museo del Prado, procedente de un convento franciscano desconocido, desde el que fue trasladado a una capilla próxima a La Bañeza (León). El segundo llevó a cabo el gran retablo mayor de la catedral Vieja de Salamanca, donde demuestra un interés por el volumen y un tratamiento tridimensional del espacio que hablan ya de prerrenacimiento.

En el siglo XV, a caballo entre el gótico y el Renacimiento, tuvo lugar el auge de la pintura flamenca, que, gracias a la técnica del óleo puesta en práctica hacia 1410 por los hermanos Hubert y Jan van Eyck (*Políptico del Cordero Místico, Virgen y canciller Rolin, El matrimonio Arnolfini*), se caracteriza por el colorido brillante, el realismo y detallismo en la plasmación de brillos y telas, y la minuciosidad en el tratamiento de barbas y cabellos. Cultivaban una temática religiosa inserta en lo profano, con interés especial por la realidad a través no solo del retrato, sino también de los paisajes que se ven desde las ventanas abiertas en la escena, en las que, por tradición satírica, aparecen personajes calificados de intrusos o «mirones». Otros maestros destacados fueron Petrus Christus, Robert Campin, identificado con el maestro de Flemalle (*Santa Bárbara, Desposorios de la Virgen*), Rogier van der Weyden (*El Descendimiento*), Hans Memling (*Epifanía*), Dieric Bouts, Hugo van der Goes, Gerard David y Hieronymus van Aeken Bosch, llamado el Bosco en España, pintor de línea fantástica con sentido satírico moralizante, que ha sido calificado como presurrealista: *El jardín de las delicias, La carreta de heno, La mesa de los pecados capitales, La nave de los locos.*

En Alemania sobresalen Stephan Lochner (*La Virgen del Rosal,*) en un estilo preciosista, y Konrad Witz (*La pesca milagrosa*). En Francia, la escuela de Aviñón, con Jean Fouquet (*Virgen con el niño* como *Madonna Lactans*) y Nicolás Froment (*Tríptico de la zarza ardiendo*).

En cuanto a España, la corriente denominada hispano-flamenca se manifiesta en Valencia con Jaume Baco (Jacomart). En Cataluña destacan Lluís Dalmau con su *Verge dels Consellers* y Jaume Huguet (retablos de *San Jorge, la Vida de la Virgen* y *San Abdón y San Senén*). En Aragón, Bartolomé Bermejo (*Piedad Desplá, San Agustín en su estudio*, ejemplos de realismo y rostros duros, surcados de arrugas). En la escuela castellana, Jorge Inglés (retrato del marqués de Santillana), Juan de Flandes (*Políptico de Isabel la Católica*), los maestros anónimos de Ávila, Sopetrán (Guadalajara) y Palanquinos (León), Fernando Gallego (*Piedad, El Salvador, El cielo de Salamanca*) y Pedro Berruguete, quien, tras un primer goticismo, se instaló en la pintura cuatrocentista durante su etapa en la corte de Urbino, pero retornó a sus primeros postulados cuando regresó a Ávila. En Portugal, encontramos a Nuño Gonçalves, también miniaturista.

## ARTES SUNTUARIAS O DECORATIVAS

Las artes suntuarias o decorativas brillaron con especial riqueza en el estilo gótico.

La miniatura, es decir, el arte de la iluminación de manuscritos —tradicionalmente separada de su hermana mayor, la pintura, y encuadrada en este campo de las bellas artes—, tuvo una época de esplendor durante el periodo gótico, debido al interés existente por los manuscritos ilustrados. Las letras capitales, las ilustraciones a veces a toda página, conceden una riqueza extraordinaria a la obra miniada, que tuvo su principal foco en los recintos monásticos, desde los que pasó a talleres cortesanos y laicos como las universidades (Oxford fue el principal centro de la miniatura inglesa), favorecido por los frecuentes encargos de ediciones lujosas de la Biblia y otros libros de devoción por parte de la nobleza.

Los orígenes de la miniatura gótica proceden del norte de Europa, Inglaterra, los estados alemanes, los Países Bajos y, sobre todo, Francia con su capital, París, como centro de producción que, ya en el siglo XIII, contaba con más de una docena de talleres de iluminación de manuscritos, que cumplían encargos tanto para la biblioteca de la universidad como para los círculos cortesanos.

Los primeros ejemplares góticos en España se adscriben al reinado de Alfonso X, el Rey Sabio, que promovió la copia de textos en las Escuelas de Traductores de Toledo, Sevilla y Murcia. Fue autor de las célebres *Cantigas*, obras poético-musicales que narran hechos milagrosos por intervención de la Virgen María o bien cantan sus alabanzas, conocidos por ello como *Cantigas de Loor.* Se conservan versiones en la Biblioteca Nacional de Madrid (*Códice Rico,* por la calidad de sus ilustraciones) y en el Real Monasterio de El Escorial, cuya segunda parte se guarda en la Biblioteca Nacional de Florencia.

De estas fechas es la *Biblia de San Luis* de la catedral de Toledo, conocida como *Biblia Rica* por la belleza de sus ilustraciones. Organizada en medallones que contienen las escenas (al estilo de una vidriera), se trata de una de las siete biblias moralizadas, realizada en París entre 1226 y 1234 por encargo de Blanca de Castilla (esposa de Luis VIII de Francia) para su hijo, el rey Luis IX. Aunque se desconoce cómo llegó a España, alguna versión afirma que fue un regalo personal del monarca galo para Alfonso X, existiendo constancia, ya en 1258, de que se encontraba en la sede toledana. Ocho pergaminos, separados alrededor del año 1400, se custodian en la Morgan Library & Museum de Nueva York.

A finales del siglo XIII y durante la centuria siguiente, se dio un predominio de las formas del gótico lineal francés en la miniatura hispana, uno de cuyos mejores ejemplos es la *Crónica de los reyes de Castilla y León*, obra de miniaturistas cortesanos.

A lo largo de la segunda mitad del siglo XIV, el mecenazgo del duque Jean de Berry (1340-1416), gran coleccionista de obras de arte y entusiasta de los libros devotos miniados, dio un fuerte impulso a esta actividad contratando a iluministas de diversas partes de Europa, como Jacquemart de Hesdin, que colaboró en la ilustración del libro *Pequeñas horas del duque de Berry,* obras conocidas con este título porque incorporaban las oraciones correspondientes a los distintos momentos de la jornada. Elaborada a lo largo de dieciocho años (1372-1390), dejó muestras de un estilo suave y delicado, siendo frecuente la presencia de pájaros trinando sobre las ramas de los árboles.

La obra más importante de principios de siglo es *Las muy ricas horas del duque de Berry,* conservada en la Biblioteca del castillo de Chantilly (Francia), obra realizada entre 1411 y 1416 por los miniaturistas flamencos hermanos Limbourg (Herman, Paul y Johan); si bien no pudieron terminarla porque, como al duque, se los llevó la peste bubónica; otros pintores, Barthélemy van Eyck y alguno anónimo, la continuaron, hasta que el francés Jean Colombe, autor de la iluminación de manuscritos similares, la concluyó.

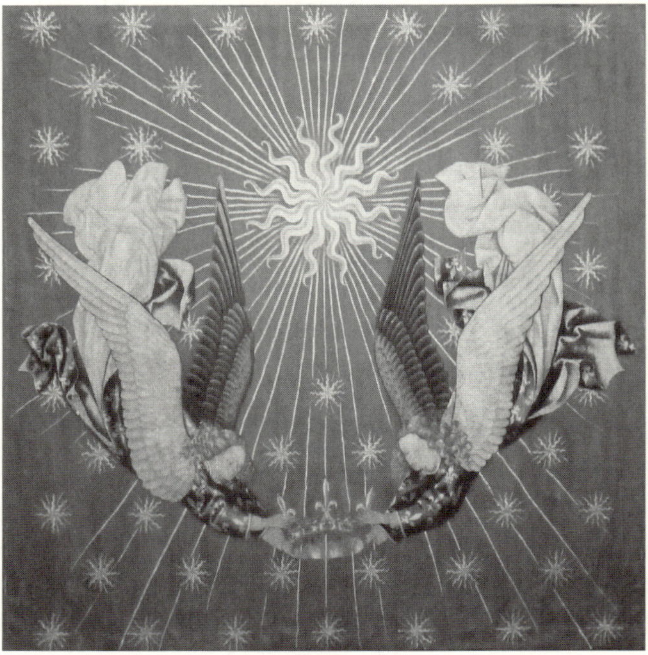

Dosel o estrado de Carlos VII: dos ángeles sosteniendo su corona, atribuido a Jacob de Littemont. Elaborado en lana y seda. Museo del Louvre. París (1425-1450).

Durante el siglo XV, al igual que en la pintura, se impusieron en la península ibérica el gótico internacional, en la primera mitad, y el estilo hispano-flamenco a partir de entonces, dando lugar a la gran etapa de la miniatura gótica a nivel europeo. Se extienden los libros de horas, breviarios, misales, etc., caracterizados por sus ilustraciones recargadas ya desde las letras capitales, que frecuentemente contienen en su diseño una escena relativa al capítulo o al tema del manuscrito. A las orlas enmarcando la página, que en los siglos XIII y XIV eran de diseño geométrico o vegetal, se añaden en el XV figuras humanas y zoomorfas reales o fantásticas entrelazadas, así como los blasones que identifican al propietario del códice. La riqueza y brillantez del colorido, la apertura al paisaje, la minuciosidad y el detallismo, el realismo predominante, cargado de un vivo expresionismo en las trágicas escenas de la Pasión de Cristo, confieren a los libros miniados una extraordinaria vistosidad, que influyó en la práctica del coleccionismo entre la nobleza cortesana, principalmente.

La tapicería se luce en el dosel de Carlos VII de Francia (1425-1450), atribuido al flamenco Jacob de Littemont. Sobre un fondo bermellón bordado con hilos de oro, expandiéndose los rayos de un sol radiante circundado de estrellas, dos serafines que descienden del cielo, vestidos con túnicas albas cubiertas por mantos azules flordelisados, emblema de la corona francesa, sostienen entre sus manos una corona de gemas rematada por flores de lis, disponiéndose a colocarla sobre la cabeza del monarca entronizado.

## LA ORFEBRERÍA

La orfebrería y platería gótica produjo piezas de gran valor artístico, al que hay que unir la nobleza de los materiales preciosos, tanto de los objetos de uso pontifical (báculos, cetros y mitras) como litúrgico (cálices, copones, custodias u ostensorios, cruces procesionales, relicarios, portapaces y crismeras), imitando, en general, las estructuras y elementos arquitectónicos de las catedrales: pináculos, arbotantes, cresterías, agujas, arcos apuntados, etc.

Una obra de gran riqueza y minuciosidad es el retablo mayor de plata y plata sobredorada con incrustaciones de piedras preciosas de la catedral de Gerona, cobijado sobre un dosel del mismo material, obra de Pere Berneç a mediados del s. XIV.

Uno de los plateros de renombre en España fue el alemán Enrique de Arfe, autor, entre otras piezas notables, de las custodias procesionales para las catedrales de León (fundida en Cádiz para subvenir a las necesidades de la guerra de la Independencia), Toledo y Córdoba, además de la que se conserva en la localidad leonesa de Sahagún de Campos; elaboradas en forma piramidal diluyendo prácticamente el cuerpo a favor de las líneas para mostrar completamente el viril.

Entre otras, hay que reseñar la custodia turriforme octogonal que forma parte del tesoro de la catedral de Barcelona. Labrada hacia 1370-1400, está unida desde 1480 a la silla o trono del rey Martín I el Humano, rematada con la corona y provista de una faja envolvente.

Entre las cruces procesionales predominan los modelos de brazos rectos con terminaciones flordelisadas, de mediados del siglo XV, o treboladas y circulares, de finales de la centuria. Otra tipología, también de estas últimas fechas, recibe el nombre de «gajos» porque el árbol está recorrido por pequeños retoños a modo de tallos de ramas cortadas. En cuanto a elementos iconográficos, predominan las escenas de la Pasión, la Resurrección y la Virgen María; en las primeras, con la Virgen y san Juan en cada uno de los brazos del anverso; en el segundo episodio, con ambos en el reverso, o bien Cristo en Majestad con el tetramorfo en los brazos. En lo alto puede aparecer el pelícano con sus crías revividas con la sangre que brota de su pecho a través de la herida que se ha abierto con el pico, simbología de Cristo redimiendo a los fieles con su propia sangre derramada en la cruz.

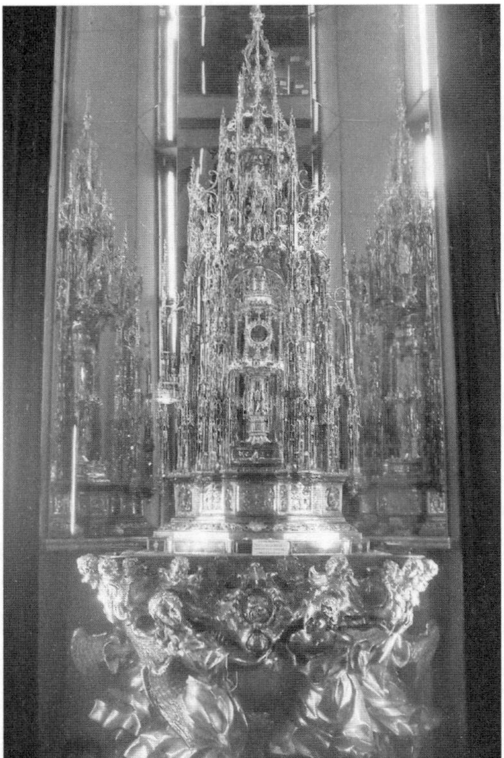

Custodia elaborada por Enrique de Arfe para la catedral de Toledo entre 1515 y 1323.

Los cálices góticos se distinguen por la forma de la copa, del nudo en el vástago que lo une al pie (castillete decorado con elementos arquitectónicos en miniatura, manzana ovalada o esférica achatada) y por el diseño polilobulado de este.

Los portapaces, surgidos a finales de la decimoquinta centuria para transmitir, como su nombre indica, la paz entre los fieles, presentan forma arquitectónica a modo de capilla flamígera que contiene en su interior una imagen sagrada exenta o en altorrelieve.

Los relicarios presentan distinta variedad tipológica, dentro de la que predominan los antropomórficos (brazos, manos, cabezas), las arcas y arquetas, labradas con exquisita decoración en sus frentes y tapas, tanto de tipo religioso con motivos figurativos como abstracto con lacerías geométricas de raíz islámica y mudéjar.

## EL ARTE DE LA VIDRIERA

En cuanto a las vidrieras, cuya superficie traslúcida permite el paso de la luz solar sin producir ningún deterioro físico (como afirmaban los teólogos en clara simbología virginal), la disposición de las escenas se desarrolla, generalmente, de abajo arriba para facilitar la lectura visual. Aunque las primeras se realizaron en Francia ya en época carolingia y se cree que derivan de Oriente a rebufo del mosaico bizantino, amén de los vitrales blancos, puros, pregonados por san Bernardo de Claraval que iluminan las iglesias monásticas cistercienses, las primeras vidrieras polícromas se llevaron a cabo durante la época de transición al gótico pleno, entre ellas, las de la abacial de Saint-Denis de París, al calor de la pasión del abad Suger por trasladar la policromía del universo al interior del recinto sagrado, reflejo del cielo. De poco después son las de las catedrales de Le Mans (la Ascensión), Poitiers (la Crucifixión) y Bourges, en las que predomina el preciosismo decorativo.

No obstante, las mejores muestras del país galo se hallan en los más de 2500 m$^2$ de superficie con que cuenta la catedral de Chartres. Los primeros vitrales, realizados entre 1150 y 1155, se perdieron en el incendio de 1194; se conservan el del *Árbol de Jesé* en la fachada occidental, los de la vida de Cristo y la de *Nuestra Señora la Bella* en la cabecera, destacando por su vivo azul cobalto. El siglo XIII es la época de esplendor a base de un estilo monumental y la utilización de rojos y azules combinados, que producen tonos púrpura. Destacan los rosetones de las fachadas norte y sur, consagrados, respectivamente, a la Majestad de la Virgen y la de Cristo, junto a otros vitrales dedicados a los santos patronos de los gremios donantes en la construcción del templo: escultores, picapedreros, cambistas, peleteros, etc.

En Notre Dame de París destaca el rosetón del hastial sur, obra llevada a cabo entre 1220 y 1230, dedicada a la vida de Cristo.

En la Santa Capilla de París, paradigma del gótico radiante, con sus muros desmaterializados de piedra, solo vidrio, se observa, frente al monumentalismo y hieratismo de Chartres, una tendencia a lo narrativo y expresivo, con abundantes escenas del Antiguo Testamento, elaboradas con mayor número de tonalidades, lo que da lugar a vidrios muy luminosos.

A lo largo del siglo XIII, el arte de la vidriera se extiende desde Francia por gran parte de Europa. Una de las mejores muestras es la catedral de León, que posee cerca de 1800 $m^2$ distribuidos en 737 vitrales elaborados desde finales del siglo XIII. A este momento pertenecen los grandes ventanales de la nave norte, el primer gran ventanal del lado derecho en el costado sur y el gran rosetón de la fachada occidental, donde estalla el sol poniente y María en Majestad, rodeada por doce ángeles músicos, que simbolizan el triunfo de la Iglesia. En el costado norte —dedicado al Antiguo Testamento— predominan los tonos azules, fríos, mientras en el lado meridional triunfan los tonos cálidos, con personajes del Nuevo Testamento que vieron ya la *Lux Vera* (Cristo). El Árbol de Jesé, que simboliza la Gracia, situado en la lanceta central de la cabecera, constituye la unión entre la Antigua y la Nueva Ley.

En Inglaterra la influencia francesa se manifestó en las catedrales de York, Lincoln y Canterbury, si bien esta última cuenta con ejemplos algo anteriores que se caracterizan por muchas escenas de pequeñas dimensiones, con mayor dinamismo en la composición.

En el siglo XIV se introdujo, procedente de Normandía, el uso del amarillo plata, compuesto por óxidos metálicos de azufre y plata, que producen distintas tonalidades cuando se combina con otros colores: aplicado sobre el blanco imita los oros de la pintura, por lo que fue muy utilizado para los cabellos; combinado con el azul, da un verde muy intenso. Fue la época en la que cobró protagonismo la vidriera alemana en las catedrales de Friburgo —en buen estado de conservación al haberse salvado de los bombardeos durante la Segunda Guerra Mundial— y Colonia, a pesar de que la fachada de esta última carece de rosetón.

En España continuó el trabajo de los vidrios en León y Toledo, pero fue en Cataluña donde, coincidiendo con el esplendor del gótico mediterráneo, se elaboraron también vitrales de calidad en los monasterios de Santes Creus (Tarragona) y Santa María de Pedralbes (Barcelona), así como los que iluminan las seos de Gerona, Tarragona y Barcelona.

En el siglo XV las técnicas de la pintura se instalaron también en la vidriera, apreciándose al final de la centuria el detallismo y la minuciosidad flamenca en los bocetos de Enrique Alemán para los vitrales de los grandes templos de Sevilla y Toledo, o los de Arnao de Flandes para la capilla del Condestable de la catedral de Burgos. En la *Pulchra leonina* conocemos a Domingo, Juan, Isidoro, Adam y Fernand Arnol, Pedro Guillermo y Juan Pérez, en el siglo XIII y, a partir del XV, Juan de Arquer, Valdovín, Anequin y Nicolás Francés, entre otros.

# *Iconografía gótica*

El término «iconografía» procede de dos voces griegas: *eikón*, que significa «imagen», y *grapheïn*: «escribir». La iconografía, «descripción de imágenes», se diferencia de la iconología en que esta estudia el significado y simbolismo de las creaciones artísticas, es decir, se trata de una ciencia que investiga los conceptos e ideas que la obra expresa, tanto en sentido místico o religioso como social o cultural, mientras que la iconografía, según el eminente crítico alemán Erwin Panofsky (1892-1968), «recopila y clasifica los datos sin considerarse obligada o capacitada para investigar sobre la génesis y el sentido de tales datos (...), la influencia de las ideas teológicas, filosóficas o políticas; los propósitos o tendencias de los artistas y de los mecenas». En suma, la iconografía solo toma en cuenta una parte del conjunto de los elementos que intervienen en el contenido intrínseco de una obra de arte (*El significado de las artes visuales,* 1953).

Para santo Tomás de Aquino la presencia de las imágenes en los recintos sagrados se justifica, en esencia, por su carácter didáctico. Debido a su analfabetismo generalizado, el pueblo se educa por medio de ellas, pues los fieles recuerdan mejor los misterios de la fe si además de escuchar la palabra del clérigo ven las figuras sobre las que acaba de predicar. En consonancia, con las palabras de san Gregorio Magno: «Empleamos las pinturas en las iglesias para que los analfabetos puedan leer en las paredes lo que no pueden en los códices».

El mayor desarrollo de la iconografía gótica se centra en la escultura tanto exenta como adosada al soporte en relieves, púlpitos, sillerías de coro y sepulcros, además de la pintura de retablos y las artes menores y aplicadas.

Con el gótico se pierde el conceptualismo de la iconografía románica y se tiende, a medida que va evolucionando el estilo, a humanizar las figuras por medio de una volumetría que se aleja de la planitud de la plástica románica, de las deformaciones expresivas, la isocefalia y el acusado estatismo, acompañado de la elegancia en la plasmación de los pliegues de las vestiduras y la cercanía en los gestos y actitudes de las figuras celestiales, como se observa en el *Ángel de la sonrisa* del pórtico norte de la fachada principal de la catedral de Reims. Esta evolución, que tuvo su inicio a mediados del siglo XII en la iglesia de Saint-Denis de París y en la catedral de Chartres, se propagó por Europa Occidental, concretamente, en la península ibérica a través del Camino de Santiago tras un primer naturalismo que aparece ya en el relieve de la *Anunciación* del claustro de Santo Domingo de Silos, en consonancia con el humanismo que emana de la Encarnación del Hijo de Dios.

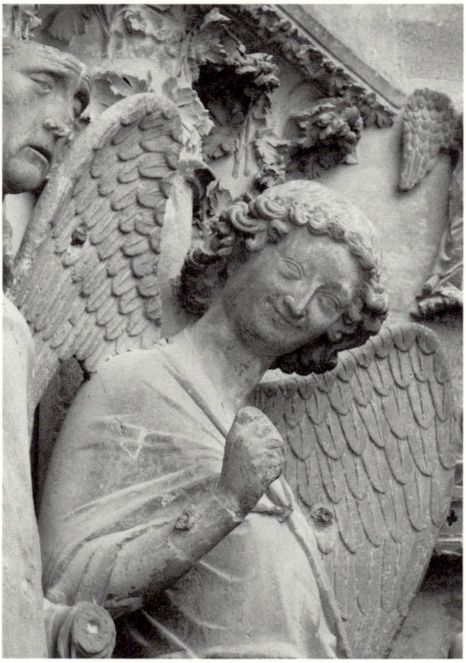

Detalle del *Ángel de la sonrisa* (1236-1245), en el pórtico norte de la fachada principal de la catedral de Reims.

Tiene lugar un significativo desarrollo de la iconografía mariana derivado del apasionado culto a la Virgen, promovido por los cistercienses a partir de las predicaciones de su ideólogo y fundador, san Bernardo de Claraval. La Virgen madre de Dios, trono de Dios, la solemne *Theotokos Nikopoia* («Victoriosa») bizantina, se transforma en la Reina de los Cielos y en la madre que sonríe al niño.

Se desarrollan nuevos temas marianos como la Anunciación, la Virgen Dolorosa de la Pasión, la Piedad, la Dormición o Tránsito de María y su Coronación como Reina de los Cielos.

En el incipiente naturalismo gótico hay que ver la influencia del pensamiento de la época con el nacimiento de las universidades y la escolástica, y la concepción del hombre y el mundo —a pesar del teocentrismo medieval— dentro de una renovación espiritual a la que contribuyó la aparición de los órdenes mendicantes, basada en el acercamiento del ser humano a Dios a través de sus intercesores: la Virgen María en su papel de *Mediatrix* («mediadora») y los santos. De esta manera, se impone la necesidad de narrar mediante ciclos decorativos tanto las vidas de estos personajes sagrados como la del propio Jesucristo, Dios y hombre.

Al igual que la iconografía románica, la iconografía gótica está cargada de simbolismo, pero se trata de un simbolismo enraizado en una predicación unida más al amor y al fervor religioso que al temor característico de los siglos pasados.

La temática religiosa es también predominante, pero mientras la plástica románica se centraba en el Antiguo Testamento, los artistas góticos darán mayor relevancia a los evangelios y a las vidas de los santos, protectores de la ciudad y de los gremios. De todos los personajes evangélicos, compartiendo protagonismo con Jesucristo, destaca, casi al mismo nivel, la Virgen María, por lo que numerosos templos están dedicados, como los monasterios del Císter, a la madre de Dios.

El artista se inspira en los evangelios, a menudo en los apócrifos, centrándose en los pasajes de la Infancia y la Pasión de Cristo que no se recogen en los canónicos. No obstante, adquieren mucha importancia las hagiografías o libros sobre la vida de santos, sobre todo, *La Leyenda Áurea* (h. 1260) del dominico italiano beato Jacobo de la Vorágine (1228-1298), así como las visiones místicas de santa Brígida de Suecia (h. 1300-1370) en el siglo siguiente. A ello hay que añadir los sermones o mensajes transmitidos por los clérigos a los fieles durante las misas y celebraciones eucarísticas, que conforman el pensamiento del pueblo.

En cuanto a la distribución de las figuras, la fachada principal sigue siendo, como en el románico, el lugar donde se expone a modo de gran retablo la teología cristiana, ya que ante sus muros tenía lugar el tránsito continuo de fieles y peregrinos, a quienes se trataba de ilustrar mediante las imágenes. En la parte alta se sitúan los reyes del Antiguo Testamento (Galería de los Reyes de Saint-Denis y de las catedrales de París, Reims o Burgos), que entroncan la realeza bíblica con la monarquía gobernante, reconociendo de esta manera los fieles en el orden religioso la jerarquía política terrenal.

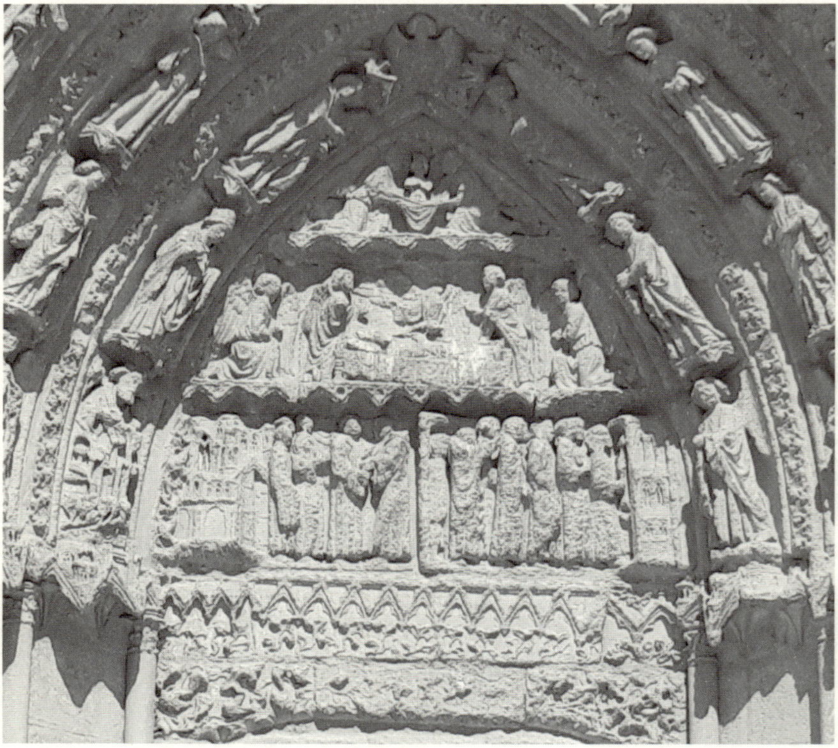

Exequias y traslado de las reliquias de san Froilán. Tímpano de la portada del Traslado de la fachada sur de la catedral de León.

Además de Jesucristo y la Virgen (Reims, León, Dijon, Estrasburgo), adosadas al parteluz de las portadas, están también las estatuas de los prelados revestidos de pontifical, a veces contemporáneos de la construcción de las catedrales, como el obispo Mauricio en la portada del Sarmental de la catedral de Burgos, o bien aquellos cuyas reliquias se guardan en el templo, como san Froilán en la portada principal de la fachada sur de la catedral de León. En este caso, contrariamente a lo que manifiesta la antigua catedrática de la Universidad de Valladolid, Julia Ara Gil, únicamente se conservan en el templo la mitad de las mismas, después de que el cardenal Jacinto Orsini, legado papal, dirimiera salomónicamente la disputa entre sus legítimos propietarios, los legionenses, y los frailes del monasterio de Moreruela de Tábara, que las habían adquirido en depósito para salvarlas de las razias de Almanzor, siendo obligados a devolverlas, por sentencia del futuro papa Celestino III, tal como consta gráficamente en la portada oriental de dicha fachada sur, conocida por ello como portada del Traslado.

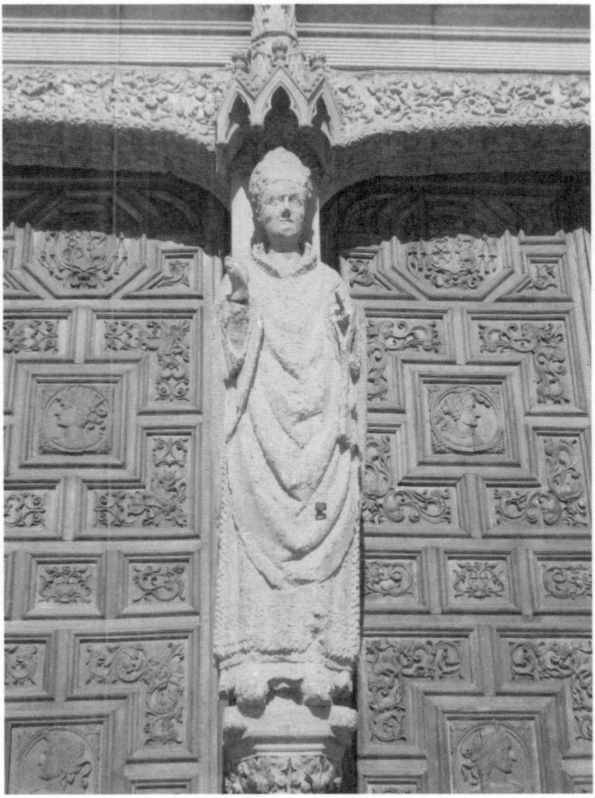

Estatua de san Froilán (s. XIII), adosada al parteluz de la portada principal de la fachada sur de la catedral de León.

Los tímpanos ya no están presididos exclusivamente por el Pantocrátor circundado por el tetramorfo. A partir de mediados del siglo XIII, se dividen en registros horizontales (de mayor número en la centuria siguiente), con escenas del Juicio Final, siendo frecuente también la narración de los principales episodios marianos y de la infancia de Jesús. En las arquivoltas, ocupadas en ocasiones por los veinticuatro ancianos del Apocalipsis (Ap 4:4), se disponen las esculturas siguiendo la dirección de los arcos, es decir, apuntando a la clave y no en sentido radial, como era característico del románico. A pesar de mantenerse el relieve, la valoración del volumen resalta su gran fuerza plástica con respecto al fondo.

# *Iconografía religiosa*

Como ya sabemos, la temática religiosa, al igual que en el arte románico, constituye el contenido principal de la iconografía gótica. Centrada en los episodios de la vida de Jesucristo y la Virgen María, aparecen también, aunque en menor medida, otras representaciones como la Santísima Trinidad, bien conjunta o individualmente en sus tres Personas. Asimismo, se hallan presentes en las manos de los artistas los hechos y personajes que en el Antiguo Testamento fueron considerados por los padres de la Iglesia como un anuncio o prefiguración de la venida del Mesías, a los que hay que añadir, como veremos más adelante, las relativas a la Virgen María.

## REPRESENTACIONES DE DIOS

Las representaciones de Dios comprenden las imágenes en las que aparece la divinidad tanto de forma trinitaria, es decir, la Santísima Trinidad, como en sus tres Personas de manera individual: Padre, Hijo y Espíritu Santo.

Las teofanías (del griego *theofaneia,* término compuesto por *theos*: «dios» y *phaíno*: «aparición») son las manifestaciones de la divinidad de Dios ante los seres humanos, como la aparición de Yavé a Abraham por medio de tres ángeles en el encinar de Mamre (Gn 18), considerados por san Agustín como una prefiguración de la Santísima Trinidad:

«Habiéndose aparecido tres mancebos y ninguno de ellos era superior a los demás en porte, edad o poder, ¿por qué no ver aquí visiblemente insinuada, mediante la criatura visible, la igualdad suma de la Trinidad, y en las tres personas una misma naturaleza?». (*La Trinidad* II, 20).

Otros ejemplos se pueden ver en la zarza ardiente ante Moisés en el Sinaí (Éx 3:4-6), o bien en Números (XXII: 32-35), Jueces (II: 1-5 y VI: 1-24) y en testimonios de los profetas: Isaías VI, Ezequiel I, Daniel VI.

Cuando las teofanías se refieren únicamente a lax divinidad de Jesucristo, se conocen con el nombre de cristofanías: el Bautismo, la Transfiguración y la Ascensión a los cielos. La Adoración de los Magos se trata de una epifanía, del griego *epiphaneia*, que significa «mostrarse» o «aparecer por encima».

PADRE

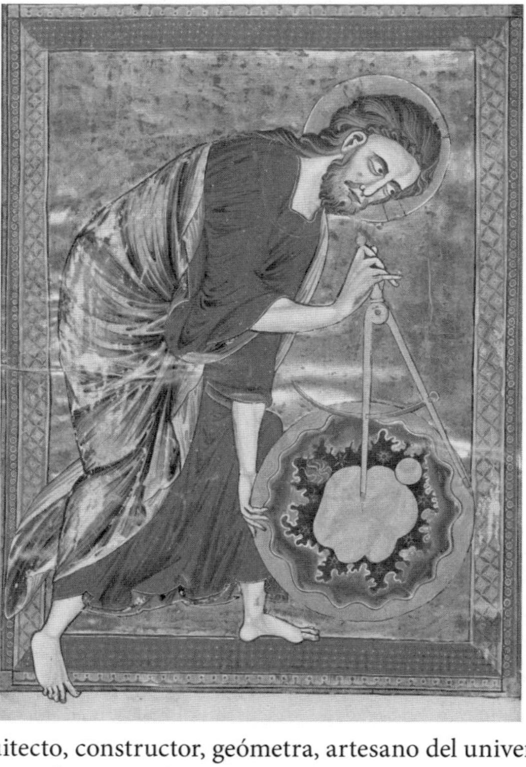

Dios arquitecto, constructor, geómetra, artesano del universo, traza un círculo perfecto con el compás; en su interior aparecen el Sol y la Luna, ya creados, y la materia informe de la que se formará la Tierra. Miniatura del *Codex Vindobonensis 2554*, f. 1, reverso. Biblioteca Nacional de Austria. Tinta, témpera y pan de oro sobre vitela.

Aunque también puede dejarse ver con la misma fisonomía de Cristo («Quien me ha visto a mí ha visto al Padre». Jn 14:9), la representación más habitual de Dios Padre a partir del siglo XIV es la figura de un anciano, en consonancia con el «Anciano de los días» del que habla el profeta Isaías (Is 7:9, 13-14), portando atributos de poder, como el cetro o la bola del mundo, y vestimentas pontificales, como la capa pluvial y la tiara con triple corona.

Como Dios Geómetra, el gran arquitecto que diseña el universo compás en mano a la vez que sostiene la bola del mundo, aparece con frecuencia en vidrieras y miniaturas a medida que los *magister operis* van cobrando relevancia con la construcción de las grandes catedrales. La geometría y la astronomía (astrología, en aquel tiempo) estaba vinculada con lo divino. Dios ha creado el universo según principios geométricos y armónicos; buscar estos principios era, por ello, adorar a Dios. Como Dios *Cosmocrátor* («Gobernador del cosmos») figura en la portada del *Codex Vindobonensis 2554* o *Biblia moralizada de Viena* (1220-1230), uno de los siete ejemplares que se conservan de una serie de manuscritos iluminados de los siglos XIII-XV, formados por versículos en lengua latina emparejando episodios de ambos Testamentos, acompañados de comentarios con sentido moralizante o teológico, por lo que también recibe nombres como *Biblia historiada*, *Biblia alegorizada* o *Emblemas bíblicos*.

La referencia está en las Sagradas Escrituras:

Cuando formaba los cielos, allí estaba yo;
Cuando trazaba el círculo sobre la faz del abismo;
Cuando afirmaba los cielos arriba,
Cuando afirmaba las fuentes del abismo;
Cuando ponía al mar su estatuto,
Para que las aguas no traspasasen su mandamiento;
Cuando establecía los fundamentos de la tierra...

Prov 8:27-29

¿Dónde estabas tú cuando yo fundaba la tierra?
Házmelo saber, si tienes inteligencia.
¿Quién ordenó sus medidas, si lo sabes?
¿O quién extendió sobre ella cordel?
¿Sobre qué están fundadas sus bases?

¿O quién puso su piedra angular,
Cuando alababan todas las estrellas del alba,
¿Y se regocijaban todos los hijos de Dios?

Job 38:4-6

Otra representación destacada del gran arquitecto del universo se encuentra en la portada de la anteriormente citada *Biblia de san Luis*. El Sumo Hacedor sostiene en una mano la esfera del universo mientras toma medidas con el compás que porta en la otra.

## HIJO

La figura de Jesucristo, seguido por la de su madre, la Virgen María, constituye la representación principal de la iconografía gótica. Adopta las siguientes formas:

### COSMOCRÁTOR

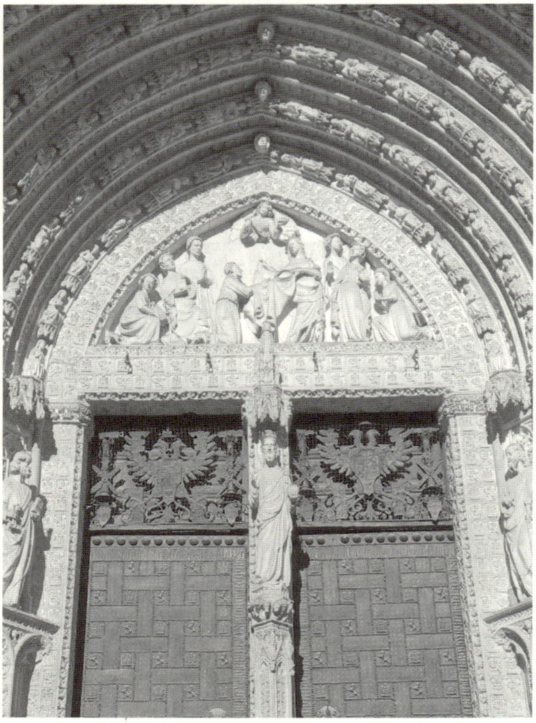

Cristo *Cosmocrátor* (primera mitad del s. XIV) en el parteluz de la portada del Perdón de la catedral de Toledo. En el tímpano, imposición de la casulla a san Ildefonso por parte de la Virgen María.

Como Señor del Cosmos, al igual que el Padre, el Salvador aparece rodeado por la mandorla mística, que simboliza el resplandor del universo, la *Lux Vera* («Luz verdadera»), portando la bola del mundo en la mano izquierda y bendiciendo con la derecha. Es una imagen poco habitual en la escultura que adorna e ilustra los templos; sin embargo, podemos encontrarla sostenida por cuatro ángeles en el tímpano de la portada de la Virgen del Dado de la fachada norte de la catedral de León, obra de finales del siglo XIII que conserva gran parte de la policromía aplicada en el XV. Le acompañan los cuatro evangelistas escribientes, identificados por sus símbolos respectivos, iconografía probablemente inspirada —como dice la doctora Ara Gil— en Hch 1:11: «Este mismo Jesús que ha sido tomado desde vosotros arriba en el cielo, así vendrá como le habéis visto ir al cielo». Representa, pues, la fusión entre la ascensión románica de Cristo impulsado por ángeles, tal como aparece, por ejemplo, en la portada del Perdón de la iglesia de San Isidoro de León, y la *Maiestas Christi* rodeado de la almendra mística.

Como Cristo *Cosmocrátor* se presenta también el Salvador en el parteluz de la portada central o del Perdón del pórtico occidental de la catedral de Toledo, figura esbelta vestida con túnica rozagante y de rasgos manieristas, característicos del siglo XIV.

## MAIESTAS CHRISTI O CRISTO APOCALÍPTICO

La *Maiestas Christi* («Cristo en Majestad») o *Maiestas Domini* («Señor en Majestad»), modelo heredado de la iconografía románica, que aún pervive en los primeros tiempos del gótico, representa a Jesucristo *Rex Gloriae*, glorioso y triunfal, rodeado por el tetramorfo, en la *Parusía* («advenimiento», «llegada», en griego) o segunda venida del Hijo del Hombre como juez supremo para juzgar a vivos y muertos, conforme a su promesa antes de ascender a los cielos: «He aquí yo vengo pronto, y mi galardón conmigo, para recompensar a cada uno según sea su obra» (Ap 22:12).

El lugar preferido por los artistas continúa siendo el tímpano de las portadas antes que pintado al fresco o decorando en mosaico el interior de los templos, como era habitual en las iglesias y basílicas románicas y en el arte bizantino.

La majestad de Cristo, infundiendo temor más que respeto a las consecuencias del pecado, se representa entronizada y se manifiesta en todo su esplendor apocalíptico de forma solemne:

- Coronado con nimbo crucífero y sentado en el trono («Y he aquí, un trono establecido en el cielo, y en el trono, uno sentado», Ap 4:2) que forma el arcoíris («He colocado mi arcoíris en las nubes, el cual servirá como señal de mi pacto con la tierra». Gn 9:13), mientras apoya los pies en otro arco de menor tamaño, que alude al globo terráqueo: «El cielo es mi trono y la tierra el escabel de mis pies» (Is 66:1).

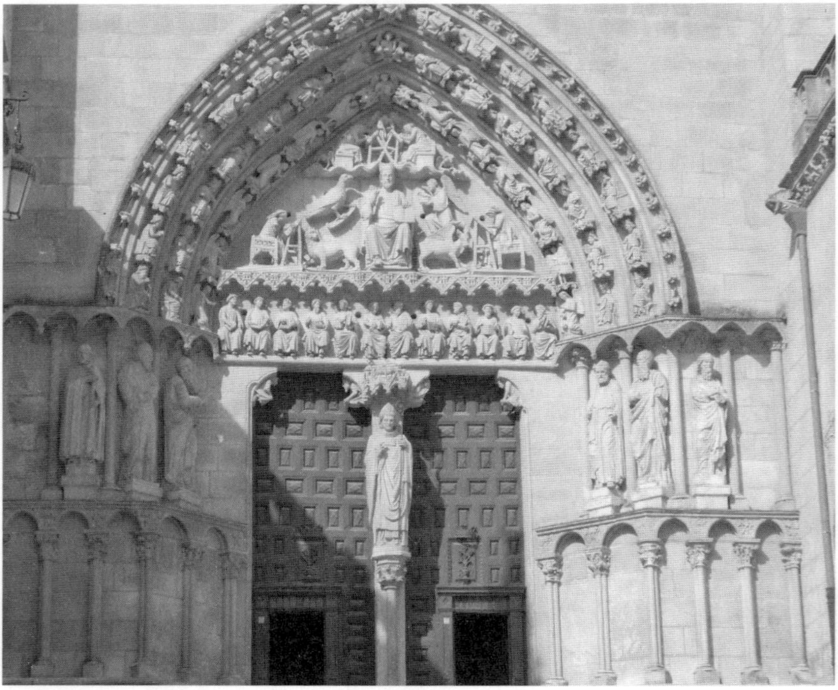

*Maiestas Christi*, Cristo en Majestad. Tímpano de la portada del Sarmental de la catedral de Burgos. En el parteluz, el obispo Mauricio, impulsor de las obras del templo gótico.

- Bendiciendo con la mano derecha, de la que levanta dos dedos (índice y corazón) para indicar que es la segunda persona de la Santísima Trinidad con su doble naturaleza divina y humana, y portando en la mano izquierda, frente al testimonio del texto apocalíptico («Y vi en la mano derecha del que estaba sentado en el trono un libro escrito por dentro y por fuera, sellado con siete sellos», Ap 5:1; «tomó el libro de la mano derecha del que estaba sentado en el trono», Ap 5:7), el *Libro de la Vida,* en el que constan escritos los nombres de los justos («Y el que no se halló inscrito en el *Libro de la Vida* fue lanzado al lago de fuego», Ap 20:15). En ocasiones, este se ha asimilado al *Libro de la Ley* o al *Libro de la Sabiduría* que forma parte de los *Libros Sapienciales* atribuidos al sabio Salomón, si bien en el contexto neotestamentario no existe una relación clara entre dichos textos.

- Flanqueado o circundado por el tetramorfo, símbolos de los cuatro evangelistas, o bien por su representación en forma humana, sentados en pupitres escribiendo al dictado del maestro universal, *Christus Docens*, sus respectivos evangelios.
- Acompañado de los doce apóstoles dispuestos bajo su majestad en friso, en pie bajo arquerías que rememoran la Jerusalén celestial e introducen el concepto del ritmo y la armonía divinas; o sedentes en distintas posturas como rasgo del nuevo naturalismo.
- Acompañado de los veinticuatro ancianos («Y alrededor del trono había veinticuatro tronos, y vi sentados en los tronos a veinticuatro ancianos, vestidos de ropas blancas, con coronas de oro en sus cabezas», Ap 4:4), que se cree que representan a la Iglesia arrebatada («Y los muertos en Cristo resucitarán primero. Luego nosotros, los que vivimos, los que hayamos quedado, seremos arrebatados juntamente con ellos en las nubes para recibir al Señor en el aire, y así estaremos siempre con el Señor», 1 Tes 4:16-17), haciendo sonar sus instrumentos musicales para alabarle con sus cánticos de redención («Digno eres de tomar el libro y de abrir sus sellos; porque tú fuiste inmolado, y con tu sangre nos has redimido para Dios», Ap 5:9). Representan a todos los que vencieron porque permanecieron fieles al Señor, tanto en la Antigua Ley (las doce tribus de Israel, los doce profetas menores) como en la Nueva Alianza (los doce apóstoles), que de este modo verán cumplida en ellos la promesa del Salvador: «Al que venciere, le daré que se siente conmigo en mi trono, así como yo he vencido, y me he sentado con mi Padre en su trono» (Ap 3:21).

- Acompañado de ángeles trompeteros que descienden de las alturas haciendo sonar sus instrumentos para anunciar el comienzo del Juicio Final.
- Acompañado de ángeles portadores de filacterias, ceroferarios y turiferarios, que descienden de la bóveda celestial con sus incensarios para glorificarle.

Como ejemplos de pervivencia de esta iconografía, además del pórtico real de la catedral de Chartres (1140-1160), encontramos de manera sorprendente, aún a mediados de la decimotercera centuria, en plena fase clásica del gótico, la portada del Sarmental de la catedral de Burgos, la de la Revelación de la *Pulchra leonina* y la de la colegiata de Santa María la Real en Sasamón (Burgos), copia de la seo burgalesa salvando la compartimentación del tímpano en cuatro franjas en lugar de tres (el Pantocrátor reduce su tamaño y protagonismo), la alteración de los símbolos de san Juan y san Mateo, y la disposición vertical en lugar de cruzadas de las patas de los pupitres de los evangelistas en el registro superior.

En Occidente, al contrario que en el arte bizantino, se emplea indistinta pero erróneamente como sinónimo de la *Maiestas Christi* el término Pantocrátor («Todopoderoso», del griego *Pan*: «todo», *Krátor*: «acometer, realizar»). Para diferenciar exactamente ambas figuras hay que tener en cuenta que en Bizancio el Pantocrátor es una representación de Jesucristo de medio cuerpo. No obstante, la expresión ha terminado generalizándose para ambos tipos iconográficos.

## VARÓN DE DOLORES O CRISTO EVANGÉLICO

Jesucristo es el Varón de Dolores: «Despreciado y abandonado de los hombres, varón de dolores y sabedor de dolencias, y como uno ante quien se oculta el rostro, menospreciado y no le tuvimos en cuenta» (Is 53:3).

A partir de la segunda mitad del siglo XII, en consonancia con la humanización del mundo celestial que aporta el pensamiento de la Baja Edad Media, el nuevo Cristo Evangélico, Varón de Dolores, Redentor misericordioso que en la *Parusía* juzgará a la humanidad principalmente por sus acciones respecto al prójimo, fue sustituyendo a la imagen severa, terrible del Cristo Apocalíptico.

Siguiendo el modelo del pórtico real de la iglesia abacial de Saint-Denis de París (1135), continuado en las portadas del Juicio de las catedrales de Laon (c. 1190-1200), Amiens (c. 1200) y Notre Dame de París (c. 1210), el Hijo del Hombre ya no se presenta en su trono solemne, majestuoso, con el *Libro de la Vida* o el globo del orbe en la mano, sino con el pecho descubierto y el costado derecho al aire, alzando a un tiempo ambas manos (evocando el gesto de los orantes) para mostrar al unísono las cinco llagas de la Crucifixión: una en cada mano y en cada pie, originadas por los clavos que le fijaron en los maderos, y otra en el costado izquierdo, perforado por la lanza del romano.

El Salvador, vestido con la túnica blanca de la Transfiguración o roja del Escarnio, para confirmarse como rey auténtico, que en este mundo solo sufrió las burlas de sus verdugos, no está solo:

- Acompañado de ángeles que portan, en sus manos veladas, los *Arma Christi* o instrumentos con los que fue martirizado (la cruz, los clavos, el látigo, la columna de la flagelación, la corona de espinas, la caña del escarnio, la vara con la esponja empapada en vinagre y la lanza del centurión), que constituyen un recordatorio para los fieles del sacrificio que sufrió nuestro Redentor a cambio de la salvación de la humanidad y suponen, de acuerdo a la simbología medieval, una serie de trofeos heráldicos logrados tras el vencimiento a la muerte y al demonio, advirtiendo que sin sufrimiento no es posible superar las tentaciones. Entre los textos que promovieron el culto a estas reliquias, catalogadas como de primer orden por haber estado en contacto con el mismísimo Jesucristo, se encuentran las *Meditaciones* de san Bernardo de Claraval sobre la Pasión y las predicaciones de san Francisco de Asís, cuyo cuerpo sufrió milagrosamente herido por los estigmas del Redentor, así como la *Vita Jesu Christi*, del cartujo Ludolfo de Sajonia (c. 1378), y las *Meditationes vitae Christi*, del Pseudo Buenaventura, OFM (c. 1300).
  Una representación de este modelo se encuentra en el tímpano de la portada principal de la catedral de Tarragona, realizado por Jaume Cascalls hacia 1375.
- Acompañado a derecha e izquierda, respectivamente, por la Virgen María y san Juan Evangelista, quienes en pie o de rodillas y juntando las palmas de las manos imploran clemencia para aquellos que, según las interpretaciones de los teólogos, se arrepintieron en vida de sus malos actos y ahora

van a ser juzgados, con lo cual se dirige un mensaje a los fieles para que vuelvan al camino recto si se han extraviado por la senda del pecado. Se trata de una iconografía basada en la *Déesis* bizantina, pero sustituyendo al *Prodomos* o Precursor, san Juan Bautista, por el Discípulo Amado, que fue quien tuvo mayor relación con María («Mujer, he ahí tu hijo. Después dijo al discípulo: "He ahí tu madre"» Jn 19:26-27), personificación de la Iglesia como intercesora ante Cristo a lo largo de la vida de los fieles: bautismo, confesión y sufragios *post mortem*.

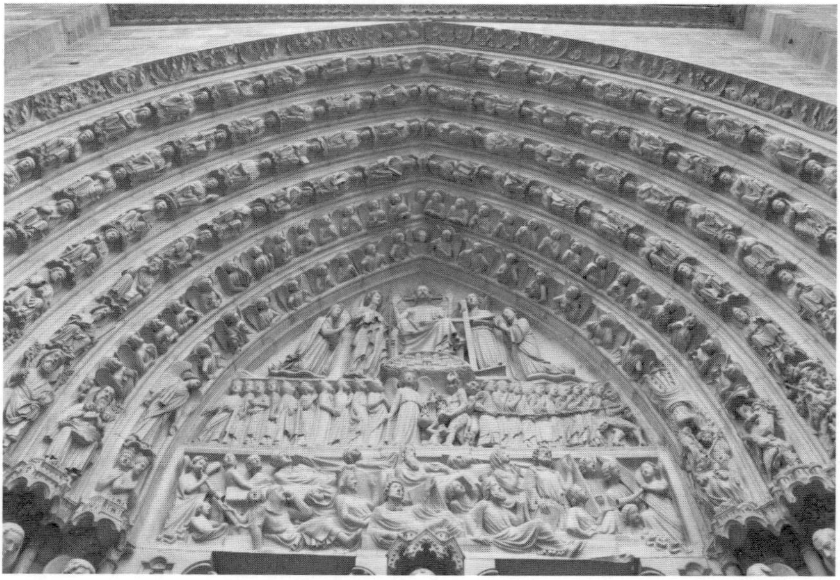

Cristo Varón de Dolores. Tímpano de la portada del Juicio Final de la catedral de Notre Dame de París (principios del s. XIII).

Aunque, en la portada central de la fachada sur de la catedral de Chartres, ambos intercesores aparecen sedentes, flanqueando a Jesucristo y tallados al mismo tamaño, el modelo impetrante, derivado de las catedrales de París, Amiens y Reims, se difundirá por las principales portadas del estilo gótico hispano: catedrales de Burgos (portada de la Coronería), León y Toledo (portadas del Juicio Final), Vitoria (portal sur del pórtico principal), seo Vieja de Lérida (puerta de los Apóstoles), iglesia de Santa María la Real de La Hiniesta (Zamora) y colegiata de Santa María de los Sagrados Corporales de Daroca (Zaragoza).

En las arquivoltas campan coros angélicos y aparecen también escenas de la resurrección de los muertos saliendo de sus sepulcros; en el dintel, a manera de friso, el pesaje de las almas con san Miguel en *psicostasis* y, cobrando su premio o su castigo, justos caminando ordenadamente hacia la gloria eterna a la derecha del *psicopompo* y, a la izquierda, de forma descompuesta, réprobos revueltos y trabados por los diablos vengadores, presos de los tormentos infernales.

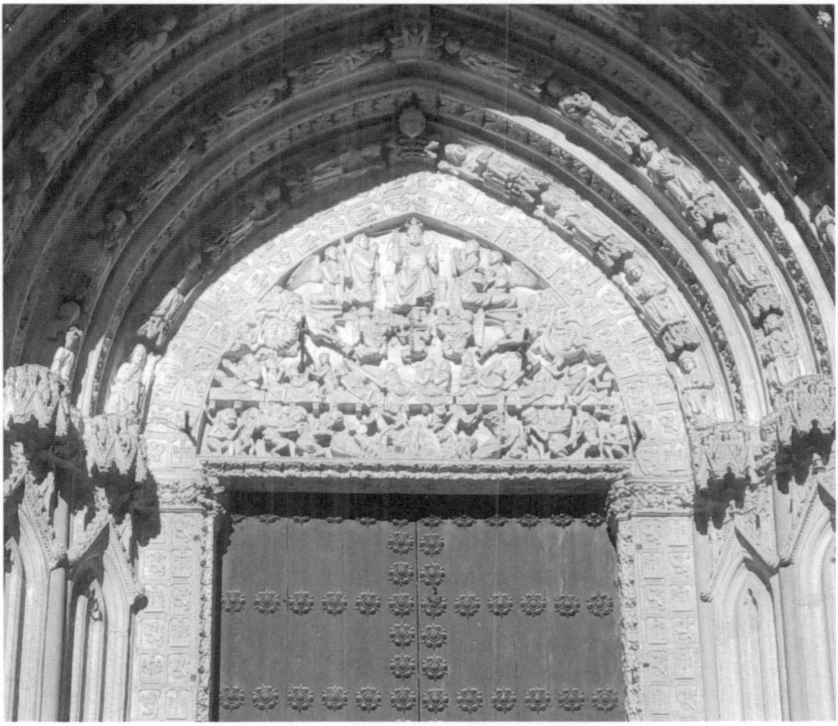

Cristo Evangélico escuchando las súplicas de la Virgen y san Juan.
Tímpano de la puerta del Juicio Final de la catedral de Toledo (s. XIV).

- Acompañado de los doce apóstoles en sustitución de los veinticuatro ancianos de la iconografía románica, de acuerdo al texto evangélico: «De cierto os digo que, en la regeneración, cuando el Hijo del Hombre se siente en el trono de su gloria, vosotros que me habéis seguido también os sentaréis sobre doce tronos, para juzgar a las doce tribus de Israel» (Mt 19:28). El Colegio Apostólico se constituye, así, como un modelo de vida para todos los fieles, obviando las traiciones y negaciones que también hubo en su seno («Porque no he venido a llamar a justos, sino a pecadores» Mt 9:13; Lc 5:32). Durante los primeros tiempos del gótico puede figurar, al estilo románico, en friso bajo arquerías en el registro inferior del tímpano (puerta del Perdón de la iglesia de Santa María la Real de Sangüesa), en las dovelas que apuntan hacia la clave (puerta del Juicio de la catedral de Tudela) o, avanzado el estilo, en las jambas de la portada (puerta de la Coronería de la catedral de Burgos). Precisamente, en Sangüesa es donde queda plasmado en la península ibérica, a finales del siglo XII, el tránsito del Cristo Apocalíptico al Cristo Evangélico: el Salvador, en actitud de bendecir y portando el *Libro de la Vida* como *Maiestas Christi*, muestra parte de su pecho al descubierto, está coronado de pedrería en lugar de lucir el nimbo crucífero románico y ángeles trompeteros circundando su figura sustituyen al tetramorfo.

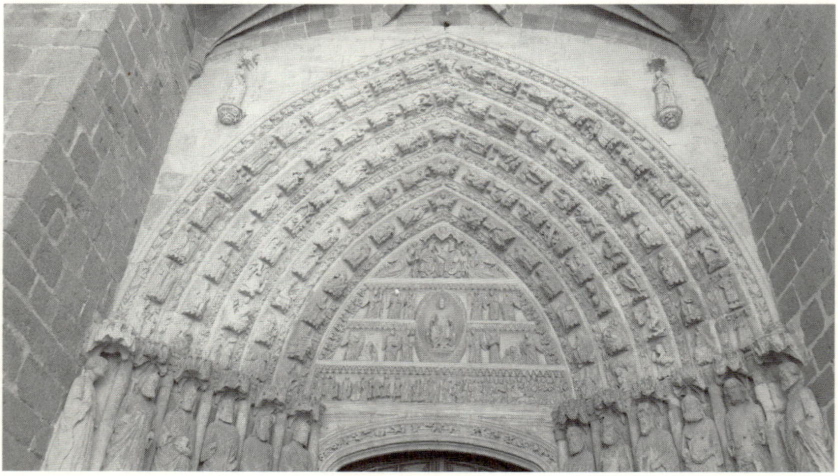

Portada de los Apóstoles de la catedral de Ávila. Cristo Juez en el interior de la mandorla rodeado de ángeles, escenas de la Pasión en el registro inferior y la Coronación de la Virgen en el superior, caso insólito que se debe a la combinación de la primitiva portada norte y la portada occidental en el siglo XV.

En la catedral de Ávila, el tímpano de la puerta de los Apóstoles presenta un caso singular, fruto de la mezcla de la primitiva portada norte y la entrada principal en la fachada oeste, llevada a cabo por Juan Guas en el siglo XV. Dividido en tres registros, en el central, de mayor tamaño, Cristo aparece como Pantocrátor en el interior de la almendra mística, pero flanqueado no por el tetramorfo, sino por ángeles, alguno portando los instrumentos de la Pasión, con la Virgen y san Juan impetrantes a su derecha e izquierda, respectivamente, presentados por ángeles. El registro superior está dedicado a la Coronación de la Virgen, con el propio Jesucristo situando la corona de Reina de los Cielos sobre la cabeza de su madre. En el plano inferior se representan escenas de la Pasión, como el Lavatorio o la Última Cena. Los temas apocalípticos, como los veinticuatro ancianos y el Juicio Final, quedan relegados a las arquivoltas, donde se muestran la resurrección de los muertos e imágenes de justos y condenados, mientras los apóstoles, bajo doseletes, se distribuyen, seis a seis, en las jambas.

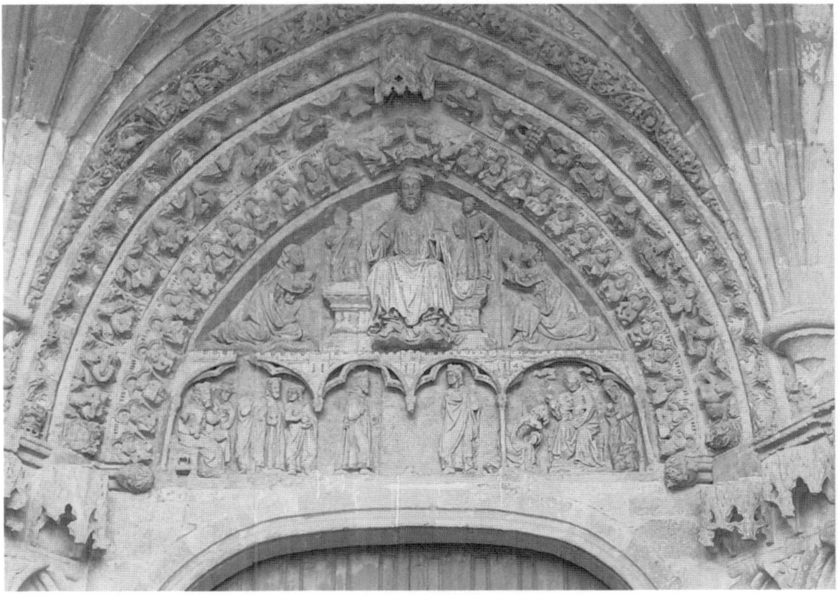

Cristo Juez coronado por ángeles, con la Epifanía en el registro inferior en lugar del Juicio Final. Tímpano de la portada sur de la iglesia de Santa María la Real de La Hiniesta (Zamora).

En la portada sur de la iglesia de Santa María la Real de La Hiniesta (Zamora), que conserva parte de su policromía, encontramos, aún a finales del siglo XIII, un modelo diríamos mixto, puesto que no incluye el Juicio Final. Cristo Juez está siendo coronado por ángeles que descienden desde la clave de la arquivolta que se halla sobre su cabeza; otras dos criaturas angélicas a ambos lados (hoy bastante deterioradas) portarían los *Arma Christi*; la Virgen y san Juan, arrodillados, intercediendo por el género humano, completan la escena. Sin embargo, en el registro inferior, repartido en espacios compartimentados, no se encuentra el Juicio Final, sino los Reyes Magos en distintas secuencias: entrevistándose con Herodes, despidiéndose del sanguinario infanticida y adorando al Niño Jesús, uno de ellos genuflexo. De esta manera, encontramos en esta portada la manifestación de dos teofanías: Cristo en Majestad y la Epifanía. Decoran las arquivoltas, completando el mensaje bíblico, los bienaventurados portando libros y rótulos, y los reyes de Israel tocando instrumentos musicales en señal de alabanza al Rey de los Cielos.

## ESPÍRITU SANTO

La primera vez que se hace mención al Espíritu Santo es en el libro del Génesis: «Y la tierra estaba desordenada y vacía, y las tinieblas estaban sobre la faz del abismo, y el Espíritu de Dios se movía sobre la faz de las aguas» (Gn 1:2).

A partir de ahí, es citado en numerosas ocasiones, referidas no solo a la creación del mundo sino también a la creación y el proceder de los hombres: «El Espíritu de Dios me ha creado; me infunde vida el hálito del Todopoderoso» (Job 33:4). «Enséñame a hacer tu voluntad, porque tú eres mi Dios. Tu buen Espíritu me guíe a tierra de rectitud» (Sal 143:10).

En cuanto a la Iglesia, la referencia al Espíritu Santo figura ya en el octavo artículo de la oración del credo («creo») del I Concilio de Nicea (325): «Creo en el Espíritu Santo, señor y dador de vida, que procede del Padre y del Hijo...», siendo así reconocido como ente consustancial de la Santísima Trinidad («Porque tres son los que dan testimonio en el cielo: el Padre, el Verbo y el Espíritu Santo, y estos tres son uno». Jn 5:7). Y se corrobora en la profesión de fe del I Concilio de Constantinopla (381): «Fue concebido [Jesucristo] por obra y gracia del Espíritu Santo y se encarnó de María la Virgen» (credo niceo-constantinopolitano). Ambos concilios habían sido convocados para combatir la herejía arriana, que negaba la Trinidad.

En la Edad Media, el Espíritu Santo era considerado como el inventor de las siete artes liberales, compuestas por el *Trivium* o «ciencia de las voces» (gramática, retórica y dialéctica) y el *Quadrivium* o «ciencia de los números» (aritmética, geometría, música y astronomía). Se le asociaba con la idea de la luz, las siete lamparillas o los siete ojos, que se corresponden con los siete dones que se le atribuyen: sabiduría, inteligencia, consejo, fortaleza, ciencia, piedad y temor de Dios.

La forma más habitual de representar al Espíritu Santo es en forma de paloma, suspendida entre el Padre y el Hijo, indicando que procede de ambos. Esta figuración simbólica representa un paralelismo con la paloma que salió del arca de Noé y regresó trayendo en el pico una rama de olivo en señal de que el nivel de las aguas había descendido.

Otra representación simbólica del Espíritu Santo es en forma de lenguas de fuego sobre las cabezas de los apóstoles, tal como se presenta en el episodio de Pentecostés, infundiéndoles el conocimiento necesario para llevar la palabra de Jesucristo hasta los confines del mundo (Hch 2:1-4).

## LA SANTÍSIMA TRINIDAD

Entre las representaciones más habituales de la Santísima Trinidad se encuentran las siguientes:

- Simbólica, a través de elementos geométricos como el triángulo equilátero, cuyos tres lados y ángulos son iguales, o los tres círculos concéntricos o entrelazados, que se conocen como «nudos borromeos» por tratarse del emblema heráldico que adoptó la familia nobiliaria italiana Borromini, originaria de la región del Véneto en el siglo XVI. O bien, la combinación de ambos, superponiendo los tres círculos sobre la figura del triángulo. Esta simbología fue rechazada en los primeros tiempos del cristianismo, puesto que se presta a confusión con el triquel, triquetra o triqueta, símbolo celta utilizado por la brujería, y no comenzó a imponerse hasta el siglo XI, generalizándose a partir del XV con el vértice hacia arriba como nimbo del Padre Eterno y aureola de la paloma del Espíritu Santo. En ocasiones, el triángulo aparece inscrito en un círculo (símbolo divino por excelencia puesto que no tiene principio ni fin) con el Ojo Divino, Ojo de la Providencia u Ojo que Todo lo Ve inscrito en su interior, un icono de raíz egipcia (Ojo de Horus) que simboliza la presencia vigilante continua de Dios, adoptado posteriormente por la masonería.

- Clásica, es decir, Padre e Hijo entronizados, con el Hijo sentado a la diestra del Padre: («Siéntate a mi derecha y pondré a tus enemigos como estrado de tus pies» Sal 110), ambos con aspecto humano y el Espíritu Santo en forma de paloma suspendido en el aire sobre sus cabezas. Esta iconografía antropomorfa, criticada en el siglo XIII por Lucas, obispo de Tuy, se hizo frecuente en la pintura a partir del siglo XV, heredada de los retratos imperiales romanos y bizantinos, concretamente de las monedas en cuyo anverso aparecían juntos dos o tres emperadores entronizados.
- La *Trinitas paternitas* o *Maiestas Trinitatis*: modelo heredado de la Virgen *Kyriotissa* («Trono del Señor») bizantina, representa a Dios Padre sentado en el trono sosteniendo sobre sus rodillas a Jesús niño, los dos bendiciendo, rodeados por la mandorla o almendra mística, con la paloma del Espíritu Santo suspendida en el aire sobre sus cabezas. La disposición frontal de las dos primeras Personas en el mismo eje axial vertical está relacionada con la igualdad del Padre y del Hijo, que fue «engendrado, no creado, de la misma naturaleza del Padre» (credo de Nicea-Constantinopla), y es coeterno y consustancial al Padre.
- El Trono de Gracia (*Thronum Gratiae*) deriva de las palabras de san Pablo a los hebreos: «Acerquémonos, pues, confiadamente al Trono de Gracia, a fin de recibir misericordia y hallar gracia para el oportuno socorro» (Heb 4:16). Dios Padre toma entre sus manos, delante de su regazo, ambos extremos del *patibulum* o travesaño horizontal de la cruz en el que está el Hijo clavado: «Y como Moisés levantó la serpiente en el desierto, así es necesario que el Hijo del Hombre sea levantado, para que todo aquel que en Él cree, no se pierda, mas tenga vida eterna» (Jn 3:14-15). El Espíritu Santo, en su forma habitual de paloma, puede aparecer sobre ellos o bien descendiendo como un soplo divino.

Varias referencias bíblicas al Trono de Gracia se pueden encontrar en el Apocalipsis: «Al que venciere, le daré que se siente conmigo en mi trono, así como yo he vencido, y me he sentado con mi Padre en su trono» (3:21). «Y vi en la mano derecha del que estaba sentado en el trono un libro escrito por dentro y por fuera, sellado con siete sellos» (5:1). «Porque el Cordero que está en medio del trono los pastoreará, y los guiará a fuentes de aguas de vida, y Dios enjugará toda lágrima de los ojos de ellos» (7:17).

De esta iconografía, que subraya la idea de la Redención, pues el Padre muestra a los hombres el sacrificio de su Hijo, que aparece en su doble naturaleza de hombre muerto, pero formando parte de la Tríada divina (por lo que también se conoce como Trinidad vertical), se dan ejemplos, en relieve, en la catedral de León (un capitel de la capilla de San Nicolás y un pilar del claustro) y en la escena central del friso que corre bajo el tímpano de la portada de la iglesia de San Jaime de Barcelona, situada entre los protagonistas de la Anunciación: el arcángel Gabriel y la Virgen María. En pintura, podemos citar la tabla anónima de un maestro austriaco de principios del s. XV, que se guarda en la Galería Nacional de Londres.

- Compasión del Padre (*Compassio Patris*) o *Paternitas sufriente*. Con estas expresiones se denomina la figura frontal del Padre Eterno sentado sobre su trono o sobre el arcoíris sosteniendo en su regazo el cuerpo del Hijo muerto, una imagen similar a la Piedad mariana, pero habitualmente con la paloma del Espíritu Santo sobrevolando. En el Concilio de Trento (1545-1563) se abrirá una polémica sobre esta figura, pues mostrar al Padre sufriente quizá podía interpretarse como una disminución de su dignidad divina. Un ejemplo en alabastro se guarda en el Museo Catedralicio de Ávila.
- La Trinidad tricéfala o trifacial, un modelo iconográfico que, si bien había aparecido en el arte cristiano como imagen del diablo, comenzó a utilizarse como imagen trinitaria entre finales del siglo XIII y principios del XIV, desarrollándose sobre todo en los siglos XV y XVI por Italia, Francia y España, hasta que fue condenado por el Concilio de Trento y prohibido definitivamente por Benedicto XIV en 1745. Como su nombre indica, se trata de un cuerpo de medio busto del que emergen tres cabezas, o bien de una cabeza que muestra tres rostros dando la impresión de que uno de ellos mira de frente y los otros dos a los lados. La fisonomía corresponde a la edad de Cristo durante su vida pública, es decir, un varón a los treinta años, de larga cabellera y rostro barbado, imagen habitual en Occidente frente al joven imberbe de procedencia helenística.

Para el joaquinismo —herejía herética predicada por Joaquín de Fiore en el siglo XII, condenada por primera vez en el IV Concilio de Letrán, en 1215—, la cara que mira a la izquierda aludía a la «edad del Padre», es decir, el tiempo de la Antigua Alianza; la que mira al frente a la «edad del Hijo», la era del cristianismo, y la que mira a la derecha a la «edad del Espíritu Santo», la que vendrá después de la *Parusía*, cuando el «Evangelio eterno» sustituirá la Iglesia jerárquica por la Iglesia del Espíritu, basada en la igualdad.

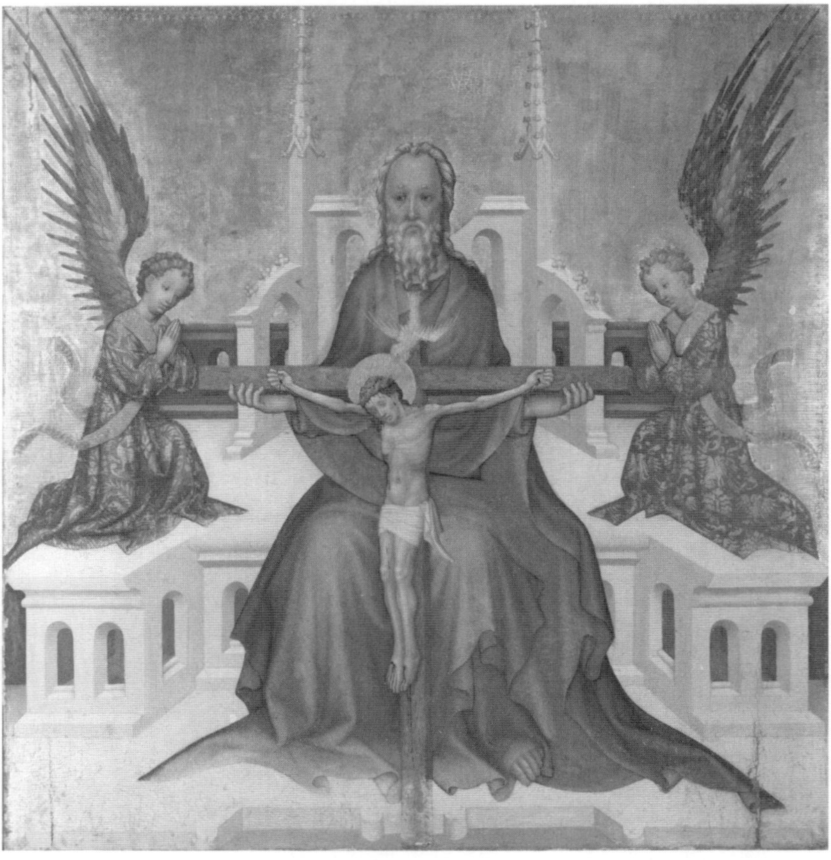

*Trono de Gracia*. Anónimo de escuela austriaca de principios del siglo XV. National Gallery, Londres. Dios Padre sostiene a su hijo crucificado. La paloma del Espíritu revolotea entre ambos. A cada lado, un ángel se arrodilla en adoración.

Teniendo en cuenta que el arte cristiano tomó de otras religiones buena parte de sus modelos iconográficos, reinterpretándolos con distinta simbología, el origen de esta iconografía se puede encontrar en las divinidades triformes indoeuropeas como el *Trimurti* o *Trideva* hindú (imagen triple de Shiva, Visnú y Brahma), en personajes y deidades de la mitología griega representadas con tres cuerpos (la diosa protectora Hécate, el gigante Gerión), en las bestias tricéfalas (el perro guardián Cancerbero y distintas versiones de la Quimera) y en el dios Jano bifacial (que mira al pasado y al futuro) del panteón romano.

Este modelo, conocido también como trifonte (*vultus trifrons*), presenta algunas muestras significativas en un relieve del sepulcro del infante don Alonso en la Cartuja de Santa María de Miraflores (Burgos), atribuido a Gil de Siloé; en una pintura en el retablo del monasterio de Santa María de la Caridad de Tulebras (Navarra) que combina la representación simbólica del triángulo, atribuido a Jerónimo Cosida; en la capilla del Condestable de la catedral de Burgos; en la fachada del colegio de San Gregorio de Valladolid; en las sillerías de coro de las catedrales de León y Astorga, la iglesia parroquial de Santa María de la Asunción de Dueñas (Palencia) y en las bóvedas del sotocoro de la iglesia parroquial de Santa María la Mayor de Fuentepelayo (Segovia).

# *Iconografía del Antiguo Testamento*

La iconografía gótica del Antiguo Testamento está centrada en la representación de los personajes que tuvieron una trascendencia esencial en el desarrollo de la Nueva Ley. Por ello, los comitentes encargaron a los artistas —y estos llevaron a cabo— la plasmación plástica de aquellos que consideraban antecedentes inmediatos y constituían mensajes más o menos velados de la venida del Mesías, anunciada por los profetas y visible en multitud de hechos que rodearon ya a nuestros primeros padres y, posteriormente, a los patriarcas y personajes principales de la Vieja Ley hasta el cumplimiento del tiempo en el que aconteció el nacimiento de Dios en la tierra. Es lo que se conoce como prefiguraciones.

## LAS PREFIGURACIONES

Con el fin de encajar la figura de Jesucristo en las profecías del Antiguo Testamento que anunciaban su venida, los padres de la Iglesia, por medio de una interpretación tipológica, rebuscaron todos los paralelismos posibles entre episodios de la Antigua y la Nueva Ley, en no pocas ocasiones forzando excesivamente las concomitancias.

Como dijo san Pablo: «Todo esto les acontecía en figura, y fue escrito para admonición de los que hemos llegado a la plenitud de los tiempos» (I Co 10:11).

Para san Agustín, que calificaba a patriarcas, reyes y profetas como «heraldos de Dios», «In veteri testamento novum latet, in novo vetus patet» («En el Viejo Testamento estaba oculto y encubierto el Nuevo»).

Gonzalo de Berceo, en el *Sacrificio de la Misa* (28 d), el tratado más antiguo sobre la misa en lengua romance —único en verso—, también expresa idéntica idea: «La uieia so la nueva iaze encortinada» («La vieja [ley] bajo la nueva yace velada»).

En el mismo sentido, el historiador de arte Louis Réau (1881-1961) afirma que «El Antiguo y el Nuevo Testamento nos trasmiten el mismo mensaje divino, pero lo que aparece velado en la Antigua Ley se desvela en los Evangelios», de acuerdo a la máxima clásica: «Vetus Testamentum velatum; Novum Testamentum revelatum».

San Pablo afirmaba que Dios anunció la salvación por medio de los profetas en el Antiguo Testamento. Fue su hijo Jesucristo quien inspiró directamente a los evangelistas y a los apóstoles para que escribieran la Nueva Ley, que se constituyó en heredera de la Antigua: «Dios, habiendo hablado muchas veces y de muchas maneras en otro tiempo a nuestros padres por los profetas, en estos postreros días nos ha hablado por el Hijo, a quien constituyó heredero de todo, y por quien asimismo hizo el universo» (Heb 1:1-2).

Las prefiguraciones veterotestamentarias se refieren, básicamente, a Jesucristo y a su madre, la Virgen María, por lo que se debe distinguir entre prefiguraciones cristológicas y prefiguraciones marianas. Las primeras se exponen a continuación y las segundas se tratan en el apartado correspondiente a la madre de Dios.

## PREFIGURACIONES CRISTOLÓGICAS PERSONALES

Las prefiguraciones cristológicas se conocen con este término porque sus protagonistas, mediante su fortaleza, su fe, su bondad u otras cualidades, anticiparon episodios de la vida del Mesías prometido, e incluso en algún caso fueron capaces de vencer a la muerte, como más tarde hará también Jesucristo.

A estos personajes se les aplica el vocablo griego *typos*: «figura», «imagen». En el Nuevo Testamento su correspondencia (*sub Gratia*) se conoce como *antitypos,* la realidad del asunto que el *typo* representa.

Se inscriben dentro de la tradición alegórica medieval, que considera los episodios del pasado como anuncios del porvenir. Las alegorías tuvieron un gran desarrollo durante la Edad Media, siendo recogidas en publicaciones como la que posteriormente se denominó *Biblia Pauperum* o «Biblia de los pobres», y el *Speculum Humanae Salvationis* o «Espejo de la Salvación de la humanidad». La primera, elaborada en torno al siglo XI para los «pobres predicadores» que carecían de recursos para adquirir una Biblia completa, se trata de un manual con ilustraciones paralelas de los dos Testamentos. Cada una de sus páginas está dividida en tres franjas. En la central se representa, por orden cronológico, una escena de la vida de Jesús flanqueada por dos imágenes del Antiguo Testamento que, según los teólogos, prefiguraban dicho acontecimiento. Para corroborar esta analogía, en las franjas superior e inferior se incluyen dos profetas con sus predicciones en un breve texto en lengua vernácula, a veces saliendo en rollos de pergamino de la boca de los personajes —similar a los bocaditos de un cómic moderno—, haciendo alusión a las correspondientes prefiguraciones. Los manuscritos más antiguos que se conservan corresponden a una edición xilográfica del siglo XIV.

El *Speculum Humanae Salvationis,* perteneciente al género literario medieval *speculo* («espejo»), es decir, una especie de retrato moral ideal y didáctico al que deben tender diversos individuos (príncipes, religiosos, maestros, discípulos e hijos), se trata, como la anterior, de un manuscrito ilustrado sobre las prefiguraciones veterotestamentarias. Dependiendo de las distintas ediciones, se presenta a doble página una imagen del Nuevo Testamento junto a tres del Antiguo que la predicen y en las que se refleja la primera (de ahí el concepto de espejo), cada una sobre una columna de texto en verso rimado. La versión original está compuesta en latín. Gozó de bastante popularidad, como lo prueban las más de 350 copias que se conservan del manuscrito original (anónimo y fechable entre 1309 y 1324, época del destierro papal en Aviñón), además de las versiones en francés, inglés, alemán, holandés y checo, así como las numerosas ediciones impresas xilográficas e incunables que se llevaron a cabo antes y durante los primeros decenios después de la invención de la imprenta (1440).

Las prefiguraciones cristológicas se pueden clasificar en dos grupos: prefiguraciones personales y prefiguraciones simbólicas. Las primeras se subdividen, a su vez, en otras dos categorías: *ante Legem* («antes de la Ley»), es decir, antes de la revelación de la Ley a Moisés por Yavé, y *sub Lege* («bajo la Ley»), es decir, después de la entrega de las Tablas de la Ley a Moisés en el monte Sinaí, monte Horeb en la Torá.

## ANTE LEGEM

### Adán

Creado por Dios «a su imagen» (Gn 1:27), Adán constituye la primera prefiguración del Mesías prometido. Lo mismo que Dios le otorgó «el poder de dominar sobre todas las bestias del cielo, la tierra y el agua» (Gn 1:26), a Jesucristo «todo poder le ha sido dado sobre el cielo y sobre la tierra» (Mt 28:18).

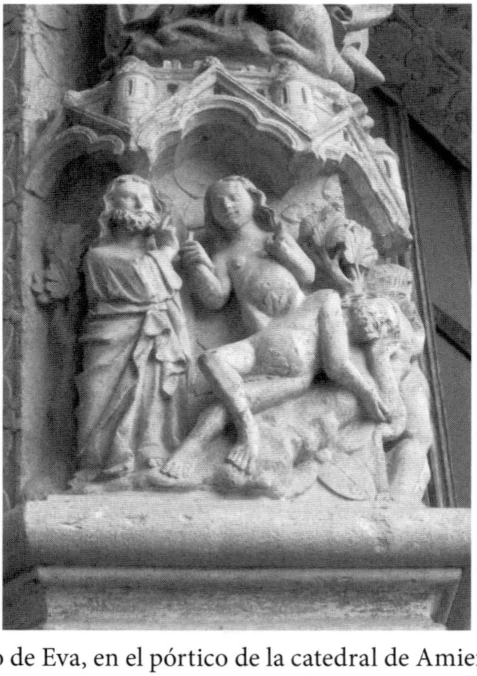

Nacimiento de Eva, en el pórtico de la catedral de Amiens (s. XIII).

Siendo considerado el primer padre de la humanidad según la carne, para san Pablo fue la primera prefiguración de Jesucristo, padre de la humanidad según el espíritu: «Por Adán vino la muerte, y por Jesús la resurrección de los muertos. Porque, así como en Adán todos mueren, así también todos serán vivificados en Cristo» (I Cor 15: 21-22).

> Como el pecado entró en el mundo por un hombre y por el pecado la muerte, así la muerte pasó a todos los hombres, por cuanto todos pecaron. Antes de la Ley ya había pecado en el mundo; pero donde no hay Ley no se inculpa de pecado. No obstante, reinó la muerte desde Adán hasta Moisés, aun en los que no pecaron a la manera de la transgresión de Adán, el cual es figura del que había de venir.
>
> Rom 5:12-20

Cristo, pues, será el nuevo Adán. Según una tradición hebrea, de la semilla depositada en su boca cuando fue enterrado brotó el árbol del que se talará el madero donde fue crucificado Jesucristo en el monte Gólgota (monte de la «Calavera», en hebreo).

Adán y Eva unidos se consideran la prefiguración de Jesucristo y la Iglesia. Como del costado de Adán nace Eva, su compañera («Entonces, Jehová Dios hizo caer sueño profundo sobre Adán, y mientras este dormía, tomó una de sus costillas, y cerró la carne en su lugar. Y de la costilla que Jehová Dios tomó del hombre, hizo una mujer, y la trajo al hombre» Gn 2:21-22), así de la lanzada en el costado de Cristo surgen la sangre y el agua («uno de los soldados le abrió el costado con una lanza, y al instante le brotó sangre y agua» Jn 19-34) que prefiguran a la Iglesia, su esposa. Ambas uniones son indisolubles, porque igual que dijo Dios: «El hombre se unirá a su esposa, y serán una sola carne» (Gn 2:24), Jesús también aseguró a sus discípulos: «Y he aquí yo estoy con vosotros todos los días, hasta el fin del mundo» (Mt 28:20).

Eva tentando a Adán («Y vio la mujer que el árbol era bueno para comer, y que era agradable a los ojos, y árbol codiciable para alcanzar la sabiduría, y tomó de su fruto, y comió, y dio también a su marido, el cual comió, así como ella» Gn 3:1-6) se apreció como la prefiguración de la tentación de Cristo por el diablo en el desierto.

La expulsión del Paraíso («Y lo sacó Jehová del huerto de Edén, para que labrase la tierra de la que fue tomado» Gn 3:23) se creyó una prefiguración de la expulsión de los mercaderes del templo por Jesucristo, recogida en los cuatro evangelios canónicos (Mt 21:12-13; Mc 11:15-18; Lc 19:45-46; Jn 2:13-22).

En los capiteles del claustro de la catedral de Pamplona, datados entre 1280 y 1335, existe una completa representación de los episodios del Génesis, desde Adán y Eva, pasando por el diluvio universal y el arca de Noé, a la construcción de la torre de Babel.

El asesinato del justo Abel, un inocente, la primera sangre humana derramada, prefigura la muerte de Jesucristo, también una víctima inocente.

Como dice san Pablo: «Por la fe Abel ofreció a Dios más excelente sacrificio que Caín, por lo cual alcanzó testimonio de que era justo, dando Dios testimonio de sus ofrendas, y muerto, aún habla por ella» (Heb 11:4).

Cristo también apela al justo Abel: «¡Ay de vosotros, escribas y fariseos, hipócritas! (...), venga sobre vosotros toda la sangre justa que se ha derramado sobre la tierra, desde la sangre de Abel el justo» (Mt 23:29-35).

Su oficio de pastor constituyó otro paralelismo con Jesucristo, pastor de almas, de quien hablaron los profetas: «Yo apacentaré mis ovejas, y yo les daré aprisco, dice Jehová el Señor» (Ez 34:15). «Yo mismo recogeré el remanente de mis ovejas de todas las tierras adonde las eché, y las haré volver a sus moradas; y crecerán y se multiplicarán» (Jr 23:3), y del que habló también en su evangelio el Discípulo Amado: «Yo soy el buen pastor: el buen pastor su vida da por las ovejas. Yo soy el buen pastor; y conozco mis ovejas, y mis ovejas me conocen» (Jn 1:11-14).

El modelo iconográfico del buen pastor llevando un cordero sobre los hombros, en referencia a la oveja descarriada, está inspirado en el crióforo griego: joven portador de un carnero para el sacrificio.

Así como a Dios le agradó el sacrificio de Abel, el sacrificio de su hijo Jesucristo fue el único que admitió el Padre para la remisión de los pecados:

> Diciendo primero: Sacrificio y ofrenda y holocaustos y expiaciones por el pecado no quisiste, ni te agradaron (las cuales cosas se ofrecen según la ley), y diciendo luego: En esa voluntad somos santificados mediante la ofrenda del cuerpo de Jesucristo hecha una vez para siempre (...). Cristo, habiendo ofrecido una vez para siempre un solo sacrificio por los pecados, se ha sentado a la diestra de Dios.
>
> Heb 10:8-12

Por su piedad e inocencia Abel provocó la envidia de Caín hasta el punto de llevarle al campo para acabar con él («La voz de sangre de tu hermano clama hasta mí» Gn 4:10). Jesucristo por sus milagros atrajo la envidia de los judíos, sus hermanos, que condujeron a Jesús extramuros de Jerusalén para crucificarle en el Gólgota. «Y la sangre rociada [de Jesús] habla mejor que la sangre de Abel» (Hb 12:24), como dice san Pablo.

### Enoch

Enoch («Instruido», en hebreo), descendiente de Set (tercer hijo de Adán y Eva) y padre de Matusalén, bisabuelo de Noé, no conoció la muerte: «Caminó, pues, Enoch con Dios, y desapareció, porque le llevó Dios» (Gn 5:24).

Como dice san Pablo, «Por la fe Enoch fue sacado de este mundo sin experimentar la muerte; no fue hallado porque Dios se lo llevó, pero antes de ser llevado recibió testimonio de haber agradado a Dios» (Hb 11:5).

«Agradó a Dios y fue amado, y como vivía entre pecadores, fue trasladado. Fue arrebatado para que la maldad no pervirtiera su inteligencia o el engaño sedujera su alma» (Sab 4:10-11).

De estas palabras, entre otros testimonios bíblicos, se deduce que llevó siempre una vida pura: «Enoch vivió de acuerdo con la voluntad del Señor y dejó un ejemplo para todas las edades» (Eclo 4:16). Prefigura, pues, al Mesías porque, como Él, tampoco conoció el pecado, y fue llevado vivo al cielo como Jesús resucitado.

La venida de Cristo, como dice san Judas Tadeo, fue profetizada por el patriarca: «Ya viene el Señor con sus millares de ángeles, para juzgar a todos y condenar a los impíos por las maldades que cometieron, y a los pecadores por las palabras insolentes que profirieron contra él» (Judas 1, 14-15).

### Noé

Noé, del hebreo *Noah* («El que consuela»), hijo de Lamec («Vivió Lamec ciento ochenta y dos años, y engendró un hijo, y llamó su nombre Noé, diciendo: "este nos aliviará de nuestras obras y del trabajo de nuestras manos a causa de la tierra que Jehová maldijo"» Gn 5-28-29), representa otra de las prefiguraciones veterotestamentarias del Salvador, pues por su rectitud moral entre la maldad de los hombres fue una satisfacción para Dios, como su hijo Jesucristo, que al rescatar a la humanidad consuela también al Padre, afligido e irritado por el pecado cometido por Adán y Eva.

Para san Agustín en *De Civitate Dei* (*La ciudad de Dios*, Libro XVI: «Desde Noé hasta los profetas»), Noé construyendo el arca prefigura a Jesucristo construyendo la Iglesia. El arca prefigura la salvación de la Iglesia por medio de la analogía con el madero de la cruz de Cristo, cuya muerte abrió las puertas del cielo redimiendo al género humano.

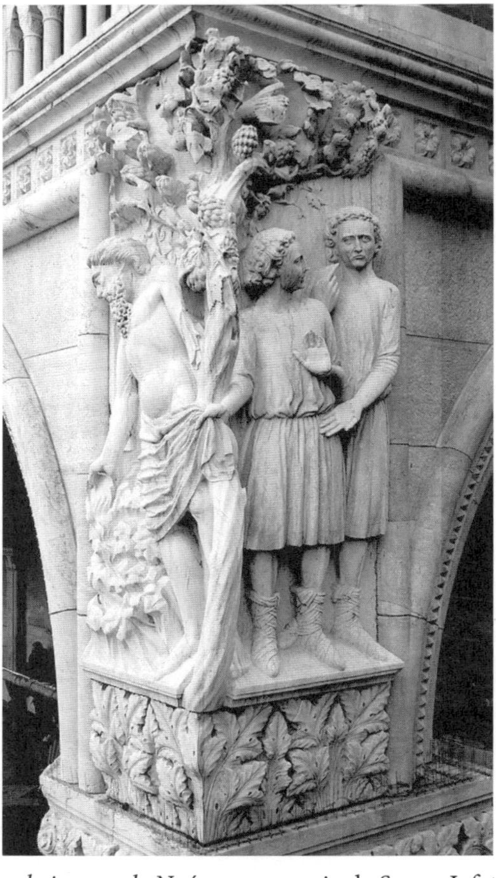

*La embriaguez de Noé*, en presencia de Sem y Jafet, en una esquina del palacio Ducal de Venecia.

Tras el sacrificio ofrecido por Noé al salir del arca, Yavé estableció su alianza con la humanidad, cuyo símbolo es el arcoíris. Después del sacrificio de la cruz, Jesús también instauró una alianza eterna con todos los justos y rectos de conciencia; pues, así como Noé, desnudo en su embriaguez («Después comenzó Noé a labrar la tierra, y plantó una viña, y bebió del vino, y se embriagó, y estaba descubierto en medio de su tienda» Gn 9:20-21), recibió las burlas de Cam, el segundo de sus vástagos, y este fue luego maldito por su padre («¡Maldito sea Canaán! ¡Siervo de siervos sea para sus hermanos!» Gn 9:25), también el Nazareno sufrió el ultraje de los judíos durante su Pasión, y estos, malditos del Padre, serán colocados a su izquierda en el Juicio Final, camino del fuego del infierno: «Entonces dirá también a los de la izquierda: Apartaos de mí, malditos, al fuego eterno preparado para el diablo y sus ángeles» (Mt 25:41).

La desnudez del patriarca se consideró, asimismo, una prefiguración de Cristo despojado de su túnica inmediatamente antes de la crucifixión en el Gólgota.

*La embriaguez de Noé* figura en una miniatura del *Speculum Humanae Salvationis* (1450) y en un relieve atribuido a Nicolo Ranuerti (s. XIV) sobre un pilar en la esquina del palacio Ducal de Venecia, con el patriarca dejando caer la taza de vino en un lado del mismo y dos de sus hijos en el otro.

## Melquisedec

Melquisedec es en el Antiguo Testamento uno de los principales *typos* de Jesucristo, rey de la Justicia y la Paz y sacerdote universal y eterno, pues como dice san Pablo, «Este Melquisedec, Rey de Salem [antigua Jerusalén], sacerdote del Dios Altísimo (...), cuyo nombre significa Rey de justicia y Rey de paz (...); sin padre, sin madre, sin genealogía; que ni tiene principio de días, ni fin de vida, sino hecho semejante al Hijo de Dios, permanece sacerdote para siempre» (Heb 7:1-3).

«Entonces Melquisedec (...) salió a recibir a Abraham, que volvía de la derrota de los reyes (Heb 7:1-2)», «(...) sacó pan y vino, y le bendijo, diciendo: "Bendito sea Abraham del Dios Altísimo [*El Elyon*], creador de los cielos y de la tierra, y bendito sea el Dios Altísimo, que entregó tus enemigos en tu mano". Y le dio Abraham los diezmos de todo» (Gn 14:18-20), en lo cual apreciaron los teólogos una prefiguración de los obsequios de los Reyes Magos al Niño Jesús.

En la bendición al patriarca con pan y vino —y, a través de él, a todas las naciones— vieron los Padres de la Iglesia un simbolismo de la consagración eucarística en la Última Cena, extendida a los apóstoles por mandato de Jesús para perpetuarla en el mundo hasta el final de los tiempos: «Haced esto en conmemoración mía» (Lc 22:19).

La Biblia cita a Melquisedec como el primero de un orden sacerdotal, interpretado como un orden real vinculado a la casa de David de la tribu de Judá (a la que pertenecía Jesús), que coexistía en el templo de Jerusalén junto al sacerdocio de los aaronitas y de los levitas: «Juró Jehová, y no se arrepentirá: "tú eres sacerdote para siempre, según el orden de Melquisedec"» (Sal 110:4).

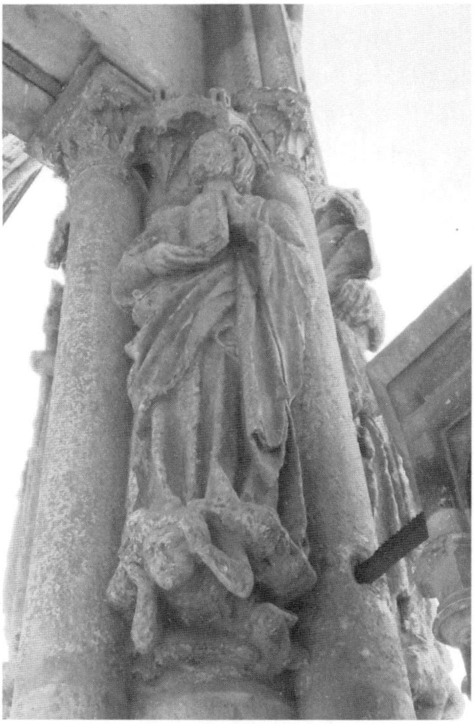

Estatua de Melquisedec adosada a un pilar del pórtico principal de la catedral de León.

En consonancia con esta cita, en las jambas del lado izquierdo del pórtico norte de la catedral de Chartres, Melquisedec va tocado con una corona bordada, similar al solideo de los prelados, porta un cáliz en la mano izquierda y un incensario en la derecha. A su lado se encuentran Abraham (que vuelve la cabeza hacia él, apretando junto a sí a su hijo Isaac), Moisés, Samuel y David.

En el interior de la catedral de Reims, el sacerdote imparte la comunión al patriarca. Esta escena se encuentra ya en la basílica bizantina de San Vital de Rávena (siglo VI), uniendo los mosaicos de la nave central con los del arco triunfal.

Adosada a los pilares del pórtico principal de la catedral de León, su estatua porta únicamente en las manos un libro abierto, sin cáliz ni incensario que hagan alusión a su sacerdocio y, a mayor abundancia, tampoco se encuentra al lado de Abraham, conforme a la referencia bíblica.

### Abraham

Así como Abraham («Padre de muchos», del hebreo *Abh*: «Padre» y *Raham*: «muchos»), descendiente de Sem, primer hijo de Noé, que fue instituido por Dios como padre del pueblo elegido («Jehová había dicho a Abraham: "Vete de tu tierra y de la casa de tu padre a la tierra que te mostraré. Y haré de ti una nación grande, y te bendeciré, y engrandeceré tu nombre, y serán benditas en ti todas las familias de la tierra"» Gn 12:1-3), Jesús, Padre del pueblo cristiano, es el bendito de Dios: «Pídeme, y te daré por herencia las naciones, y como posesión tuya los confines de la tierra» (Sal 2:8).

También en su ancianidad («Y era Abraham de cien años, cuando le nació su hijo Isaac» Gn 21:5) constituye Abraham una prefiguración mesiánica, como se aprecia en las palabras del profeta Daniel cuando se refiere al Padre Eterno como el «Anciano de días» que otorga el poder al Mesías: «Estuve mirando hasta que fueron puestos tronos, y se sentó un Anciano de días (...) y los libros fueron abiertos» (Dn 7:9; Ap 20:12).

> Y he aquí con las nubes del cielo venía uno como un hijo de hombre, que vino hasta el Anciano de días (...). Y le fue dado dominio, gloria y reino, para que todos los pueblos, naciones y lenguas le sirvieran; su dominio es dominio eterno, que nunca pasará, y su reino uno que no será destruido.
>
> Dn 7:13-14

El acto de lavar los pies a los tres ángeles que se le aparecieron en el encinar de Mamre («Señor, por favor, le suplico que no se vaya en seguida. Si a usted le parece bien, voy a pedir un poco de agua para que se laven los pies y luego descansen un rato bajo la sombra del árbol» Gn 18:3-4), tambien conocido como *La hospitalidad de Abraham*, se tomó como una prefiguración del lavatorio de los pies por Jesucristo a los apóstoles en la Última Cena (Jn 13: 4-11). Este episodio, muy presente en la Iglesia bizantina (icono de Andrei Rublev, 1426), se consideró también como una prefiguración de la Santísima Trinidad.

## Isaac

Ya en la concepción del hijo legítimo de Abraham, Isaac (del hebreo *Yitzchaq*: «Él se alegrará»), apreciaron los padres de la Iglesia un paralelismo con el Redentor, pues ambos fueron anunciados por un ángel a sus respectivas madres, Sara y María la Virgen:

> Visitó Jehová a Sara, como había dicho, e hizo Jehová con Sara como había hablado. Y Sara concibió y dio a Abraham un hijo en su vejez, en el tiempo que Dios le había dicho. Y llamó Abraham el nombre de su hijo que le nació, que le dio a luz Sara, Isaac.
>
> Gn 21:1-4

También en el destino de ambos está presente la voluntad de Dios. Él es quien ordena a Abraham el sacrificio de su hijo («Toma ahora tu hijo, tu único, Isaac, a quien amas, y vete a tierra de Moriah, y ofrécelo allí en holocausto» Gn 22:2), que el ángel del Señor detiene («No extiendas tu mano sobre el muchacho» Gn 22:12), y es también el Padre quien, a través de los judíos, lleva a cabo la inmolación de su unigénito en la cruz antes de resucitarlo por sí mismo.

El haz de leña que portaba al hombro Isaac para su inhumación en la pira se consideró una prefiguración del madero que Cristo arrastró al hombro para ser crucificado, así como de la corona de espinas que sufrió durante el escarnio al que fue sometido por sus captores. De la misma manera, el carnero «trabado en un zarzal por sus cuernos» (Gn 22:13), que mostró el ángel a Abraham para sustituir a Isaac en el sacrificio, se asemejó a Jesucristo coronado de espinas.

Como la carne del cordero es alimento, también lo es la de Jesús: «El que come mi carne y bebe mi sangre, tiene vida eterna, y yo le resucitaré en el día postrero» (Jn 6:52).

La mansedumbre de Isaac mientras era atado por su padre para ser inmolado se equiparó a la de Cristo cuando era clavado en la cruz. Su madre, Sara, se ha considerado la representación del cristianismo o Nueva Alianza, mientras la sierva Agar, madre de su hermanastro Ismael, lo es del judaísmo o Vieja Ley.

Jacob (*Yaqob* en hebreo: «Protegido por Dios»), hijo de Isaac, por su carácter pacífico, era odiado por su hermano Esaú. Jesucristo, manso entre los mansos, sufrió también el odio de sus hermanos en Dios, los judíos, que lo crucificaron.

Por mandato de su padre, Jacob se puso en viaje para buscar una esposa y luego regresó a la casa paterna: «Entonces Isaac llamó a Jacob, y lo bendijo, y le mandó diciendo: "No tomes mujer de las hijas de Canaán. Levántate, ve a Padan-aram, a casa de Betuel, padre de tu madre, y toma allí mujer de las hijas de Labán, hermano de tu madre"» (Gen 28:1-2). Igualmente, el Salvador bajó a la tierra para desposarse con la Iglesia y regresó al cielo, a la casa del Padre.

La escalera por la que subían y bajaban los ángeles en la visión de Jacob (Gn 28:11-13) se consideró una prefiguración de la Ascensión de Jesús a los cielos.

El terreno que compró el patriarca a su regreso a Canaán (Gn 33:19), lugar donde se encuentra el pozo en el que se depositaron los restos de su hijo José, muerto en Egipto, prefigura las palabras de Jesús a la samaritana al borde del mismo, junto al brocal:

> Vino, pues [Jesús], a una ciudad de Samaria llamada Sicar, junto a la heredad que Jacob dio a su hijo José. Y estaba allí el pozo de Jacob. Entonces Jesús, cansado del camino, se sentó así junto al pozo. Era como la hora sexta.
>
> Vino una mujer de Samaria a sacar agua, y Jesús le dijo: «Dame de beber». La mujer samaritana le dijo: «¿Cómo tú, siendo judío, me pides a mí de beber, que soy mujer samaritana? Porque judíos y samaritanos no se tratan entre sí». Respondió Jesús y le dijo: «Si conocieras el don de Dios, y quién es el que te dice: "Dame de beber"; tú le pedirías, y él te daría agua viva». La mujer le dijo: «Señor, no tienes con qué sacarla, y el pozo es hondo. ¿De dónde, pues, tienes el agua viva? ¿Acaso eres tú mayor que nuestro padre Jacob, que nos dio este pozo, del cual bebieron él, sus hijos y sus ganados?». Respondió Jesús y le dijo: «Cualquiera que bebiere de esta agua, volverá a tener sed; mas el que bebiere del agua que yo le daré, no tendrá sed jamás».
>
> Jn 4:5-14

En el episodio de Jacob luchando con el ángel (Gn 32:24-28) se vio un paralelismo con la incredulidad de santo Tomás.

En la huida de Jacob a casa de su tío Labán por consejo de su madre Rebeca, temiendo la cólera de su hermano Esaú (Gn 27:41-45), se estableció una similitud con la Huida a Egipto de la Sagrada Familia por miedo a la ira de Herodes. Asimismo, en el regreso a su tierra en la confianza de que su hermano le ha perdonado (Gn 33-1-4), se apreció una prefiguración del regreso de la Sagrada Familia de Egipto, muerto Herodes.

Los doce hijos de Jacob (Rubén, Simeón, Leví, Dan, Judá, Neftalí, Gad, Aser, Isacar, Zabulón, José y Benjamín), fundadores de las doce tribus de Israel que se extendieron por el mundo («Será tu descendencia como el polvo de la tierra, y te extenderás al occidente, al oriente, al norte y al sur» Gn 28:14), representan una prefiguración de los doce apóstoles elegidos por Jesucristo para llevar su palabra hasta los confines de la tierra.

Para san Buenaventura en su *Lignum Vitae*, Jacob guarda también un paralelismo con Dios Padre, pues el patriarca recibió la túnica ensangrentada de su hijo José (Gn 37:31-35) como el Padre Eterno recibe el cuerpo ensangrentado de Cristo, y prefigura también el episodio del Llanto o Lamento sobre Cristo muerto.

### José, hijo de Jacob

José era odiado por sus hermanos porque era el favorito de su padre, Jacob. Fue arrojado por ellos a un pozo vacío después de despojarle de su túnica (Gn 37:23-24). Más tarde, lo vendieron como esclavo a unos mercaderes ismaelitas que le llevaron a Egipto: «Cuando los comerciantes pasaron por allí, los hermanos de José lo sacaron del pozo y lo vendieron en veinte monedas de plata. Entonces los comerciantes se lo llevaron a Egipto» (Gn 37:28). Después, sus hermanos mancharon la túnica de José con la sangre de un cabrito y se la presentaron al patriarca anunciándole de manera falsa la muerte de su hijo «devorado por alguna fiera», como el mismo Jacob supuso ingenuamente al reconocerla (Gn 37:31-33).

En el país del Nilo, tras rechazar las insinuaciones («Duerme conmigo» Gn 39:12) de la esposa de Putifar, capitán de la guardia del faraón, que lo había comprado, acabó en la cárcel por insidias de aquella. Como Cristo, fue condenado por algo que no cometió.

Luego, por su interpretación merced a la intercesión divina de los sueños del faraón (siete vacas gordas y siete vacas flacas que devoran a las primeras, y siete espigas granadas arrasadas por siete espigas resecas), previendo siete años de abundantes cosechas seguidas de siete años de sequía, por lo que era necesario proveer para los tiempos de escasez, logró alcanzar el segundo rango entre los servidores de palacio, solo por detrás del faraón (Gn 46:20-41).

San Ambrosio en *De Ioseph patriarcha,* Helpidius Rusticus (siglo V) en su *Joseph a fratribus venditur* (compuesto en hexámetros dactílicos: una sílaba larga seguida de dos breves) y Pedro Crisólogo en sus sermones consideraron a José, traicionado y vendido por sus hermanos, como una prefiguración de Cristo, que sufrió la traición de Judas Iscariote, pues también comerció con Él. El momento de darse a conocer ante ellos («Yo soy José» Gn 45:3) se comparó a Cristo resucitado cuando se apareció entre los apóstoles.

El alimento que asegura José al pueblo con sus profecías, que permiten acumular víveres durante los siete años de abundancia para soportar los siete siguientes de escasez y hambruna, se ha comparado con el pan celestial, alimento que proporciona Jesucristo.

La subida de José al carro del faraón para destacarlo ante el pueblo egipcio («E hízolo subir en su segundo carro, y pregonaron delante de él: "Doblad la rodilla", y púsole sobre toda la tierra de Egipto» Gn 41:43) se consideró una prefiguración de la entrada triunfal de Jesús en Jerusalén.

El despojo de la túnica de José por parte de sus hermanos antes de arrojarlo al pozo vacío se puede considerar una prefiguración del Expolio de Cristo. El propio hecho de lanzarlo a su interior se tomó como prefiguración del Santo Entierro. Y la salida del mismo, un *typo* de Cristo saliendo del sepulcro.

Como José había perdonado a sus hermanos («Y besó a todos sus hermanos» Gn 45:15), Cristo también perdonó a sus verdugos («Padre mío, perdónales porque no saben lo que hacen» Lc 23:34).

Varios de estos episodios están recogidos en las vidrieras de las catedrales francesas de Chartres y Auxerre y en la alemana de Erfurt (siglos XIII y XIV).

### Job

Job, un hombre justo, temeroso de Dios, también constituye una prefiguración mesiánica y, por tanto, de la salvación de los fieles cristianos. Para ser puesto a prueba, fue despojado de todos sus bienes, arrojado al muladar y cubierto de llagas por el diablo sin que emitiera la más mínima protesta contra Dios por verse así; antes, al contrario, sufría sus penas con resignación: «El Señor me lo dio y el Señor me lo quitó: ¡Bendito sea el nombre del Señor!» (Job 1:21).

Jesucristo, abandonado por todos sus discípulos excepto Juan, también fue despojado de sus vestiduras, cubierto de llagas, torturado y sacrificado en la cruz, resignado hacia la voluntad del Padre, que exigía la muerte de su Hijo para redención del género humano: «Aparta de mí ese cáliz, pero no se haga mi voluntad, sino la tuya» (Lc 22:42; Mt 26:39).

Dos capiteles góticos del claustro de la catedral de Pamplona están dedicados a la historia del santo Job.

Job zaherido en su desgracia por su propia esposa («Entonces le dijo su mujer: "¿Aún retienes tu integridad? ¡Maldice a Dios, y muérete!"» Job 2:9) constituyó para los padres de la Iglesia una prefiguración del Escarnio de Cristo (Mt 27:27-31; Mc 15:16-20).

## SUB LEGE

### Moisés

Moisés, el gran legislador de Israel, cuyo nombre significa «Salvado de las aguas», llamado así cuando recién nacido la hija del faraón lo encontró en una canastilla a la deriva flotando sobre el Nilo, se considera la principal prefiguración personal de Jesucristo en el Antiguo Testamento. Los paralelismos entre ambos se aprecian a lo largo de toda la vida del patriarca. Su salvación de morir como todos los varones hebreos al nacer, ordenado por el faraón a las parteras («Cuando asistáis a las hebreas en sus partos, y veáis el sexo, si es hijo, matadlo, y si es hija, entonces viva. Pero las parteras temieron a Dios, y no hicieron como les mandó el rey de Egipto, sino que preservaron la vida a los niños» Éx 1:16-17), se consideró una prefiguración del Niño Jesús, que se libró de los esbirros de Herodes. En la orden del faraón, sin embargo, se encontró una prefiguración de la Matanza de los Inocentes ordenada por el cruel rey de Judea.

En su salida de Egipto al frente del pueblo hebreo (nombre que deriva de Heber, uno de los ascendientes de Abraham), se estableció una analogía con la Sagrada Familia cuando hizo el mismo camino (primero a la inversa), y, forzando las interpretaciones, en la liberación del pueblo hebreo de la esclavitud de los egipcios se apreció una prefiguración del Descenso de Cristo a los infiernos para sacar de sus sepulcros a Adán y a Eva y abrir a los justos las puertas del cielo, cerradas por el pecado original.

La cena del cordero la noche anterior a la partida hacia la tierra prometida, siguiendo las instrucciones de Jehová (Éx 12), origen de la celebración del Séder de Pesaj (banquete pascual), constituye una prefiguración de la Última Cena; al igual que el sacrificio del cordero prefigura la muerte de Jesucristo, Cordero de Dios, en la cruz.

El paso del mar Rojo se relacionó con Cristo cuando caminaba sobre las aguas. En los cuarenta días de ayuno que mantuvo Moisés en el monte Sinaí, se estableció un parangón con los cuarenta días que Cristo hizo penitencia en el desierto.

La señal que guiaba al pueblo por el día y por la noche durante su travesía por el desierto («Y Jehová iba delante de ellos de día en una columna de nube para guiarlos por el camino, y de noche en una columna de fuego para alumbrarles, a fin de que anduviesen de día y de noche» Éx 13:21) se equiparó a la estrella que guio a los Reyes Magos hasta el portal de Belén (Mt 2:1-2); así como a Jesucristo, luz del mundo, de acuerdo a las palabras del anciano Simeón cuando alzó en sus brazos al Niño Jesús el día de su presentación en el templo de Jerusalén: «Él será una luz que alumbrará a todas las naciones, y será la honra de tu pueblo Israel» (Lc 2: 27-32).

Yavé entregando las Tablas de la Ley a Moisés (Éx 34:12-27), o este recibiéndolas de Él, se consideró una prefiguración de Pentecostés y de la *Traditio Legis*, tema de procedencia paleocristiana que recoge a Cristo entregando a san Pedro y san Pablo (los «príncipes o pilares de la Iglesia»), o a estos recibiendo del Maestro la Nueva Ley en forma de *rotulus* (rollo); un episodio muy representado en el arte paleocristiano que, a lo largo de la Edad Media, terminó desapareciendo.

La figura de Moisés mostrando los Diez Mandamientos al pueblo hebreo se relacionó con la *Maiestas Christi* portando el *Libro de la Vida*. Moisés trae al pueblo judío la Antigua Ley como Cristo traerá la Nueva. Por ello, las tablas en las que se recogen estos preceptos constituirán el principal atributo del Legislador, junto a la columna coronada por un dragón alado, que alude a las dos varas que portaba como guía del pueblo hebreo en su travesía por el desierto del Sinaí, en referencia a las dos columnas, una de nubes durante el día y una de fuego al cerrar la noche, enviadas por Jehová para señalar el camino a seguir. De esta manera aparece representado en las catedrales de Chartres (jambas del pórtico norte), Reims (fachada meridional del transepto), Burgos (portada del Sarmental), León (pilares del pórtico occidental) y Burgo de Osma (jamba izquierda de la portada principal). Para san Teodoro Estudita (†826), la vara de Moisés constituye una prefiguración del madero de la cruz de Cristo.

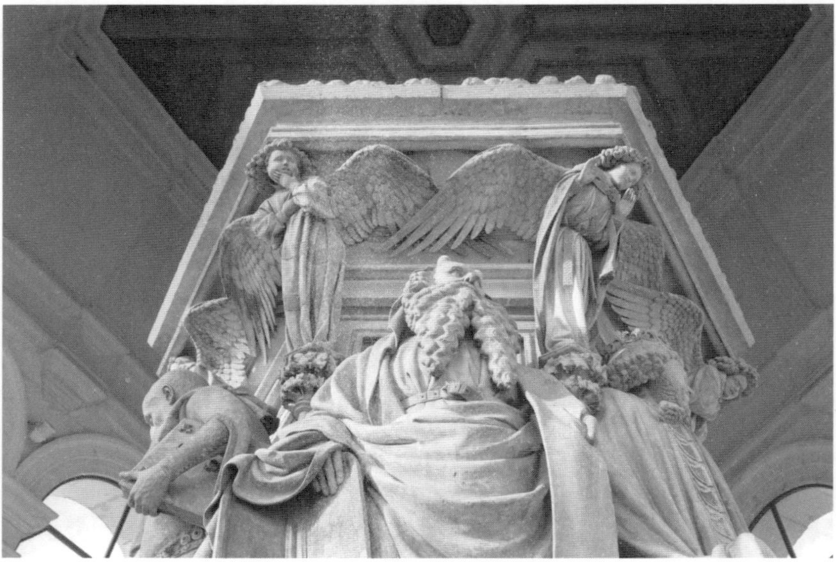

Escultura de Moisés con sus característicos cuernos sobre la frente, en el pedestal del Calvario —hoy desaparecido— conocido como *Pozo de Moisés*, obra de Klaus Sluter en la cartuja de Champmol, Dijon (Francia).

Moisés rompiendo furioso las Tablas de la Ley cuando ve al pueblo adorando a un becerro de oro («Y sucedió que tan pronto como Moisés se acercó al campamento, vio el becerro y las danzas, y se encendió la cólera de Moisés, y arrojó las tablas de sus manos, y las hizo pedazos al pie del monte» Éx 32:19) se considera una prefiguración de Jesucristo iracundo expulsando a los mercaderes del templo de Jerusalén (Mt 21:12-13).

Otro de sus elementos iconográficos característicos ya desde el románico (manifestándose por primera vez en la miniatura inglesa del siglo XI) y perdurando no solo a lo largo del gótico (*El pozo de Moisés*, de Klaus Sluter, 1395-1403), sino en épocas sucesivas de la historia del arte (*Moisés*, de Miguel Ángel), son las dos protuberancias que salen de su frente, en alusión, según santo Tomás de Aquino, a la interpretación estrictamente literal de la traducción al latín llevada a cabo por san Jerónimo en la *Vulgata* empleando el término *cornuta* («cornudo»). Debido a que para el cristianismo medieval los cuernos constituían un símbolo demoniaco, el Buey Mudo —como era conocido el dominico entre los monjes por sus largos silencios— aclara en su obra *In omnes beati Pauli Apostoli epistolas, super 2 Co. III, Lectio II*, que su significado es el de haces de luz, en referencia a los rayos luminosos que desprendía el rostro de Moisés cuando descendía del monte Sinaí portando las Tablas de la Ley: «Cumque descenderet Moses de monte Sinai tenebat duas tabulas testimonii et ignorabat quod cornuta esset facies sua ex consortio sermonis Dei» («Luego, Moisés bajó del monte Sinaí con las dos Tablas del Testimonio en su mano. Al bajar, no sabía que la piel de su rostro se había vuelto radiante, por haber hablado con Yahvé» Ex 34:29). Creemos, sin embargo, que se debe tomar, más que como una cuestión de interpretación, como una opción del traductor acerca del término hebreo *qrn* —el alfabeto hebreo no tiene vocales—, que en esta ocasión san Jerónimo leyó *qeren* («cuerno») en lugar de *qaran* («emitir rayos de luz»), verbo denominativo de dicho sustantivo que indica los primeros rayos de luz o «cuernos» que iluminan el horizonte previamente a la salida del sol. Apoya esta tesis otro pasaje bíblico en el que san Jerónimo tradujo dicho vocablo al latín con esta última acepción: «Non possent intendere filii Israel in faciem Mossi propter gloriam vultus eius» («No podían los hijos de Israel fijar su vista en el rostro de Moisés a causa de la gloria de su rostro» II Cor 3:7), es decir, «la luz de su rostro». Esta luz resplandeciente en el rostro del patriarca se comparó con el rostro lleno de sol que mostraba Jesucristo cuando la Transfiguración en el monte Tabor.

Así y todo, hay exégetas que opinan que, metafóricamente, para san Jerónimo, ambas expresiones debieron de tener el mismo significado, puesto que en diversas culturas de la Antigüedad como la egipcia y la mesopotámica, los cuernos eran símbolo de poder y autoridad, y los lucían sobre su cabeza o en su tiara dioses como la egipcia Hathor y el babilonio Shamash, los faraones del periodo predinástico (c. 3200 a. C.) y las crioesfinges (cuerpo de león y cabeza de carnero) que representan al dios Amón, así como el soberano acadio Naram-Sin (2250 a. C.) en la estela que lleva su nombre, conservada en el Museo del Louvre de París. El mismo Alejandro Magno aparece representado en algunas monedas con cuernos de carnero, por lo que en el Corán se le cita como *Dhu al-qarnayn*: «El de los dos cuernos».

Además de dichos atributos, acompañan a Moisés otros elementos iconográficos, como el ángel que le sustenta en la peana del pórtico de la catedral de León o el que se halla en el doselete de su estatua en las jambas del lado izquierdo de la portada principal de la de Burgo de Osma, en alusión al ángel exterminador que mató a los primogénitos egipcios cuando el faraón se negó a dejar partir al pueblo hebreo, desoyendo a Moisés y Aarón que se presentaron ante él por mandato de Yavé: «Deja ir a mi pueblo para que me sirva» (Éx 9:1).

Asimismo, es habitual que el patriarca figure portando una serpiente de bronce sobre un estandarte, en relación al episodio en el que el pueblo hebreo se arrepiente de haberse rebelado contra Moisés por sacarlo de Egipto a morir en el desierto —clamaban—, y Jehová, en castigo, envía serpientes ardientes que diezman a los israelitas. El pueblo pide clemencia y Dios escucha, una vez más, los ruegos de Moisés: «Y Jehová dijo a Moisés: "Hazte una serpiente ardiente, y ponla sobre un asta, y cualquiera que fuere mordido y mirare a ella, vivirá"» (Nm 21-8). Este estandarte, contrapuesto a la serpiente del pecado original, fue visto como una prefiguración de la salvación del género humano a través del sacrificio de Cristo en la cruz: «Y como Moisés levantó la serpiente en el desierto, así es necesario que el Hijo del Hombre sea levantado, para que todo aquel que en él cree, no se pierda, mas tenga vida eterna» (Jn 3:14-15). El Legislador con la serpiente de bronce figura en una vidriera de la catedral de Colonia (s. XIII).

Los paralelismos entre Moisés y Jesús no terminan aquí. Los doce hombres —uno por cada tribu de Israel— que Moisés envió a explorar la tierra prometida (Dt 1:22-23) se consideraron una prefiguración de los doce apóstoles que Jesucristo envía por el mundo para predicar su doctrina. Asimismo, en el agua que manó de la roca en la peña de Horeb al golpearla con su cayado (Éx 17:1-7) se halló una prefiguración del agua que brotó de la herida infligida en el costado de Cristo por la lanza del centurión cuando ya estaba muerto en la cruz.

### Aarón

Aarón («Excelso», «Elevado», en hebreo), hermano mayor de Moisés, sumo sacerdote levita que estuvo a su lado en los grandes episodios de la salida del pueblo hebreo de Egipto, utilizando su vara por mandato de Jehová para materializar las diez plagas de Egipto (Éx 7-8), constituye el gran sacerdote de la Antigua Ley después de Melquisedec. Prefigura a Jesucristo, el gran sacerdote de la Nueva Ley, y a san Pedro, representando por tanto a los papas, equivalentes en la Iglesia católica a los sumos sacerdotes de la Sinagoga judía.

Así, en los pilares del pórtico occidental de la catedral de León se encuentra situado entre Moisés, a su derecha, y la alegoría de la Sinagoga, a su izquierda, portando la vara florecida que le acredita como prefigura no solo mesiánica en cuanto al madero de la cruz, sino también mariana, como veremos con detalle en las prefiguraciones de la Virgen María.

### Josué

Josué, de la tribu de Efraín (segundo hijo de José), cuyo nombre como el de Jesús significa en hebreo también «Salvador», llamado primeramente Oseas («y a Oseas hijo de Nun le puso Moisés el nombre de Josué» Nm 13:16), fue el líder de los hebreos que sucedió a Moisés después de la muerte de este, en lo cual se ha visto una prefiguración cristológica, pues Jesucristo vino a sustituir la Ley mosaica por la Nueva Ley.

En el altar con doce piedras tomadas del Jordán, que Josué mandó levantar por indicación de Jehová («y los hijos de Israel lo hicieron, así como Josué les mandó: tomaron doce piedras de en medio del Jordán, como Jehová lo había dicho a Josué, conforme al número de las tribus de los hijos de Israel, y las pasaron al lugar donde acamparon, y las levantaron allí» Josué 4:8), se ha apreciado la prefiguración de los doce apóstoles de Cristo, a cuyo primer representante el Maestro dio el nombre de Pedro («piedra»): «Yo te digo que tú eres Pedro, y sobre esta piedra edificaré mi Iglesia, y las puertas del reino de la muerte no prevalecerán contra ella» (Mt 13:18).

El paso de las aguas del Jordán por los israelitas, dirigidos por Josué, se ha equiparado al agua del bautismo, que limpia de nuestra alma el pecado original y nos convierte en hijos de Dios.

## Jesé

Jesé (en hebreo *Ysaí*: «Regalo de Yavé»), padre del rey David, tiene una importancia fundamental como principal ascendiente de Jesús de Nazaret, «de la estirpe de David» (Ap 22:1), cumpliéndose la profecía: «Pondré la llave de la casa de David sobre su hombro: abrirá y nadie cerrará, cerrará y nadie abrirá» (Is 22:22).

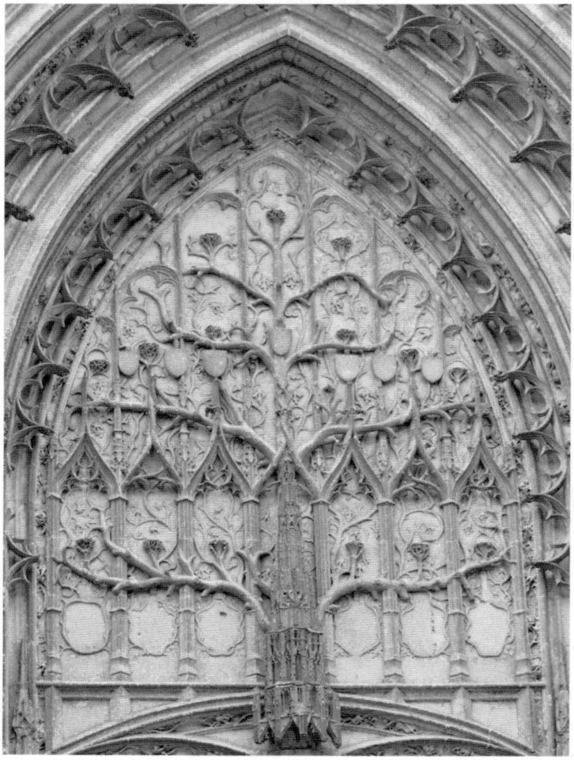

Árbol de Jesé. Tímpano de la puerta norte de la catedral de Beauvais.

El parentesco se recoge en el árbol genealógico que lleva el nombre del patriarca, de acuerdo a la profecía de Isaías: «Saldrá una vara del tronco de Ysaí, y un vástago retoñará de sus raíces» (11:1). Al traducir en la *Vulgata* «vara» por «virga», san Jerónimo incluyó consciente o inconscientemente a la Virgen María (*virgo*: «virgen») entre las ramas del tronco, al que también pertenecía su esposo, José el carpintero. Por tanto, el árbol de Jesé expresa los misterios de la Encarnación y Nacimiento de Cristo, pues como opina el anónimo Pseudo Agustín (s. V-VI), si el tallo floreció por sí mismo en la Virgen, María dio el fruto en Jesucristo sin intervención humana.

La representación del árbol de Jesé consta de tres elementos principales: raíz, vara y flor, asociados, respectivamente, a las figuras de Jesé, la Virgen María y Jesucristo.

Si bien su representación artística fue variando, durante el gótico suele figurar el patriarca tendido o reclinado en tierra y un árbol brotando de su vientre. En el tronco y las ramas surgen los antepasados más significativos del linaje de Jesús, como los reyes David y Salomón, así como su madre María de pie en postura orante, a veces con el niño en brazos o visible en su seno; acompañan también los distintos profetas mesiánicos y en la copa una flor que simboliza al Mesías.

Las raíces de este motivo iconográfico hay que buscarlas tanto en el mundo hebreo (la *menorá* o candelabro de siete brazos) como en el mundo pagano, concretamente, en la literatura china, a través de relatos islámicos que hablan de la mítica isla del árbol Waq Waq (cuya población, exclusivamente femenina, crece y se reproduce cayendo a tierra tras madurar como fruta en sus ramas), y en la mitología hindú, en relación al nacimiento del dios Brahma, surgido de una flor de loto que brotaba en el ombligo del dios preservador Vishnú.

El Árbol de Jesé ha sido representado prácticamente en todas las artes. Aparte de no pocas veces en las arquivoltas del pórtico de grandes catedrales como Chartres, Reims, Senlis, Beauvais o Notre Dame de París, algunos de los ejemplos más hermosos del gótico se encuentran en las vidrieras de la iglesia abacial de Saint-Denis (rosetón norte), en las de la fachada occidental de la catedral de Chartres y en la lanceta central que cierra la cabecera de la catedral de León, haciendo de enlace entre los temas veterotestamentarios del lado norte y los neotestamentarios del lado sur. En madera policromada, hay que destacar el retablo de la capilla de la Concepción y Santa Ana de la catedral de Burgos, obra de Gil de Siloé a finales del siglo XV: del patriarca, tendido en tierra, brotan las raíces de un tronco que se bifurca a derecha e izquierda en dos grandes ramas; a medida que ascienden, florecen rodeando la escena central (el abrazo de san Joaquín y santa Ana, intermediarios entre el Viejo y el Nuevo Testamento) y culminan, en la copa del árbol, en la figura sedente de María con el niño en el regazo, flanqueada por las alegorías de la Sinagoga y la Iglesia (Antigua y Nueva Ley). Esta iconografía fue muy habitual en las sillerías de coro y en las artes suntuarias y decorativas: miniatura, tapices, bordados, tenebrarios y objetos litúrgicos.

## Gedeón

Gedeón o Jerubaal («Destructor de Baal», en hebreo), de la tribu de Manasés, el quinto de los jueces de Israel que gobernaron entre 1191-1151 a. C., prefiguración mesiánica y también mariana, fue llamado por Dios para liberar a su pueblo de los madianitas, a pesar de ser el último de sus hermanos. Jesucristo también quiso ser el último y más humilde de los hombres: «El que se ensalza será humillado y el que se humilla será enaltecido» (Lc 14:11).

Igual que Jesucristo conquistó el mundo con solo doce apóstoles, que llevaron su palabra hasta los confines de la tierra, Gedeón, con una escasa tropa, logró la victoria gracias a varios milagros tras haber ofrecido un sacrificio; Cristo también se manifestó ante los hombres por medio de sus prodigios y fue sacrificado en la cruz.

La duda de Gedeón ante las palabras del ángel de Jehová, informándole que había sido elegido por Dios para salvar a su pueblo del yugo de los madianitas (Jue 6:17-23), se ha considerado una prefiguración de la duda de santo Tomás frente a Cristo resucitado.

Los israelitas quisieron hacer rey a Gedeón, pero este, alegando que solo Dios podía reinar, se negó; la misma actitud que tuvo Jesús ante los judíos después del milagro de los panes y los peces: «Pero como Jesús se dio cuenta de que querían llevárselo a la fuerza para hacerle rey, se retiró otra vez a la montaña para estar solo» (Jn 1:15).

## Sansón

Sansón («Hombre de sol», en hebreo) también fue considerado por eminentes teólogos como san Agustín, san Gregorio Magno y san Isidoro de Sevilla un *typo* de Jesucristo, «Sol de Justicia» (Ml 4:2).

Ya su nacimiento, como el del Salvador, fue anunciado a su madre por un ángel:

> Entonces el ángel del Señor se le apareció a la mujer, y le dijo: «He aquí, tú eres estéril y no has tenido hijos, pero concebirás y darás a luz un hijo. No pasará navaja sobre su cabeza, porque el niño será nazareo para Dios desde el seno materno, y él comenzará a salvar a Israel de manos de los filisteos». Y la mujer dio a luz un hijo, y le puso por nombre Sansón. Y el niño creció, y Jehová lo bendijo. Y el Espíritu de Jehová comenzó a manifestarse en él.
>
> Jue 13:3-524-25

El acto de arrancar las puertas de Gaza («Mas Sansón durmió hasta la medianoche, y a la medianoche se levantó, y tomando las puertas de la ciudad con sus dos pilares y su cerrojo, se las echó al hombro, y se fue y las subió a la cumbre del monte que está delante de Hebrón» Ju 16:3) se equiparó a la apertura de las puertas del cielo (cerradas por el pecado original) con la muerte del Redentor. Y, en la tradición bizantina, al derribo de las puertas del infierno por Jesucristo durante el descenso al limbo en la *Anástasis* para rescatar a nuestros primeros padres y a todos los justos.

En el episodio de Sansón desquijarando al león («Y el Espíritu de Jehová vino sobre Sansón, quien despedazó al león como quien despedaza un cabrito, sin tener nada en su mano» Jue 14:6), un animal dual que podía representar tanto a Cristo como al diablo, se vio una premonición del vencimiento del mal por Jesús.

Como Sansón eligió por esposa a Dalila entre los filisteos, Cristo eligió a la Iglesia (su esposa) entre los gentiles.

Sansón, vendido por Dalila a los filisteos por mil cien monedas de plata («Y vinieron a ella los príncipes de los filisteos, y le dijeron: "Engáñale e infórmate en qué consiste su gran fuerza, y cómo lo podríamos vencer, para que lo atemos y lo dominemos, y cada uno de nosotros te dará mil cien siclos de plata"» Jue 16:5), fue tomado como una prefiguración de la venta de Cristo a los judíos por Judas Iscariote a cambio de treinta monedas de plata (Jn 18:3-6).

Sansón maltratado y encadenado por los filisteos («Mas los filisteos le echaron mano, y le sacaron los ojos, y le llevaron a Gaza, y le ataron con cadenas para que moliese en la cárcel» Ju 16:21) fue considerado como una prefiguración del escarnio y la flagelación de Jesús.

Con su muerte, Sansón mató a miles de sus enemigos congregados en el templo. Con su muerte en la cruz, Jesucristo destruyó el poder del mal.

### Samuel

Samuel (h. 1104-1014), el Escuchado por Dios, profeta y el último de los jueces, el que ungió a Saúl («Aquel que ha sido pedido al Señor») como primer rey de Israel, tuvo igual que Jesús un nacimiento milagroso, pues su madre era estéril. En agradecimiento, fue entregado por ella al nazareato, es decir, al servicio del templo.

Como Jesús, creció complaciendo a Dios y a cuantos le rodeaban: «El joven Samuel seguía creciendo, y su conducta agradaba tanto al Señor como a los hombres» (1 Sm 2:26). «Jesús crecía en sabiduría y en estatura, y en gracia para con Dios y los hombres» (Lc 2:52).

Adosada a los pilares centrales del pórtico principal de la catedral de León, muy deteriorada por el riguroso clima, se encuentra la estatua de este juez que dio paso a la monarquía hebrea.

### David

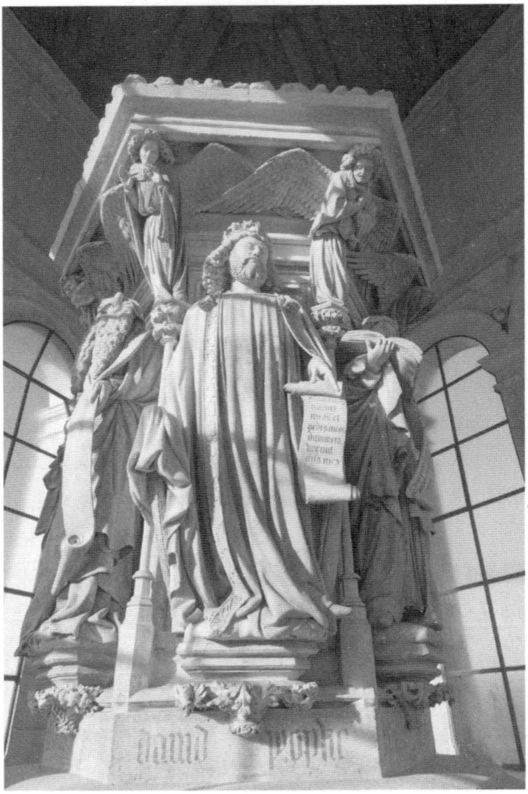

Escultura del rey David, por Klaus Sluter, en el *Pozo de Moisés* de la cartuja de Champmol, Dijon (Francia).

El rey David (1010-955 a. C.), «el Amado» en hebreo, hijo de Jesé y sucesor de Saúl por designio divino como segundo monarca de Israel («Y Samuel tomó el cuerno del aceite, y lo ungió en medio de sus hermanos, y desde aquel día en adelante el Espíritu de Jehová vino sobre David» 1 Sm 16:13), fue considerado por eminentes padres de la Iglesia, como san Agustín y san Ambrosio, una de las principales prefiguraciones de Cristo, a lo que contribuyeron, además del parentesco entre ambos (Jesús, hijo de María y José, de «la raíz de David» Ap 5:5), los episodios comunes de sus vidas, pues lo mismo que Jesús nació en Belén y de joven fue pastor Cristo es «pastor de almas».

Una de las prefiguraciones más forzadas sobre el retorno de Egipto a Israel de la Sagrada Familia se estableció en el regreso de David a Hebrón (donde ya había sido ungido rey por Samuel) tras la muerte de Saúl: «Después de esto aconteció que David consultó a Jehová, diciendo: "¿Subiré a alguna de las ciudades de Judá?". Y Jehová le respondió: "Sube". David volvió a decir: "¿A dónde subiré?". Y él le dijo: "A Hebrón". Y vinieron los varones de Judá y ungieron allí a David por rey sobre la casa de Judá» (2 Sam 2:1-2, 2:4). A continuación, fue ungido por los ancianos como rey de todas las tribus: «Vinieron, pues, todos los ancianos de Israel al rey en Hebrón, y el rey David hizo pacto con ellos en Hebrón delante de Jehová, y ungieron a David por rey sobre Israel» (2 Sam 5:3).

David matando a Goliat (1 Sam 17:49-51) fue tomado por prefiguración de la Anástasis de Jesucristo descendiendo a los infiernos y venciendo al diablo.

Como prefiguración de la entrada triunfal de Jesús en Jerusalén (Mt 21:6-11), se consideró el recibimiento del joven David por las mujeres de Israel cuando regresaba triunfante junto a Saúl: «Y aconteció que como volvían ellos, cuando David tornó de matar al Filisteo, salieron las mujeres de todas las ciudades de Israel cantando, y con danzas, con tamboriles, y con alegrías y sonajas, a recibir al rey Saúl. Y cantaban las mujeres que danzaban, y decían: "Saúl hirió sus miles, y David sus diez miles"» (1 Sam 18:6-7).

Los *Salmos* de alabanza a Jehová que, al ser recriminado por el profeta Natán, compuso David durante su penitencia para hacerse perdonar por haber situado al general Urías el hitita, marido de Betsabé, en el punto más peligroso de la línea de batalla contra los amonitas, con el fin de casarse con su viuda, anuncian la venida del Salvador.

## Salomón

El rey Salomón (955-935 a. C.), el Pacífico (del hebreo *Shlomó*: «Paz»), hijo de David y Betsabé, autor según la tradición del *Cantar de los Cantares*, los *Proverbios* y el *Eclesiastés*, fue considerado por los padres de la Iglesia una clara prefiguración de la venida del Mesías.

En la construcción del templo de Jerusalén se apreció un paralelismo con la edificación de la Iglesia universal por Jesucristo.

Forzando las analogías, el juicio de Salomón con las dos mujeres que reclamaban como suyo el mismo hijo se consideró la prefiguración del juicio universal.

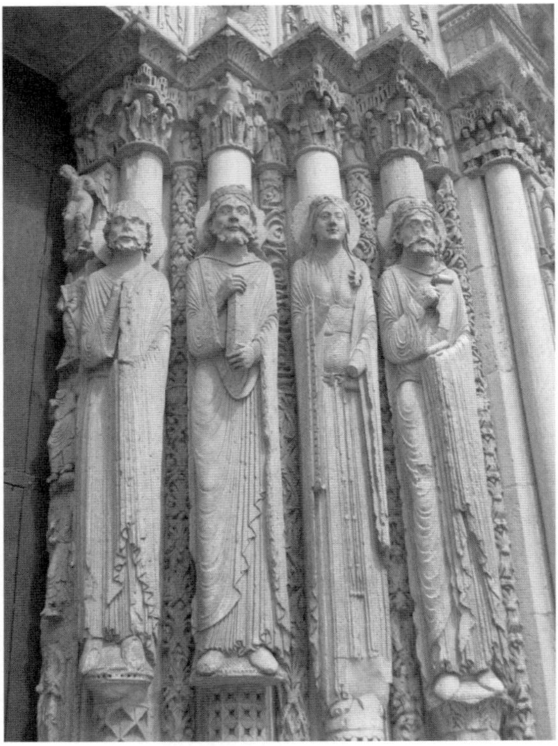

Salomón y la reina de Saba (esbozando una sonrisa «gótica»), acompañados de Samuel y David en las jambas de la portada principal de la catedral de Chartres.

La visita de la reina de Saba al rey de los judíos, venida del sur de Arabia atraída por la fama de la vasta sabiduría del hijo de David, que había llegado a sus oídos, fue considerada como una prefiguración de la Adoración de los Reyes Magos al Niño Jesús, cumpliéndose la profecía: «Vendrán todos los de Saba; traerán oro e incienso, y publicarán alabanzas de Jehová» (Is 60:6). La entrega de riquezas que la soberana efectuó al sabio monarca («Y dio ella al rey ciento veinte talentos de oro, y mucha especiería, y piedras preciosas» 1 Re 10:10) fue tenida por prefiguración de los regalos traídos por los Magos al pesebre de Belén.

Las estatuas más conocidas de la real pareja, esbozando la soberana una sonrisa amable, al uso gótico, se encuentran en la portada principal de la catedral de Chartres adosadas a las jambas.

Sedente en su trono custodiado por doce leones, uno por cada tribu de Israel («Seis gradas tenía el trono (...), y tenía dos brazos (...), y junto a los brazos dos leones, y doce leones en las gradas, uno a cada lado de una de ellas» 1 Re 10:20), figura el rey Salomón en el gablete de la portada central de la catedral de Estrasburgo. Encima, se halla la Virgen María con el Niño Jesús sentado en su regazo, como *Sedes Sapientiae*, prefigurada por el sabio monarca.

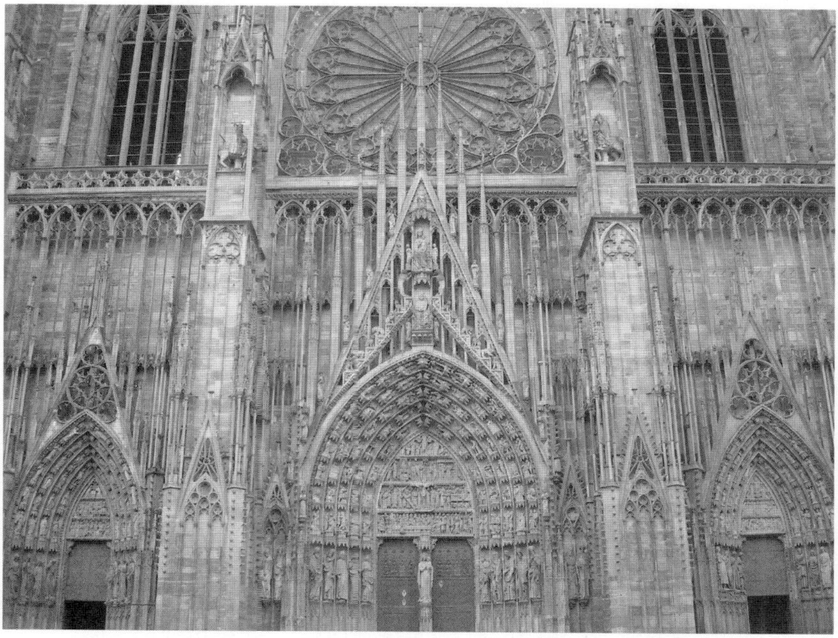

Catedral de Estrasburgo. En el gablete de la portada central, el rey Salomón, sedente en su trono, prefigura a la *Sedes Sapientiae*, situada inmediatamente encima de su cabeza.

Entronizado portando el cetro, símbolo de la justicia de Dios, se asimila el rey hebreo a la figura del monarca (¿Fernando III el Santo?) tallado en el tímpano del arco que se abre sobre el pilar del *Locus apellationis* (s. XI, remodelado c. 1280) en el pórtico principal de la catedral de León.

A la muerte de Salomón, entregado en sus últimos años a los placeres de la carne y caído en la idolatría («Cuando Salomón llegó a viejo, sus mujeres le pervirtieron el corazón de modo que él siguió a otros dioses» 1 Re 11:4), subió al trono su hijo Roboam. Pero, tras la rebelión protagonizada por Jeroboam a causa de los altos tributos que soportaban los israelitas desde el reinado de Salomón —que el nuevo monarca se negaba a reducir—, el reino de Israel se partió en dos: las tribus del sur (Judá y Benjamín) permanecieron fieles al monarca, formando el reino de Judá con capital en Jerusalén («Ciudad de los dioses de la paz», de *Jara*: «dioses», y *Salem*: «paz»]. Las otras diez tribus constituyeron el reino de Israel, con capital en Samaria, dirigido por el citado rebelde, proclamado rey, quien impuso el culto a falsos dioses, continuado por sus sucesores y denunciado por los profetas.

## Elías

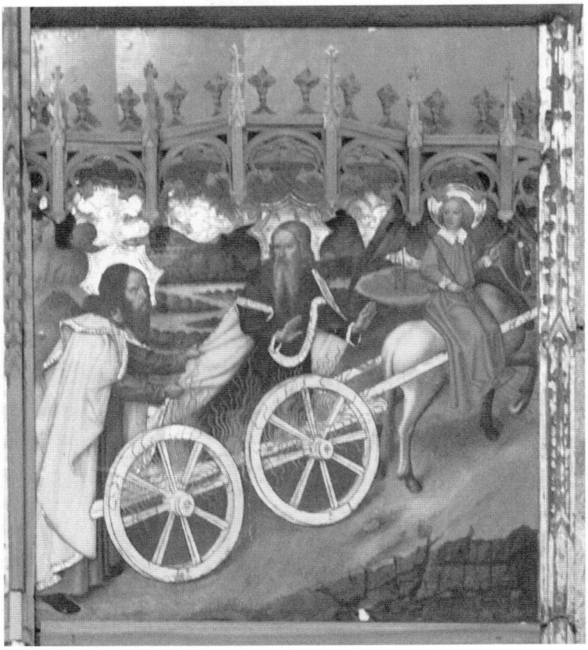

*Arrebatamiento de Elías en carro de fuego*, tabla del retablo de la Transfiguración, pintado por Jaume Huguet h. 1470. Catedral de Tortosa (Tarragona).

Igual que el patriarca Enoch, el profeta Elías («Él es Yavé», «Yavé es mi Dios», en hebreo), que vivió a mediados del siglo IX a. C., no pasó por la muerte, sino que fue arrebatado en carro de fuego al cielo: «Y aconteció que yendo ellos y hablando, he aquí un carro de fuego con caballos de fuego apartó a los dos, y Elías subió al cielo en un torbellino» (2 Re 2:11). «Por estar abrasado en celo de la ley, fue arrebatado hasta el cielo»

(1 Mac 2:58), «en un torbellino de fuego, por un carro con caballos de fuego» (Eclo 48:9), al tiempo que dejaba caer su manto sobre su discípulo, Eliseo, reposando así su espíritu en él. Este, haciendo uso de dicho ropaje, separa las aguas del Jordán, igual que acababa de hacer su mentor. Entonces, «Viéndole los hijos de los profetas que estaban en Jericó al otro lado, dijeron: "El espíritu de Elías reposó sobre Eliseo". Y vinieron a recibirle, y se postraron delante de él» (2 Re 2:15), lo que se ha considerado como una prefiguración de la entrada triunfal de Jesús en Jerusalén (Mt 21:6-11) y de su Ascensión, porque permanece en Espíritu con sus discípulos «hasta el fin del mundo» (Mt 28:20).

Natural de Tisbé, en la región de Galaad, Elías vino a Israel en tiempos del rey Acab (874-853 a. C.), cuando el pueblo, por influencia de la reina Jezabel, que era cananea, se había entregado al culto de Baal («Surgió Elías, profeta igual que fuego; su palabra ardía como la antorcha» Eclo 48:1). En castigo, Elías profetizó al monarca tres años de sequía.

En la cumbre del monte Carmelo (1 Re 18:20-38), contendió con cuatrocientos cincuenta sacerdotes de Baal, a quienes había retado para que el dios verdadero provocara el fuego que consumara el sacrificio de un ternero. Tras el fracaso de las invocaciones, los gritos y la sangre que corría por las heridas que estos se habían autoinfligido a lo largo de todo el día, Yavé, a pesar de haber sido regada por tres veces con cuatro cántaros de agua, hizo arder otra pira levantada por Elías con doce piedras (una por cada tribu de Israel), sobre la que estaba dispuesto el ternero que el profeta había ordenado preparar para el sacrificio. «Viéndolo todo el pueblo, se postraron y dijeron: "¡Jehová es el Dios, Jehová es el Dios!". Entonces, Elías les dijo: "Prended a los profetas de Baal, para que no escape ninguno". Y ellos los prendieron, y los llevó Elías al arroyo de Cisón, y allí los degolló» (1 Re 18:39-40).

Después, atendiendo los ruegos de Elías, Yavé hizo llover abundantemente y cesó la sequía: «Y aconteció, estando en esto, que los cielos se oscurecieron con nubes y viento, y hubo una gran lluvia» (1 Re 18:45).

En el fuego que desciende del cielo sobre el altar levantado por Elías se vio una prefiguración de las lenguas de fuego que descendieron sobre las cabezas de los apóstoles el día de Pentecostés.

Perseguido por mandato de la reina, huyó al desierto, donde, como hará Jesucristo, permaneció cuarenta días y cuarenta noches, siendo confortado por un ángel («Un ángel le tocó, y le dijo: "Levántate, come"» 1 Re 19:5), como lo será Jesús en el Huerto de los Olivos: «Y se le apareció un ángel del cielo para fortalecerle» (Lc 22:43). Por su retirada al desierto y su vestido de piel de camello, Elías se considera también *typo* del Precursor (san Juan Bautista).

En la cima del monte Horeb se encuentra con Yavé, en forma de brisa ligera, y le exhorta a no desanimarse y a volver sobre sus pasos. Obedece y torna a cargar contra el rey Acab y la reina Jezabel, que habían usurpado la viña de un campesino. Les profetiza grandes desgracias y los monarcas llegan a arrepentirse.

Más tarde, obedeciendo las palabras de Dios, llega al poblado de Sarepta, multiplica la escasa harina y el poco aceite que le quedaban a una viuda y revive a su hijo enfermo ya sin aliento («Y Jehová oyó la voz de Elías, y el alma del niño volvió a él, y revivió» 1 Re 17:22), prefigurando los milagros de los panes y los peces y la resurrección de Lázaro por el Mesías.

### Eliseo

Eliseo («Dios es mi salvación», en hebreo), que vivió entre los años 800-850, sucesor del profeta Elías (2 Re 2:15), fue llamado por este cuando por su gran fortaleza física araba los campos con doce bueyes a la vez: «Y encontró a Eliseo, hijo de Safat, que estaba arando con doce yuntas de bueyes (...) y le echó su manto encima» (1 Re 19:19).

Retirado al monte Carmelo, se ha considerado uno de los padres de la Orden de los Carmelitas, surgida en el siglo XII cuando un grupo de ermitaños, inspirados en el profeta, se retiraron a vivir en este lugar.

Habiendo sido recibido en casa de una sunamita estéril y anciana como su esposo, le profetizó que concebiría un hijo, y así fue. Cuando el niño enfermó y murió, Eliseo lo resucita, viéndose en ello una prefiguración de la resurrección de Lázaro.

> Y venido Eliseo a la casa, he aquí que el niño estaba muerto tendido sobre su cama. Entrando él entonces, cerró la puerta tras ambos, y oró a Jehová. Después subió y se tendió sobre el niño, poniendo su boca sobre la boca de él, y sus ojos sobre sus ojos, y sus manos sobre las manos suyas; así se tendió sobre él, y el cuerpo del niño entró en calor. Volviéndose luego, se paseó por la casa a una y otra parte, y después subió, y se tendió sobre él nuevamente, y el niño estornudó siete veces, y abrió sus ojos.
>
> 2 Re 4:32-35

## Jonás

Jonás («Paloma», en hebreo) fue uno de los profetas menores del pueblo de Israel, que desobedeció el mandato de Yavé para predicar a los ninivitas, famosos por su crueldad y lujuria. En lugar de ello, se embarcó en una nave hacia Tarsis (Tartesos, en el sur de la península ibérica), lo más lejos posible, pues en aquel entonces este reino se consideraba uno de los confines del mundo.

Una tempestad puso el barco en peligro y, al buscar culpables de la ira del mar, Jonás confesó su desobediencia a Dios, por lo que pidió que le arrojasen al fondo. Así lo hicieron y las aguas se calmaron.

Un gran pez tragó el cuerpo de Jonás. En su interior, este rogó a Yavé el perdón y prometió cumplir su misión si salía vivo. El cetáceo lo vomitó: «Entonces oró Jonás a Jehová su Dios desde el vientre del pez (...). Y mandó Jehová al pez, y vomitó a Jonás en tierra» (Jon 2:1-10).

Jonás se considera una prefiguración de Cristo porque salió vivo tras permanecer tres días en el interior de una ballena, como el Redentor saldrá vivo del sepulcro al cabo del mismo tiempo: «Porque como estuvo Jonás en el vientre del gran pez tres días y tres noches, así estará el Hijo del Hombre en el corazón de la tierra tres días y tres noches» (Mt 12:40).

Jonás predicó a los habitantes de Nínive y se convirtieron, igual que las muchedumbres que oían las palabras de Jesús: «Pues, así como Jonás fue una señal para la gente de Nínive, también el Hijo del Hombre será una señal para la gente de este tiempo» (Lc 11:30).

## Isaías

Isaías («Salvación es Yavé», en hebreo), el primero de los cuatro profetas mayores, vivió entre los años 765-695 a. C., aproximadamente, en el reino de Judá, donde ejerció su labor profética durante los reinados de Azarías y Manasés, quien según el apócrifo *Ascensión de Isaías* (ss. I-III d. C.), ordenó asesinarle. Murió martirizado (serrado por la mitad cuando estaba escondido en el interior del tronco de un árbol) en la vorágine de las persecuciones desatadas por este último monarca, por haberse negado a adorar al nuevo ídolo que abrazaba el rey impío.

Además de la destrucción del reino de Israel durante la expansión del Imperio asirio (fue testigo de la caída de Samaria en el año 722), profetizó la venida de un Mesías salvador, que traería consigo la paz y la justicia para siempre, su genealogía, sus obras, su pasión y muerte:

Saldrá una vara del tronco de Ysaí, y un vástago retoñará de sus raíces. Y reposará sobre él el Espíritu de Jehová; espíritu de sabiduría y de inteligencia, espíritu de consejo y de poder, espíritu de conocimiento y de temor de Jehová. Y le hará entender diligente en el temor de Jehová. No juzgará según la vista de sus ojos, ni argüirá por lo que oigan sus oídos; sino que juzgará con justicia a los pobres, y argüirá con equidad por los mansos de la tierra, y herirá la tierra con la vara de su boca, y con el espíritu de sus labios matará al impío. Y será la justicia cinto de sus lomos, y la fidelidad ceñidor de su cintura.
Y dijo: «Anda, y di a este pueblo: "Oíd bien, y no entendáis; ved, por cierto, mas no comprendáis. Engruesa el corazón de este pueblo, y agrava sus oídos, y ciega sus ojos, para que no vea con sus ojos, ni oiga con sus oídos, ni su corazón entienda, ni se convierta, y haya para él sanidad"».
Angustiado él, y afligido, no abrió su boca; como cordero fue llevado al matadero, y como oveja delante de sus trasquiladores, enmudeció, y no abrió su boca.

Is 11:1-5; 6:9-10; 53:7

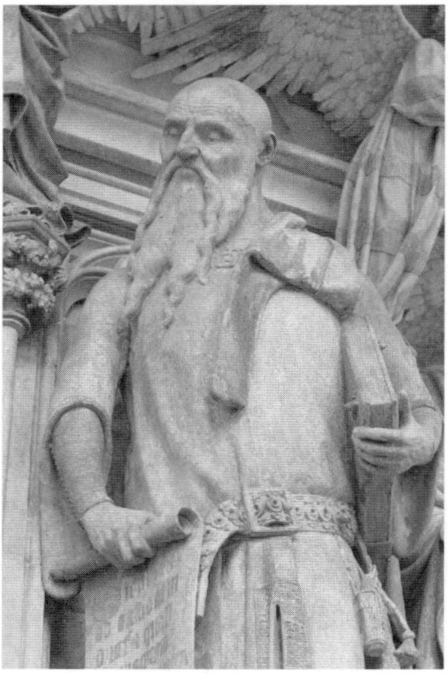

El profeta Isaías, por Klaus Sluter, en el *Pozo de Moisés* de la cartuja de Champmol, Dijon (Francia).

En una de sus visiones, un serafín le purifica los labios («Y voló hacia mí uno de los serafines, teniendo en su mano un carbón encendido, tomado del altar con unas tenazas, y tocando con él sobre mi boca, dijo: "He aquí que esto tocó tus labios, y es quitada tu culpa, y limpio tu pecado"». Is 6:6-7), lo que se ha considerado como una prefiguración del milagro de la curación del sordomudo (Mt 7:31-35).

## Jeremías

Jeremías («Jehová ha inspirado» o «En el seno de su madre»), que vivió entre 645 y 586 a. C., profetizó la restauración de la estirpe de David: «He aquí que vienen días, dice Jehová, en que de la simiente de David haré surgir un vástago justo; él reinará con sabiduría en el país y practicará el derecho y la justicia. En esos días será salvo Judá, Israel morará seguro. Y este es el nombre que se le dará: "El Señor es nuestra salvación"» (Jr 23:1-6).

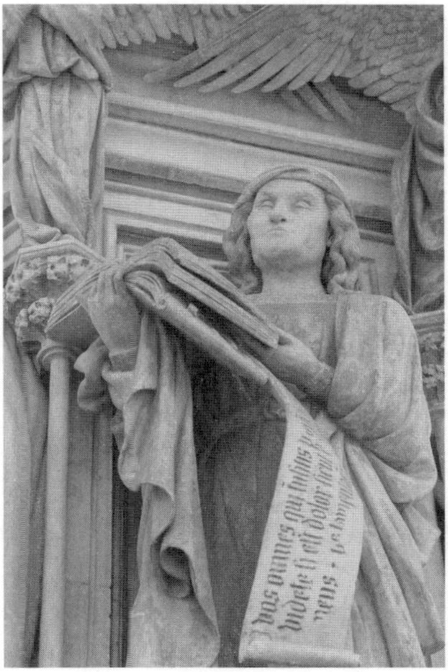

El profeta Jeremías, por Klaus Sluter, en el *Pozo de Moisés* de la cartuja de Champmol, Dijon (Francia).

Profetizó también la Nueva Ley que reemplazará a la Vieja: «He aquí que vienen días, dice Jehová, en los cuales haré nuevo pacto con la casa de Israel y con la casa de Judá (...). Daré mi ley en su mente, y la escribiré en su corazón, y yo seré a ellos por Dios, y ellos me serán por pueblo» (Jr 31:31 y 33).

Jeremías sufrió las persecuciones de los reyes Joaquim y Sedecías, último soberano de Judá antes de la destrucción de Jerusalén por los babilonios. Jesús también sufrió el maltrato y la condena de los judíos. Pero, como Jesús, fue manso de carácter y pidió el perdón para sus verdugos.

Azotado y expuesto en un cepo ante el templo («Y azotó Pasur al profeta Jeremías, y lo puso en el cepo que estaba en la puerta superior de Benjamín, la cual conducía a la casa de Jehová» Jr 20:2), se consideró una prefiguración de la flagelación de Cristo.

Jeremías arrojado a una cisterna llena de lodo («Entonces tomaron ellos a Jeremías y lo hicieron echar en la cisterna de Malaquías, hijo de Hamelec, que estaba en el patio de la cárcel, y metieron a Jeremías con sogas. Y en la cisterna no había agua, sino cieno, y se hundió Jeremías en el cieno». Jr 38:6) se tomó como prefiguración del entierro de Cristo.

En represalia por el maltrato inferido al Mesías y su profeta, Jerusalén conoció la ruina, el destierro y el cautiverio, primero en tiempos de Jeremías a manos de los caldeos y más tarde, después de la muerte de Cristo, por obra de los romanos, tal como el Nazareno había profetizado: «Cuando Jesús salió del templo y se iba, se acercaron sus discípulos para mostrarle los edificios del templo. Respondiendo Él, les dijo: "¿Veis todo esto? De cierto os digo que no quedará aquí piedra sobre piedra que no sea derribada"» (Mt 24:1-2; Mc 13:1-2; Lc 21:5-6).

### Ezequiel

Ezequiel («Dios es mi fortaleza», en hebreo), autor del libro de su nombre, contemporáneo de Jeremías, desarrolló su labor profética entre 586 y 538 a. C., durante el cautiverio del pueblo hebreo en Babilonia, tras la caída de Jerusalén que él mismo había profetizado.

Profeta escatológico por excelencia, sus revelaciones en forma de alegorías simbólicas a través de visiones apocalípticas predijeron la restauración del reino de Israel, cuando el pueblo hebreo, en pleno cautiverio, estaba perdiendo la fe, desconsolado porque pensaba que su Dios, Yavé, le había abandonado.

En sus palabras proféticas se adivina la promesa de la venida del Mesías («Así ha dicho Jehová el Señor: "Esparciré sobre vosotros agua limpia, y seréis limpiados de todas vuestras inmundicias, y de todos vuestros ídolos os limpiaré. Os daré corazón nuevo, y pondré espíritu nuevo dentro de vosotros"» Ez 36:25-26) y la restauración de la ciudad santa destruida que prefigura la Nueva Jerusalén Celestial y la vida eterna: «La mano de Jehová vino sobre mí, y me llevó en el

Espíritu de Jehová, y me puso en medio de un valle que estaba lleno de huesos (...). Y me dijo (...): "He aquí, yo hago entrar espíritu en vosotros, y viviréis"» (Ez 37:1-5).

Como veremos más adelante, sus visiones también profetizan el tetramorfo y el Juicio Final.

### Daniel

El profeta Daniel («Dios es mi Juez», en hebreo), que vivió entre los siglos VII-VI a. C., se consideró una prefiguración de Jesucristo porque salió vivo del foso de los leones, al que había sido arrojado por orden del rey Darío («El rey dio entonces la orden, y Daniel fue arrojado al foso de los leones» Dn 6:16), igual que el Salvador resurgió de su sepulcro.

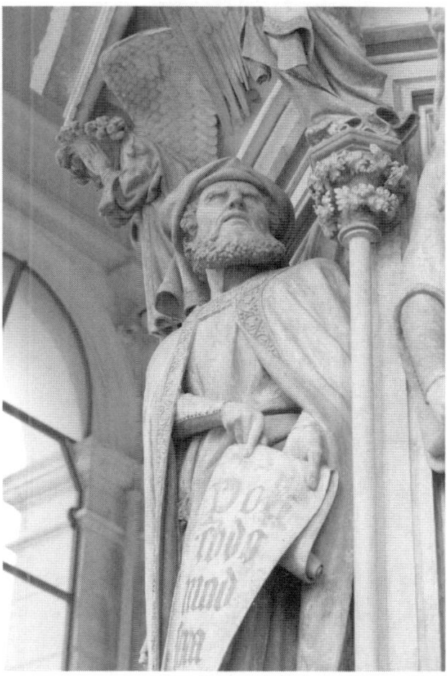

El profeta Daniel, por Klaus Sluter, en el *Pozo de Moisés* de la cartuja de Champmol, Dijon (Francia).

El triunfo de un hombre indefenso que confía en Dios, su dominio de las bestias salvajes como Adán dominó las bestias del Paraíso y Jesús las del desierto («Después de esto, el Espíritu llevó a Jesús al desierto. Allí estuvo cuarenta días, viviendo entre las fieras y siendo puesto a prueba por Satanás; y los ángeles le servían» Mc 1:12-13), alude a «un hijo de hombre» (Dn 14) que, prefigurando la segunda venida (*Parusía*) del nuevo Adán —Jesucristo— para el Juicio Final («Pero se sentará el Juez» Dn 7:26), dominará las naciones rebeldes.

## Las sibilas

Las sibilas eran profetisas paganas que podían vaticinar hechos del futuro inspiradas por Apolo. Solían habitar en cuevas y, aunque a ellas acudían a buscar consejo las altas autoridades, sus predicciones eran de carácter ambiguo. Las profecías se ponían por escrito en los denominados «libros sibilinos».

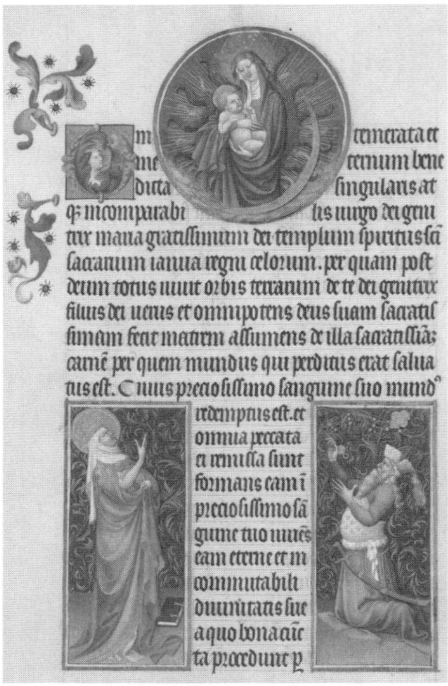

La sibila Albunea mostrando al emperador Augusto los cielos abiertos y la Virgen sosteniendo al niño entre sus brazos. *Las muy ricas horas del duque de Berry*, Ms. 65, fol. 22r. Museo Condé (Chantilly, Francia).

El cristianismo, surgido en un entorno plagado de paganismo, se apropió de esta figura para convertirla en un equivalente a las profecías judaicas del Antiguo Testamento, que hablaban de un solo Dios verdadero y de la venida del Mesías, de su pasión, muerte y resurrección. Autores clásicos como Marco Terencio Varrón (116-27 a.C.), según recoge Lucio Lactancio (c. 245-c.325) en su obra *Instituciones Divinas,* realizaron una lista de diez sibilas. Después del siglo XV, durante el Renacimiento, que fue la época de apogeo de estas figuras proféticas, se estableció en doce su cifra, haciéndolas coincidir con el número de los profetas mayores y menores de la religión judaica, así como con los doce apóstoles de Jesucristo.

Una de las más célebres en época del emperador Augusto (siglo I) fue la sibila Albunea, llamada así porque según la mitología vivía en los manantiales de aguas sulfurosas blanquecinas (del latín *albinus*: «blanco») cercanas a Tibur (actual Tívoli), por lo que se la conocía también con el nombre de Tiburtina.

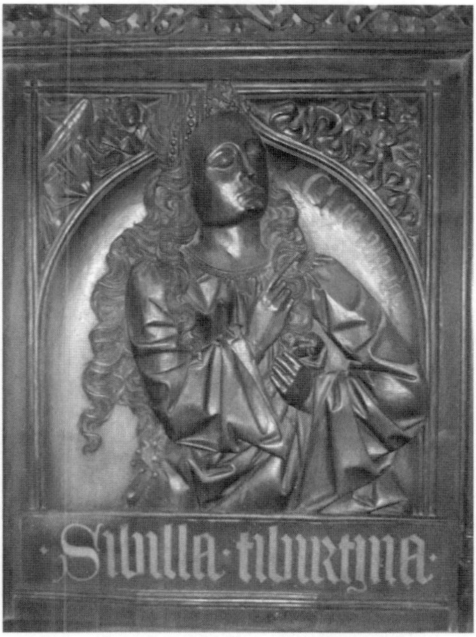


La sibila Tiburtina en un respaldar de la sillería baja del coro del Rey de la catedral de León.

Esta sibila había anunciado al emperador el nacimiento de un rey ante el cual se humillarían todos los soberanos del mundo, según un relato del siglo VI. La *Leyenda Dorada*, de Jacobo de la Vorágine, recogió también esta profecía, relatando cómo la sibila mostró a Augusto los cielos abiertos y la Virgen sosteniendo al Niño Jesús entre sus brazos.

Durante los siglos XII y XIII surgieron auténticos dramas teatrales sobre el misterio de la Navidad y la llegada del Juicio Final, que tenían lugar el 24 de diciembre. Componían un espectáculo conocido como «El Canto de la sibila» —recuperado en la catedral de León en 2016—, en el que *Ordo Prophetarum* o Procesión de los profetas junto a otros personajes que prefiguran a Cristo, con la participación de la sibila, acompañados de la Virgen y san José, son llamados a dar testimonio de lo que ha de venir.

En cuanto a su representación artística, la sibila Eritrea, hoy retirada de su emplazamiento exterior para protegerla de las inclemencias del tiempo, se encontraba adosada a las jambas de la portada de San Francisco, en figura de una joven doncella, obra del siglo XIII, vestida con túnica y manto, peinada con cabello trenzado y tocada al estilo hebreo, sosteniendo en su mano una filacteria —prácticamente perdida— que representa las dotes del conocimiento y la ciencia.

La Tiburtina aparece en las sillerías corales de Santa Gertrudis de Lovaina (Bélgica) y la catedral de León, concretamente, en el respaldo de la silla baja número dos del coro del Rey, emplazado al lado norte de la nave del evangelio; en figura de medio cuerpo, adorna sus cabellos con una diadema que luce en su medallón un pelícano, símbolo de la venida de Jesucristo.

### Zorobabel y Jesús, hijo de Josedec

Zorobabel («Semilla de Babel»), de la casa de David, uno de los llamados jefes de Israel, trajo de regreso a Judea a los hebreos, liberados de la cautividad de Babilonia por el soberano persa Ciro el Grande (c. 560-530 a. C.) tras conquistar la ciudad a los caldeos. Jesús, también de la estirpe de David, vino a la tierra para sacar a los hombres de la servidumbre de este mundo y conducirlos a la Jerusalén Celestial.

Igual que Zorobabel puso los cimientos del segundo templo de Jerusalén, el Mesías afirmó: «En tres días lo levantaré. Dijeron luego los judíos: "En cuarenta y seis años fue edificado este templo, ¿y tú en tres días lo levantarás?". Mas él hablaba del templo de su cuerpo» (Jn 2:19-21).

Jesús, hijo de Josedec, fue el sumo sacerdote que junto a Zorobabel condujo a los judíos de regreso desde Babilonia a Jerusalén, igual que el Mesías, sumo sacerdote de la Nueva Ley, vino a liberar al mundo del pecado.

«Gobernarás mi casa, también guardarás mis atrios» (Zac 3:7), dijo el ángel de Jehová al hijo de Josedec, al igual que Jesucristo, que gobierna y guarda del mal su templo para la eternidad.

### El Precursor, Juan el Bautista

El *Prodomos* o Precursor del Mesías («Más que un profeta» Mt 11:9) se considera la última de las prefiguraciones de Jesucristo y representa el nexo de unión entre el Antiguo y el Nuevo Testamento.

Ya desde su concepción milagrosa en el vientre estéril de Isabel por obra y gracia del Espíritu Santo («Porque será grande delante de Dios. No beberá vino ni licor, y será lleno del Espíritu Santo, aun desde el vientre de su madre» Lc 1:15) constituye el *alter ego* de Cristo Jesús, nacido también sin que su madre conociera varón. Las analogías entre la vida de ambos se extienden a su retiro al desierto, donde el Mesías fue tentado hasta tres veces por Satanás.

Su iconografía más frecuente es vestido con una piel de camello, que alude a su estancia en el desierto, y sosteniendo en un pliegue, sobre la tapa de un libro o en un medallón, el *Agnus Dei* «que quita el pecado del mundo» (Jn 1:29), expresión con la que anunciaba a Jesucristo mientras iba vertiendo el agua del Jordán sobre la cabeza del Salvador bautizándole. Ataviado así aparece en el pórtico de las catedrales de Chartres y León, en esta, antes de ser retirado al claustro en espera de mejor destino, como el resto de estatuas del pórtico principal.

Aparte de este momento, sobre el que volveremos al hablar al inicio de la vida pública de Jesús, el otro episodio más representado de la vida de Juan el Bautista es su degollación por orden del tetrarca Herodes Antipas para complacer a Salomé, la hija de su esposa Herodías, ante las constantes críticas que vertía el profeta sobre el matrimonio de su madre, previamente divorciada de Filipo, medio hermano del rey, un acto contrario a la ley judía.

Herodes lo había encarcelado, pero no se atrevía a matarlo; por un lado, porque el pueblo le tenía por Elías que había vuelto y, por otra parte, en el fondo, tenía miedo, creyéndole un resucitado de acuerdo a sus testimonios sobre la vida y milagros de Jesús de Nazaret. No obstante, durante la celebración de un banquete en su fiesta de cumpleaños, complacido por la sensual danza que para él había ejecutado Salomé, cumplió la promesa previa de darla, a cambio del baile, lo que le pidiera. «Ella entonces, aconsejada por su madre, dijo a Herodes: "Dame en un plato la cabeza de Juan el Bautista"» (Mt 14:8; Mc 6:24-25).

Sobre la degollación del Bautista se pueden encontrar representaciones de tres escenas: el banquete presidido por Herodes, el baile de Salomé y el momento de la decapitación, o bien, la cabeza cortada del santo, a veces sobre una bandeja.

En la segunda arquivolta de la portada de San Juan de la catedral de León se recogen distintas escenas de su vida, desde el nacimiento hasta el degüello.

## PREFIGURACIONES CRISTOLÓGICAS SIMBÓLICAS

### EL ÁRBOL DE LA VIDA

El Árbol de la Vida, plantado en medio del Paraíso Terrenal, daba un fruto que tenía la virtud de preservar el cuerpo de la muerte. Jesucristo, pendiendo del árbol de la cruz, es el verdadero fruto de vida que da la inmortalidad: «Yo soy el pan de vida. Vuestros padres comieron el maná en el desierto, y murieron. Yo soy el pan vivo que descendió del cielo; si alguno comiere de este pan, vivirá para siempre, y el pan que yo daré es mi carne, que yo daré por la vida del mundo» (Jn 6:48,51).

### EL CORDERO PASCUAL

Con ocasión de la institución de la *Parasceve* (Pascua judía), cada familia israelita, siguiendo las instrucciones de Jehová, sacrificó un cordero inmediatamente antes de la partida de Egipto hacia Canaán:

> El cordero será sin defecto, (...). Y aquella noche comeréis la carne asada al fuego (...). Es la Pascua de Jehová (...). Y tomarán de la sangre y la pondrán en los dos postes y en el dintel de las casas (...). Y la sangre os será por señal en las casas donde vosotros estéis, y veré la sangre y pasaré de vosotros, y no habrá en vosotros plaga de mortandad cuando hiera la tierra de Egipto.
> Siete días comeréis panes sin levadura (...). Y guardaréis la fiesta de los panes sin levadura, porque en este mismo día saqué vuestras huestes de la tierra de Egipto.
>
> Éx 12: 4-17

El cordero pascual, sin mancha, inmaculado como Cristo Jesús, ofrecido por la expiación de los pecados del pueblo de Israel, prefigura el *Agnus Dei* (Cordero de Dios, Jesucristo), sacrificado en la cruz para el perdón de los pecados. Iconográficamente es fácil de identificar porque se suele presentar inscrito en el círculo de la eternidad, coronado con nimbo crucífero y sosteniendo en una de sus patas el lábaro sobre el que está dispuesta la cruz de su sacrificio.

## LA BURRA DE BALAAM

Este humilde jumento, cabalgadura de Balaam, adivino mesopotámico al servicio de Balak, rey de la región de Moab, se considera una prefiguración de Jesús porque fue el animal que el Mesías escogió para hacer, a lomos del mismo, su entrada en Jerusalén (Mt 21:6-11).

El soberano Balak había encargado a Balaam que fuese a maldecir a los israelitas que caminaban en dirección a la tierra prometida, pero el ángel del Señor, con su espada desnuda en la mano, hace que la borrica se aparte del camino y se detenga echándose sobre tierra. Cuando el jinete la fustiga, rompe a hablar preguntando qué mal ha hecho para que la maltrate, haciéndole comprender que era Dios quien le hablaba; viendo al ángel en el camino, Balaam reconvirtió su misión para bendecir, por boca de Jehová, al pueblo de Israel, y pronuncia la siguiente profecía: «Dijo Balaam hijo de Beor (...). Saldrá estrella de Jacob, y se levantará cetro de Israel, y herirá las sienes de Moab, y destruirá a todos los hijos de Set» (Nm 24:15-17).

La estatua de Balaam se encuentra entre las adosadas a las jambas del lado izquierdo del pórtico norte de la catedral de Chartres, junto a Salomón y la reina de Saba.

## LAS CODORNICES, EL MANÁ Y EL AGUA DE LA ROCA

Las bandadas de codornices y el maná enviado por Dios para alimentar al pueblo de Israel durante su travesía por el desierto («Al caer la tarde comeréis carne y por la mañana os saciaréis de pan» Éx 16:12) se comparó con el milagro de la multiplicación de los panes y los peces (Mt 14:19-21; Mc 6:41-44; Lc 9:16-17; Jn 6:9-13). El maná, pan divino enviado del cielo («Entonces Moisés les dijo: "Es el pan que Jehová os da para comer"», que «era como semilla de cilantro, blanco, y su sabor como de hojuelas con miel» Éx 16:15 y 31), prefigura también la Eucaristía.

El agua que Moisés hizo brotar de la roca en la peña de Horeb al golpearla con su vara se emparentó con el bautismo de Cristo: «Pues bebían de la roca espiritual que los seguía, y la roca era Cristo» (I Cor 10:4).

# *Iconografía del Nuevo Testamento*

Siendo Jesucristo y la Virgen María los personajes más importantes de la iconografía gótica religiosa, los principales pasajes de su vida están representados abundantemente en todas las artes. Además de la pintura y los relieves de frontales y retablos —que nacen a mediados del s. XIII—, la escultura exenta (crucificados, *Theotokos, Sedes Sapientiae*) y la amplia variedad de artes suntuarias y decorativas, hay que destacar las portadas de las grandes catedrales, particularmente los tímpanos, dedicados generalmente al Juicio Final, al Nacimiento y la Pasión de Jesús y a la Dormición y Coronación de María. En las jambas y arquivoltas figuran personajes o escenas complementarias de la imagen principal, mientras los parteluces los suele ocupar María en pie, acogedora con el niño en brazos, como invitando a los fieles, sus hijos, a penetrar en el Reino de los Cielos que simboliza el interior del templo, en cuyo sagrario se materializa la Jerusalén Celestial a través de la sagrada forma, resultado del santo sacrificio del altar. Artísticamente, en el gótico las estatuas exentas, que sustituyen a las estatuas-columna adosadas al muro, suponen una independización del soporte arquitectónico, como muestra de la nueva valoración de su concepción tridimensional.

## CICLO DE LA INFANCIA DE JESÚS

Entre los episodios del ciclo de la Infancia de Jesús, el más representado tanto en el románico como en el gótico fue el de la Natividad, recogido especialmente en los tímpanos de las portadas de las principales catedrales góticas, así como en los pinceles de los maestros más destacados.

### NACIMIENTO DE JESÚS O NATIVIDAD DEL SEÑOR

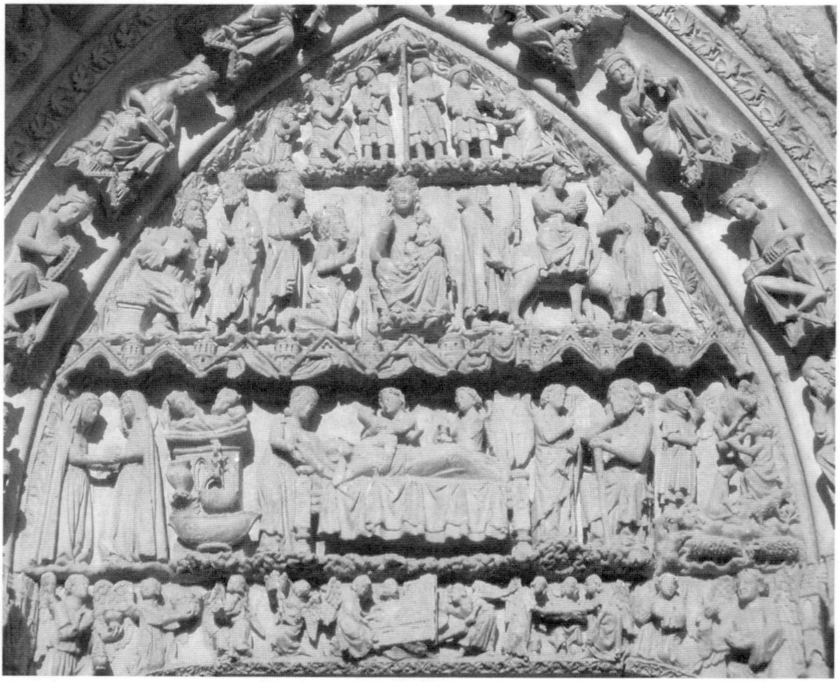

Tímpano de la portada de San Juan de la catedral de León. En el primer registro, la Visitación, el niño sobre un templete con las cabecitas del buey y la mula asomando, la Virgen recostada en el lecho atendida por dos parteras después de dar a luz, el Sueño de José y la Adoración de los pastores. En el siguiente, los Magos con Herodes, la Epifanía y la Huida a Egipto. En el piso superior, la Matanza de los Inocentes.

En la mentalidad medieval, la encarnación de Dios en hombre, con el fin de redimir al género humano del pecado original cometido por sus primeros padres, es el más trascendental y gozoso de los acontecimientos, en el cual se cumplían las profecías: «He aquí que la virgen concebirá, y dará a luz un hijo, y llamará su nombre Emanuel» (Is

7:14). «Profeta les levantaré de en medio de sus hermanos, como tú, y pondré mis palabras en su boca, y él les hablará todo lo que yo le mandare» (Dt 18:18).

Para representar el nacimiento de Jesús, los artistas góticos, como los románicos, se inspiraron tanto y más en los evangelios apócrifos que en los canónicos. Gracias a ello, han llegado hasta nuestros días personajes como las parteras o «mujeres sabias» de las que hablan dichos textos, en concreto, el Pseudo Mateo: Zelomí o Zaquel, la más anciana, que dudó de la virginidad de María después del parto, y Salomé, que creyó en su virginidad *ante partum, in partu et post partum:* antes, durante y después del alumbramiento.

En el segundo registro del tímpano de la portada sur o de Santa Ana de la catedral de Notre Dame de París, María aparece echada en una cama y san José sentado a la cabecera, como dormido, apoyando su cabeza sobre una mano, gesto habitual en la representación del padre terrenal de Jesús. El lecho del parto, derivado de esta escena, aparecerá posteriormente en las catedrales de León, Vitoria y Toledo.

La escena fue evolucionando y, a partir del siglo XV, se convirtió en una adoración al niño más que en una imagen natural del portal posparto, muy típica del mundo bizantino procedente de Siria: la Virgen tendida en el lecho, fatigada, y en ocasiones recostada contra la imagen del recién nacido, como en la *Natividad* de Guido de Siena (1270-80), del Museo del Louvre.

En el primer registro del tímpano de la portada de San Juan de la catedral de León, siguiendo el *Protoevangelio de Santiago* (escrito h. 150), se observa un pesebre a modo de altar sobre el que sobresalen las cabecitas del buey y la mula, y del que cuelgan un caldero y una jofaina sobre una palangana en forma de naveta con una planta medicinal, destinadas al baño del recién nacido. Jesús nació de un parto milagroso, limpio como el rocío, pero, aunque no aparece en textos evangélicos ni apócrifos, se le lavó, según los teólogos porque el agua purifica, precediendo al bautismo en el Jordán. El baño está recogido también, entre otros, en los relieves del púlpito de Sant'Andrea de Pistoia que labró Giovanni Pisano en el s. XIV. En la escena siguiente, María, recostada en una cama, tema de inspiración francesa, está siendo atendida por Zelomi, que coloca un cojín en su cabecera después de palparla y comprobar que permanecía virgen a pesar de que tiene leche en los pechos (tal irreverencia paralizó su mano, pero el niño se la curó), mientras Salomé tiene al recién nacido en brazos y un ángel ceroferario porta un candelabro que santifica el momento.

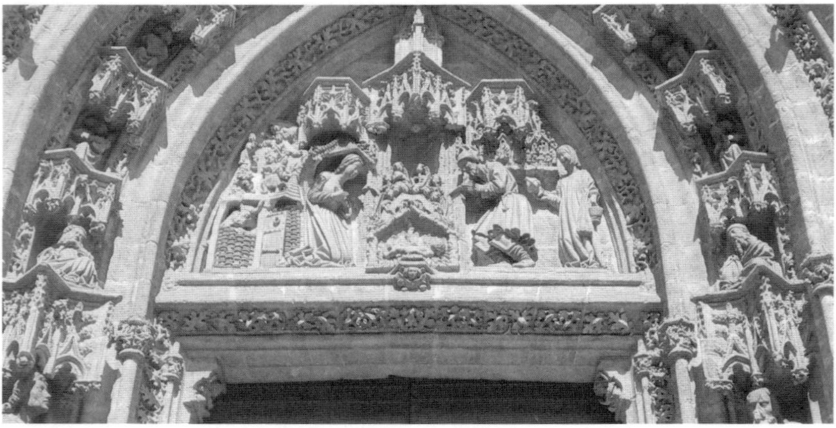

*Nacimiento*, bajorrelieve labrado por Lorenzo Mercadante de Bretaña entre 1464 y 1467 en el tímpano de la portada del mismo nombre de la catedral de Sevilla.

Prefiguraciones:

- Las profecías (Is 7:14; Dt 18:18).
- La concepción milagrosa de la madre de Isaac (Gn 21:1-4).
- El nacimiento milagroso de Sansón de una madre estéril (Ju 13:3, 24-25).
- El anuncio de la sibila Tiburtina al emperador Augusto (63 a. C.-14 d. C.) del nacimiento de un rey ante el cual se humillarán todos los soberanos del mundo.

## ADORACIÓN DE LOS PASTORES

La Adoración de los Pastores consta de dos episodios: el anuncio del ángel a los zagales que cuidaban sus rebaños en la majada y la adoración de estos al Niño Jesús en el portal de Belén. El primero será prácticamente el único reproducido en el arte hasta el siglo XV, que es cuando la pintura de retablos comienza a tratar el segundo tema, muy frecuente a partir del Renacimiento.

Generalmente, el número de zagales representados en ambos episodios oscila entre dos y tres, acompañados de algunos perros y un cordero que ofrecen como regalo al recién nacido.

## El Anuncio

El episodio del Anuncio está recogido en el Evangelio de san Lucas:

> Había pastores en la misma región, que velaban y guardaban las vigilias de la noche sobre su rebaño. Y he aquí, se les presentó un ángel del Señor, y la gloria del Señor los rodeó de resplandor, y tuvieron gran temor. Pero el ángel les dijo: «No temáis; porque he aquí os doy nuevas de gran gozo, que será para todo el pueblo: que os ha nacido hoy, en la ciudad de David, un Salvador, que es Cristo el Señor. Esto os servirá de señal: Hallaréis al niño envuelto en pañales, acostado en un pesebre».
>
> Lc 2:8-12

## La Adoración al Niño Jesús

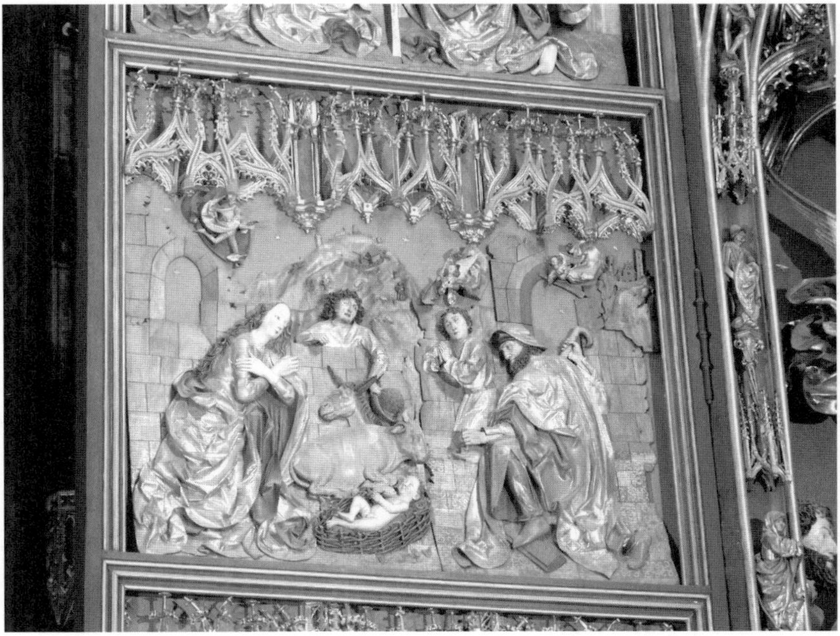

*Adoración de los pastores*, del retablo de la basílica de Santa María de Cracovia, tallado en madera de tilo por Veit Stoss entre 1477-1489.

La fuente escrita de la Adoración se encuentra también en el Evangelio de san Lucas:

Sucedió que cuando los ángeles se fueron de ellos al cielo, los pastores se dijeron unos a otros: «Pasemos, pues, hasta Belén, y veamos esto que ha sucedido, y que el Señor nos ha manifestado». Vinieron, pues, apresuradamente, y hallaron a María y a José, y al niño acostado en el pesebre. Y al verlo, dieron a conocer lo que se les había dicho acerca del niño. Y todos los que oyeron, se maravillaron de lo que los pastores les decían. Pero María guardaba todas estas cosas, meditándolas en su corazón. Y volvieron los pastores glorificando y alabando a Dios por todas las cosas que habían oído y visto, como se les había dicho.

Lc 2:15-20

## ADORACIÓN DE LOS REYES MAGOS

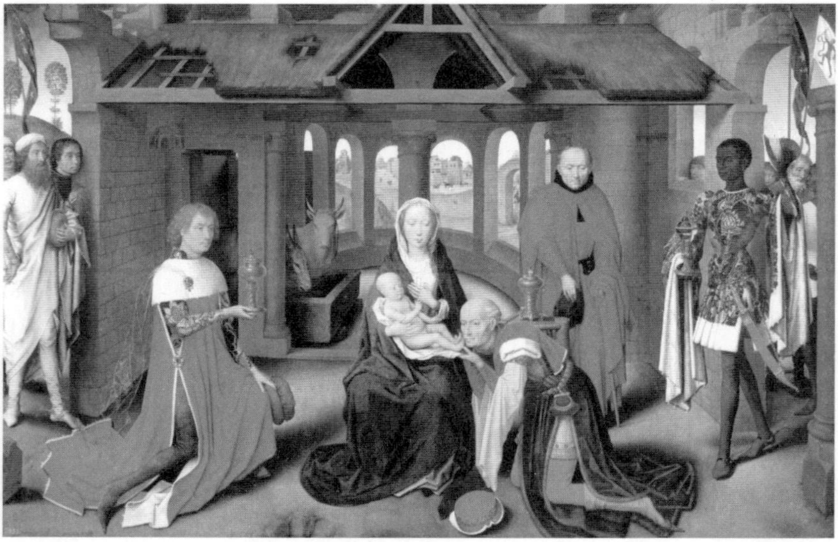

*Adoración de los Magos*, por Hans Memling, c. 1470, con presencia del rey negro. Museo del Prado. Madrid.

El modelo iconográfico de la Adoración de los Reyes Magos deriva de la entrega de tributos al emperador por parte de los reinos vencidos, tal como se observa en la Columna Trajana de Roma (113 d. C.) o en la placa de marfil conocida como *Díptico Barberini* (principios del siglo VI), que se encuentra en el Museo del Louvre.

Tanto el número como el nombre de los Reyes Magos no constan en el Evangelio de san Mateo, ni tampoco que se tratase de reyes. Es a partir del siglo III cuando empieza a dárseles tal título. En el siglo IV,

Orígenes y Tertuliano hablan por primera vez de magos, término con el que se designaba una casta sacerdotal que ejercía las artes adivinatorias a través de la observación de los astros. Se trataría, pues, de astrólogos que, siguiendo una estrella, vinieron a adorar al Niño Dios.

En el siglo V, el papa san León I el Magno (440-461) estableció su número en tres, puesto que dejaron tres regalos: «Oro, incienso y mirra» (Mt 2:11); oro por ser rey (1 Re 10:2); incienso por ser Dios (Lev 2:1-2), y mirra por ser hombre (Lc 23:56), y, como los salmos dicen que los reyes de la Tierra se postrarán ante el Mesías, también se supuso que además de magos eran reyes: «Los reyes de Tarsis y de las islas le ofrecerán sus dones, y los soberanos de Seba y de Saba le pagarán tributo. Se postrarán ante él todos los reyes y le servirán todas las naciones» (Sal 72:10-11).

Otra referencia a este número se puede apreciar en el libro del Génesis: «Y los hijos de Noé que salieron del arca fueron Sem, Cam y Jafet (...). Estos tres son los hijos de Noé, y de ellos fue llena toda la tierra» (Gn 9:18-19), considerando, por tanto, que cada mago representaba la descendencia de uno de los vástagos del patriarca tras el diluvio universal. Según la *Tabla de las Naciones*, como se conoce a las generaciones de Noé («Estas son las generaciones de los hijos de Noé: Sem, Cam y Jafet, a quienes nacieron hijos después del diluvio» Gn 10:1), sus tres hijos se convirtieron en los patriarcas de todos los pueblos del mundo: Sem de los semitas judíos y árabes, Cam de los camitas negros africanos, y Jafet de los jafetitas, blancos europeos. Por tanto, asociando un rey mago a cada raza, quedaba atestiguada con su presencia en el portal el reconocimiento de todas las naciones del orbe hacia el rey nacido en Belén.

En el mismo pontificado se establecieron los nombres oficiales de los tres magos, con los cuales les seguimos conociendo en Occidente: Melchor, Gaspar y Baltasar. En la tradición griega se les conoce como *Appellicon, Amerín* y *Damascón.* En hebreo se trata de *Magalath, Galgalath* y *Serakín.* En Siria se nombraban *Larvandad, Hormisdas* y *Gushnasaph.* La Iglesia etíope les llama *Hor, Karsudan* y *Basanater.* En Armenia les denominan *Kagpha, Badadakharida* y *Badadilma.*

Los evangelios apócrifos trataron extensamente este episodio: el *Pseudo Mateo* (XVI, 1-2), el *Protoevangelio de Santiago* (XXI, 1-3), el *Liber Infantia Salvatoris* (89-96), el *Evangelio Árabe de la Infancia* y el *Evangelio Armenio de la Infancia* (X, 10-32).

Respecto a la procedencia del rey negro, su aparición en la iconografía no se produjo hasta el siglo XV, cuando a consecuencia de la expansión europea se decidió que cada mago debía de representar a un continente: Melchor a Asia, Gaspar a Europa y Baltasar a África. A principios del XVI está presente en España en el tríptico hispano flamenco de la *Adoración de los Reyes* de la excolegiata de San Cosme y San Damián de Covarrubias (Burgos), hoy en el museo parroquial. Con el descubrimiento de América, se planteó la cuestión de incluir un cuarto rey, puesto que a Dios deberían haber venido a adorarle todas las naciones de todos los puntos de la Tierra; pero, finalmente, se decidió no variar la cantidad de reyes, teniendo en cuenta la simbología del número tres: la Santísima Trinidad.

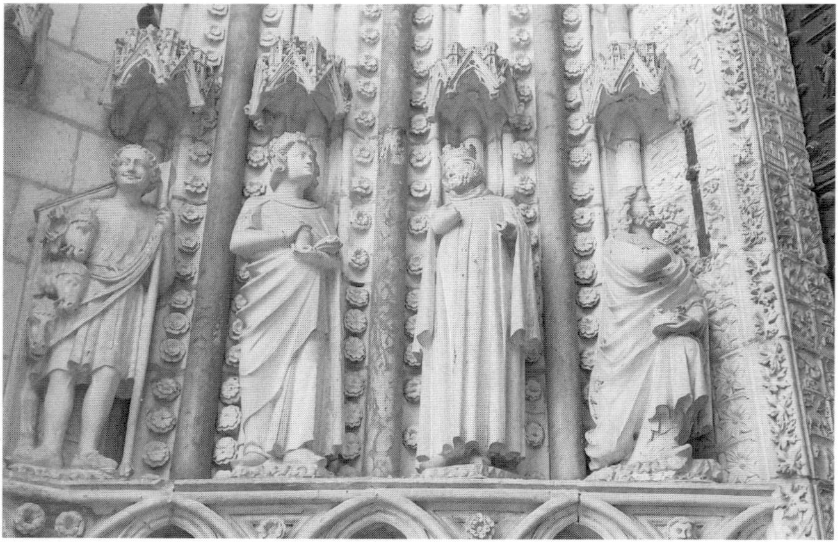

Los tres Magos (el primero en *proskynesis* ofreciendo a la Virgen del parteluz sus dones) acompañados de un paje que cuida sus caballos, figuras labradas a principios del s. XIV por Rodrigo Alemán en las jambas del lado izquierdo de la puerta del Reloj de la catedral de Toledo.

En las adoraciones suelen aparecer los dos últimos reyes de pie, mientras que el más cercano al Niño Jesús hace una genuflexión y ofrece su presente.

En el segundo registro del tímpano de la portada de San Juan de la catedral de León, por falta de espacio, el artista realizó una sinopsis, presentando un mago en conversación con Herodes mientras los otros dos están ya adorando al niño en el regazo de su madre.

La Adoración de los Reyes o *Epifanía* («mostrarse por encima») constituye la revelación de Jesús como autoridad superior a los poderes terrenales, quienes le adoran y se inclinan en genuflexión extrema ante su presencia como *Pambasileus* («Rey de Reyes»), entronizado como Santa Sabiduría. Simboliza el reconocimiento universal del Hijo de Dios y la adoración del poder terrenal (nobleza, reyes) a la Iglesia. Se halla inscrita en la Querella de las Investiduras, uno de los grandes conflictos entre la Iglesia y el poder temporal por el nombramiento de los obispos, que se inició a mediados del siglo XI entre el emperador Enrique II del Sacro Imperio Romano Germánico y el papa Nicolás II, y continuó en el siglo siguiente con sus sucesores hasta el Concordato de Worms (1122), por el que se acordó que el papa propusiera los obispos y abades a los reyes. Por ello, fue uno de los temas preferidos más que de los artistas —que se limitaban a realizar los encargos— de los inspiradores de los programas iconográficos.

La *proskynesis* (del griego *pros*: «hacia», *kyneo*: «beso», es decir, «besar hacia»), un acto de sumisión que enfatiza la genuflexión para mostrar sumisión, realizado por personas de menor rango ante la presencia de otra de mayor categoría, particularmente los reyes, ya existía en la Antigüedad entre los pueblos de Oriente Medio y Egipto. Aún se cita en el manuscrito original del *Passo Honroso* cuando el caballero leonés don Suero de Quiñones, en 1434, pide licencia al rey Juan II de Castilla («con muy humilde reverencia llegó adonde el señor Rey sentado estaba, é besándole pies é manos») para la celebración del *fecho de armas,* que lleva dicho nombre por tratarse de un servicio a la dama. Se cita, asimismo, varias veces en el *Quijote*: «Híncate de rodillas, Sancho —dijo don Quijote—, y besa los pies a Su Excelencia por la merced que te ha hecho» (II-XXXII).

Esta postura fue evolucionando y, en el caso de las Epifanías de los Magos, se limitan a apoyar una rodilla en el suelo permaneciendo con el cuerpo erguido. Con el paso del tiempo, el gesto se va modificando para llegar a la actualidad convertido en el «besamanos» occidental.

El ciclo de los Reyes Magos está formado por cuatro episodios:

- El viaje siguiendo la estrella, indistintamente a caballo o en camello; en Oriente fue más habitual la presencia de dromedarios.
- La entrevista con Herodes.
- La Adoración al Niño Jesús.

- El sueño en el que un ángel les avisa que vuelvan por otro camino para no encontrarse nuevamente con Herodes, que quería conocer el lugar en el que se encontraba el niño para acabar con él, temiendo que le despojara de la corona, pues su nacimiento se había anunciado como el de un nuevo rey.

### El viaje siguiendo la estrella

Cumpliéndose la profecía («Y andarán las naciones a tu luz, y los reyes al resplandor de tu nacimiento». Is 60:3), «Cuando Jesús nació en Belén de Judea en días del rey Herodes, vinieron del oriente a Jerusalén unos magos, diciendo: "¿Dónde está el rey de los judíos, que ha nacido? Porque su estrella hemos visto en el oriente, y venimos a adorarle"» (Mt 2:1-2).

Prefiguración:

- La columna de nubes por el día y de fuego por la noche que guiaba al pueblo hebreo por el desierto tras su salida de Egipto (Éx 13:21).

### La entrevista con Herodes

«Oyendo esto, el rey Herodes se turbó, y toda Jerusalén con él. Y convocados todos los principales sacerdotes, y los escribas del pueblo, les preguntó dónde había de nacer el Cristo. Ellos le dijeron: "En Belén de Judea; porque así está escrito por el profeta"» (Mt 2:3-5): «Pero tú, Belén Efrata, pequeña para estar entre las familias de Judá, de ti me saldrá el que será Señor en Israel, y sus orígenes son desde el principio, desde los días de la eternidad» (Miq 5:2).

Temiendo perder el trono, e inspirado por el diablo, «Entonces llamó Herodes en secreto a los sabios [magos] de Oriente, y se informó por ellos del tiempo exacto en que había aparecido la estrella. Luego los envió a Belén y les dijo: "Id allá y averiguad cuanto podáis acerca de ese niño, y cuando lo encontréis, avisadme, para que yo también vaya a adorarlo"» (Lc 2:7-8).

La figura del diablo embaucador aparece junto al trono del monarca en el registro inferior del tímpano de la portada de la iglesia de Santa María la Real de La Hiniesta (Zamora). En tres secuencias sucesivas, los magos con Herodes a la izquierda, dos magos como esperando su turno en el centro y, a la derecha, un tercer rey genuflexo postrado ante el niño entronizado en el regazo de su madre.

### La Adoración al Niño Jesús

«Y, llegando a la casa, vieron al niño con María, su madre, y de hinojos le adoraron, y, abriendo sus cofres, le ofrecieron como dones oro, incienso y mirra» (Mt 2:11).

Prefiguraciones:

- La entrega de los diezmos de la conquista por parte de Abraham a Melquisedec (Gn 14:20).
- La sumisión de Abner a David (2 Sam 3:21).
- La donación a Salomón de ciento veinte talentos de oro por parte de la reina de Saba (1 Re 10:10).

### El aviso del ángel en sueños

«Pero siendo avisados por revelación en sueños que no volviesen a Herodes, regresaron a su tierra por otro camino» (Mt 2:12).

Prefiguración:

- El aviso de los ángeles a Lot y su familia para que no vuelvan la vista hacia las llamas de Sodoma y Gomorra (Gn 19:17).

## HUIDA A EGIPTO

La Huida a Egipto comienza con el segundo sueño de san José (el primero había tenido lugar cuando el ángel le dijo que no abandonara a María, ya desposada con él, porque su embarazo era obra divina), continúa con el viaje al país del Nilo y concluye con el tercer sueño de san José y el viaje de regreso a Nazaret: «Y él, despertando, tomó de noche al niño y a su madre, y se fue a Egipto, y estuvo allá hasta la muerte de Herodes; para que se cumpliese lo que dijo el Señor por medio del profeta, cuando dijo: "De Egipto llamé a mi Hijo"» (Mt 2:14-15).

El evangelio apócrifo copto *Historia de José el Carpintero* menciona que la partera Salomé (la incrédula convertida) acompañó a la Sagrada Familia en su exilio: «Y se levantó, y tomó a María, mi madre, en cuyos brazos yo iba, y los acompañaba Salomé» (VIII).

Prefiguraciones:

- Jacob huye a casa de su tío Labán temiendo la cólera de su hermano Esaú (Gn 27:41-45).
- David escapa de los celos de Saúl descendiendo de su ventana con una cuerda (1 Sam 19:12-16).

- Elías huye para salvarse de la ira del rey Acab y su esposa Jezabel (1 Re 19:1-6).

## DEGOLLACIÓN O MATANZA DE LOS INOCENTES

«Herodes entonces, como se vio burlado de los magos, se enojó mucho y mandó matar a todos los niños que había en Belén y en todos sus términos, de edad de dos años abajo, conforme al tiempo que había entendido de los magos» (Mt 2:16).

La Degollación de los Inocentes constituye uno de los momentos más dramáticos de la iconografía románica y gótica. Suele ser habitual que los soldados lleven cota de malla para que resulten más fáciles de identificar.

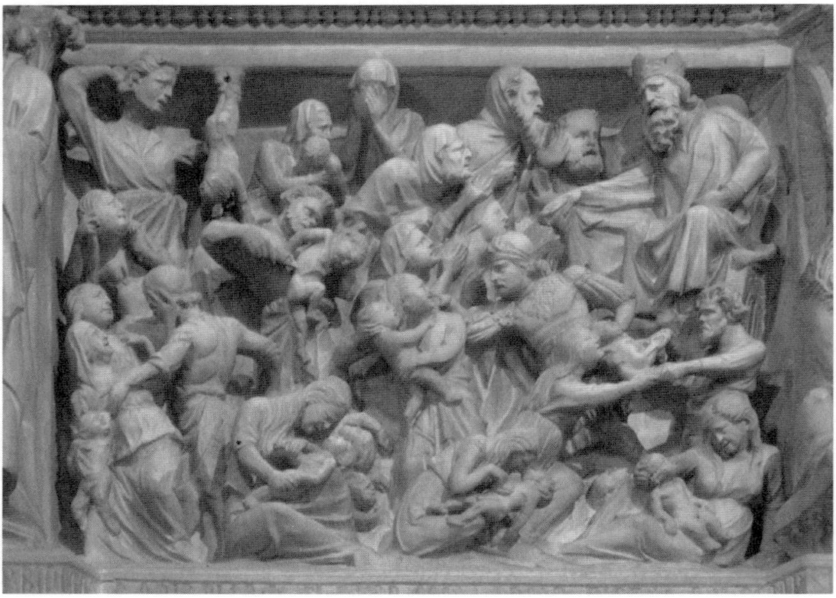

*Matanza de los Inocentes* (1298-1302), en el púlpito de la iglesia de San Andrés de Pistoia (Italia), por Giovanni Pisano.

Un preludio de este episodio, aunque solamente aparece en los textos apócrifos, consiste en situar al diablo junto a Herodes mientras le inspira la idea de llevar a cabo la matanza.

La cruel escena aparece en toda su crudeza en el registro superior del tímpano de la portada de San Juan de la catedral de León: un soldado en pie parte en dos el espacio con su lanza en alto, en cuya punta de hierro tiene ensartado un infante, mientras otros esbirros de Herodes pasan a espada al resto de criaturas arrancándoles de los brazos de sus madres, y una de estas da el último beso al hijo de sus entrañas.

Prefiguraciones:

- El faraón ordena a las parteras matar a todos los varones hebreos recién nacidos (Éx 1:16).
- Atalía, madre del rey Ocozías, viendo que su hijo había sido muerto, manda exterminar toda la descendencia real de la casa de Judá (2 Cró 22:10; 2 Re 11:1).

## REGRESO DE EGIPTO

> Pero después de muerto Herodes, he aquí un ángel del Señor apareció en sueños a José en Egipto, diciendo: "Levántate, toma al niño y a su madre, y vete a tierra de Israel, porque han muerto los que procuraban la muerte del niño". Entonces él se levantó, y tomó al niño y a su madre, y vino a tierra de Israel. Pero oyendo que Arquelao reinaba en Judea en lugar de Herodes su padre, tuvo temor de ir allá; pero avisado por revelación en sueños, se fue a la región de Galilea, y vino y habitó en la ciudad que se llama Nazaret, para que se cumpliese lo que fue dicho por los profetas, que habría de ser llamado nazareno.
>
> Mt 2:19-23

Esta última expresión («nazareno») no figura en ninguna profecía, sino que se trata de un *midrash* judío, un método de exégesis basado en el entendimiento en uno de los cuatro niveles de interpretación (el *remez*), añadiendo las vocales en la pronunciación de la escritura de la Torá respecto a la profecía de Isaías 11:1.

Prefiguraciones:

- Jacob regresa a Canaán en la confianza de que su hermano Esaú le ha perdonado (Gn 33:1-4).
- David regresa a Hebrón tras la muerte de Saúl (2 Sam 2:1-4).

## LA CIRCUNCISIÓN

Según relata el Evangelio de san Lucas, al cabo de ocho días de su nacimiento, cumpliendo la ley mosaica, el Niño Jesús fue llevado por sus padres a Jerusalén para ser circuncidado (*Berit Milá*, en hebreo) en el templo («Transcurridos los ocho días para circuncidar al niño, le pusieron por nombre Jesús, el cual le había sido puesto por el ángel antes que fuese concebido» Lc 2:21), conforme al pacto de Yavé con Abraham: «Y de edad de ocho días será circuncidado todo varón entre vosotros por vuestras generaciones; el nacido en casa, y el comprado por dinero a cualquier extranjero, que no fuere de tu linaje» (Gn 17:12); ley que recoge también el Levítico: «Y al octavo día se circuncidará al niño» (Lv 12:3).

Prefiguración:

- Las circuncisiones de Abraham, sus hijos y todos los varones de su casa «como Dios le había dicho» (Gn 17:23-27; 21:4) cuando estableció su pacto con el patriarca.

## LA PRESENTACIÓN EN EL TEMPLO

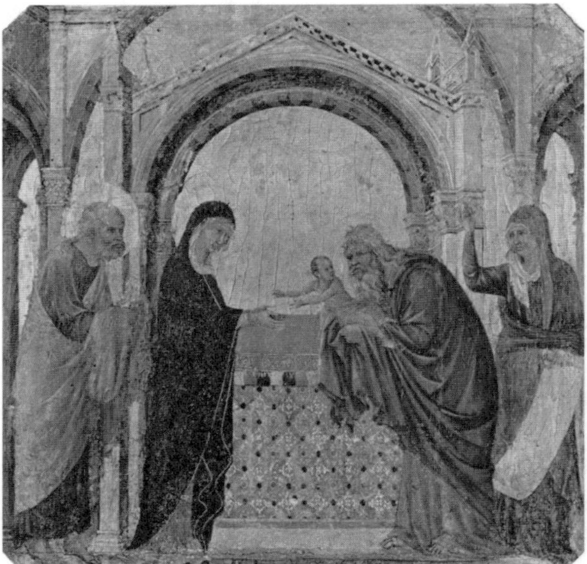

*Presentación en el Templo*, predela del retablo de la *Maestá* (c. 1310), de Duccio di Buoninsegna. Museo de la Ópera del Duomo de Siena.

Tiempo después («La mujer cuando conciba y dé a luz varón, será inmunda siete días; conforme a los días de su menstruación será inmunda. Y al octavo día se circuncidará al niño. Mas ella permanecerá treinta y tres días purificándose de su sangre» Lv 12:2-4), para cumplir con el mandato de Yavé («Conságrame todo primogénito. Cualquiera que abre matriz entre los hijos de Israel, así de los hombres como de los animales, mío es» Éx 13:2), la Virgen y san José llevaron a Jesús al templo: «Y cuando se cumplieron los días de la purificación de ella, según la ley de Moisés, llevaron a Jesús a Jerusalén para presentarle al Señor como está escrito en la ley del Señor: "Todo varón primogénito será consagrado al Señor y para ofrecer en sacrificio un par de tórtolas o dos pichones, conforme a lo que se dice en la ley del Señor"» (Lc 2:22-24).

Reconocido como el Mesías por el anciano Simeón, que estaba lleno del Espíritu Santo, este hombre justo, de palabras proféticas, anuncia a la Virgen los padecimientos que la aguardaban: «Simeón les dio su bendición y dijo a María, la madre de Jesús: este niño está destinado a causar la caída y el levantamiento de muchos en Israel, y a crear mucha oposición, a fin de que se manifiesten las intenciones de muchos corazones. En cuanto a ti, una espada te atravesará el alma» (Lc 2:34-35).

Prefiguración:

- Ana, la madre de Samuel, lleva a su hijo a la Casa de Yavé para dejarlo a cargo del sumo sacerdote Elí (1 Sam 1: 24-25).

## EL NIÑO ENTRE LOS DOCTORES DE LA LEY

La representación de este episodio, con el que concluye el ciclo de la Infancia de Jesús, se conoce también como «El niño perdido y hallado en el templo», «al cabo de tres días, sentado entre los maestros, escuchándolos y haciéndoles preguntas».

> Cuando lo vieron sus padres, se quedaron admirados.
> —Hijo, ¿por qué te has portado así con nosotros? —le dijo su madre—. ¡Mira que tu padre y yo te hemos estado buscando angustiados!
> —¿Por qué me buscabais? ¿No sabíais que tengo que estar en la casa de mi Padre?
> Pero ellos no entendieron lo que les decía.
>
> Lc 2:41-50

Representado como Cristo Maestro, Jesús, de medio cuerpo, situado entre los sorprendidos rabinos judíos —que admiraban la dialéctica del pequeño teólogo—, fue un tema muy frecuente en el arte paleocristiano, especialmente en los relieves que adornan los frontales de los sepulcros, aunque posteriormente fue perdiendo vigencia.

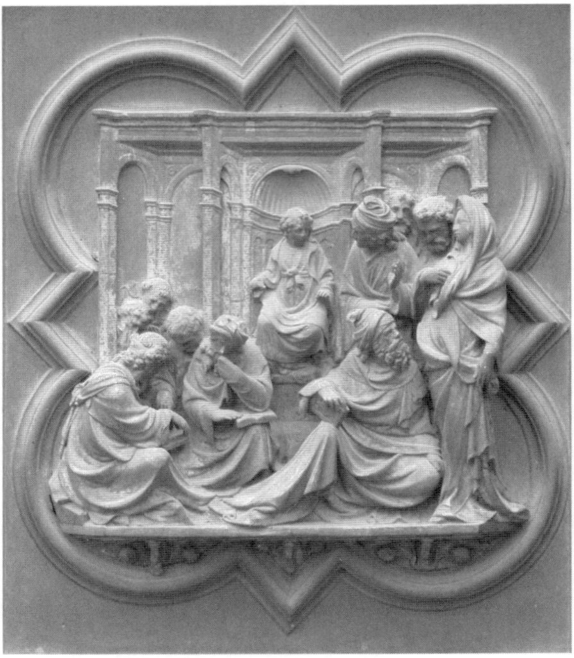

*El niño disputando con los doctores de la ley*, relieve de Lorenzo Ghiberti en la puerta norte del baptisterio de San Juan Bautista de Florencia. A pesar de las arquitecturas renacentistas que hacen de fondo a la composición, el cuatrifolio que la enmarca acusa reminiscencias góticas.

## CICLO DE LA VIDA PÚBLICA DE JESÚS

Los principales episodios de la vida pública de Jesús de Nazaret son el bautismo en el río Jordán, las tentaciones en el desierto, los milagros y las parábolas, episodios que tuvieron lugar antes de la entrada de Jesús en Jerusalén, con la cual se inicia la semana de Pasión.

### BAUTISMO DE JESÚS

Este episodio consta en los cuatro evangelios canónicos:

> Y Jesús, después que fue bautizado, subió luego del agua, y he aquí los cielos le fueron abiertos, y vio al Espíritu de Dios que descendía como paloma, y venía sobre él. Y hubo una voz de los cielos, que decía: «Este es mi Hijo amado, en quien tengo complacencia».
>
> Mt 3:16-17

> Aconteció en aquellos días, que Jesús vino de Nazaret de Galilea, y fue bautizado por Juan en el Jordán. Y luego, cuando subía del agua, vio abrirse los cielos, y al Espíritu como paloma que descendía sobre él. Y vino una voz de los cielos que decía: «Tú eres mi Hijo amado; en ti tengo complacencia».
>
> Mc 1:9-11

> Se estaba bautizando todo el pueblo. Y cuando Jesús fue bautizado, mientras estaba en oración, se abrió el cielo y bajó el Espíritu Santo sobre él en forma corporal, como una paloma. Y se oyó una voz que venía del cielo: «Tú eres mi Hijo, el Amado, en ti me he complacido».
>
> Lc 3:21-22

> Vi al Espíritu que descendía del cielo como paloma, y permaneció sobre él. Y yo no le conocía; pero el que me envió a bautizar con agua, aquel me dijo: «Sobre quien veas descender el Espíritu y que permanece sobre él, ese es el que bautiza con el Espíritu Santo».
>
> Jn 1:32-33

Con la presencia del Padre, el Hijo y el Espíritu Santo, el Bautismo de Cristo constituye, por tanto, una de las teofanías o manifestaciones de la divinidad de Dios ante los hombres, así como la primera declaración pública de Jesús como Mesías.

En la iconografía, a veces acompañados de ángeles, lo habitual es san Juan llevando a cabo el bautismo, Jesús cubriéndole el río hasta las rodillas o la cintura (a veces, ambos entre las aguas del Jordán) y el Espíritu Santo en forma de paloma posándose sobre el Mesías, mientras se escucha la voz del Padre que surge del cielo abierto entre nubes.

El agua como elemento purificador está prefigurada en los siguientes episodios:

- El agua del diluvio, que purifica el mundo corrompido, pues «El bautismo que corresponde a esto [el diluvio] ahora nos salva (no quitando las inmundicias de la carne, sino como la aspiración de una buena conciencia hacia Dios) por la resurrección de Jesucristo» (1 Ped 3:21).
- Las aguas del mar Rojo, que permiten que el pueblo hebreo se libere de la esclavitud en Egipto (Éx 14).

- El agua que manó de la roca de Horeb (Éx 17:1-7; Num 20:2-11).
- El río Jordán, en el que por indicación del profeta Eliseo se sumerge siete veces el general sirio Namán y cura su lepra (2 Re 5).

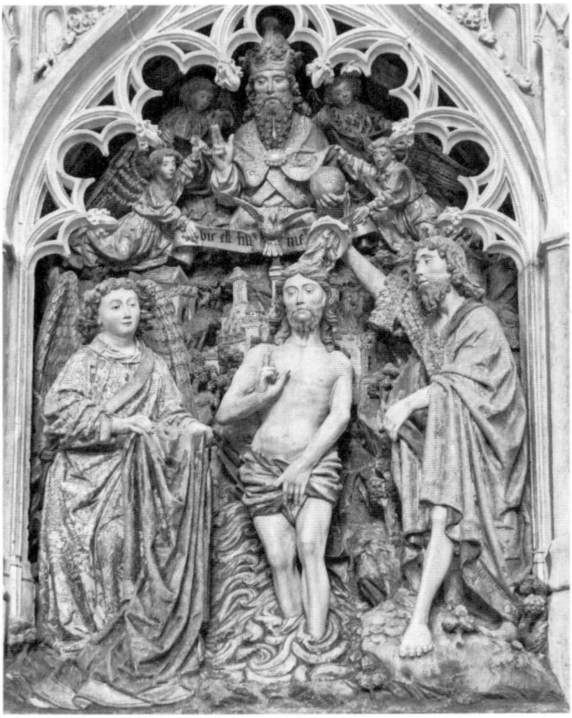

*Bautismo de Cristo* (s. XV), en el trascoro de la catedral de Amiens.

Aunque el Bautismo de Cristo ha sido tratado con mayor frecuencia en la pintura, existe también algún ejemplo en relieve, destacando el tímpano de la portada del claustro de la catedral de Burgos, con la paloma especialmente resaltada.

## LAS TENTACIONES DE JESÚS

Este episodio, por haberse producido en ausencia de testigos, no se ciñe exactamente a la vida pública de Jesús, puesto que las tentaciones tuvieron lugar en el desierto, a donde el Hijo del Hombre había sido llevado por el Espíritu de Dios para vencer al diablo (Mt 4:1-11; Mc 1:12-13; Lc 4:1-13).
Prefiguraciones:

- Eva tienta a Adán (Gn 3:1-6).

- El pueblo de Israel acuciado por las dudas durante su travesía en el desierto (Éx 16:2).
- Eliseo rechaza los presentes que en agradecimiento le ofrece Namán (2 Rey 5:15-16).
- Daniel mata a la gran serpiente que adoraban los babilonios (Dn 14:23-27).

## LOS MILAGROS DE JESÚS

Los milagros de Jesús fueron anunciados por palabras proféticas: «Dios mismo vendrá, y os salvará. Entonces los ojos de los ciegos serán abiertos, y los oídos de los sordos se abrirán. Entonces el cojo saltará como un ciervo, y cantará la lengua del mudo» (Is 35:4-6). Los más representados en la iconografía gótica fueron los siguientes.

### La conversión del agua en vino

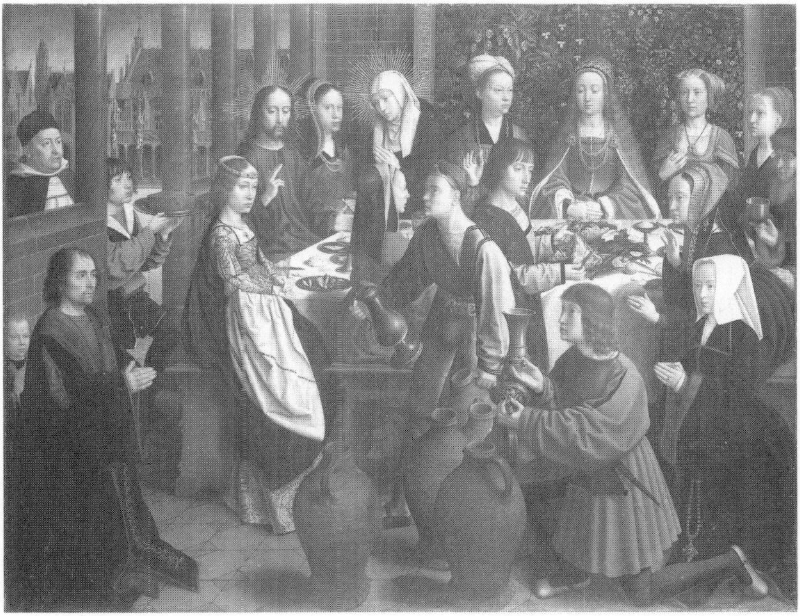

*Las bodas de Caná* (h. 1500), por Gerard David. Museo del Louvre. París. El paisaje urbano que se vislumbra a la izquierda tras las columnas, siguiendo la tradición flamenca, muestra arquitecturas góticas.

Este primer milagro de Jesucristo en las bodas de Caná (Jn 2:1-11), al igual que la multiplicación de los panes y los peces, constituye un claro antecedente de la transustanciación de las especies (el pan y el vino) en el milagro eucarístico, que tendrá lugar en la Última Cena.

Prefiguraciones:
—Moisés convierte el agua del Nilo en sangre (Éx 7:14-24).
—Moisés golpea una roca y hace que mane el agua de su interior (Éx 17:1-6).

### La multiplicación de los panes y los peces

Este episodio, recogido por los cuatro evangelistas (Mt 14:13-21; Mc 6:32-44; Lc 9:10-17; Jn 6:1-15), tuvo lugar a orillas del lago de Genesaret, también llamado de Tiberíades o mar de Galilea. Jesús multiplica cinco panes y dos peces para dar de comer a más de cinco mil personas, según san Mateo, que indica con detalle esta cifra:

> Entonces mandó a la gente recostarse sobre la hierba, y tomando los cinco panes y los dos peces, y levantando los ojos al cielo, bendijo, y partió y dio los panes a los discípulos, y los discípulos a la multitud. Y comieron todos, y se saciaron, y recogieron lo que sobró de los pedazos, doce cestas llenas. Y los que comieron fueron como cinco mil hombres, sin contar las mujeres y los niños.
>
> Mt 14:19-21

Prefiguraciones:

- La bandada de codornices y la recogida del maná en el desierto (Éx 16:13-31).
- Elías alimentado por el cuervo (1 Re 17:6) y reponiendo la harina y el aceite de una viuda que vivía en Sarepta (1 Re 17:8-15).

### La curación del ciego

Jesús devuelve la vista a los ciegos en Betsaida (Mc 8:22-26), camino de Jericó (Mc 10:46-52; Mt 20:30-34), en el estanque de Siloé (Jn 9:1-12), después de haber salido de la casa de Jairo (Mt 9:27).

Prefiguración:

- Tobías cura la ceguera de su padre (Tob 11:13).

### La curación del sordomudo

Cerca del mar de Galilea, Jesús cura a un sordomudo metiendo los dedos en sus orejas y tocándole la lengua con su saliva:

> Volviendo a salir de la región de Tiro, vino por Sidón al mar de Galilea, pasando por la región de Decápolis. Y le trajeron un sordo y tartamudo, y le rogaron que le pusiera la mano encima. Y tomándole aparte de la gente, metió los dedos en las orejas de él, y escupiendo, tocó su lengua; y levantando los ojos al cielo, gimió, y le dijo: «Efata», es decir: Sé abierto. Al momento fueron abiertos sus oídos, y se desató la ligadura de su lengua, y hablaba bien.
>
> Mt 7:31-35

Prefiguración:

- Un serafín purifica los labios del profeta Isaías tocándolos con carbón encendido (Is 6:6-7).

### La resurrección de Lázaro

Jesús resucita a Lázaro, hermano de Marta y María, después de llevar cuatro días muerto y sepultado: «¡Lázaro, sal fuera! El muerto salió, con vendas en las manos y en los pies, y el rostro cubierto con un sudario» (Jn 11:43-44).

Prefiguraciones:

- Elías resucita al hijo de la viuda de Sarepta (1 Re 17:21-22).
- Eliseo resucita al hijo de la sunamita (2 Re 4:32-35).

## LAS PARÁBOLAS DE JESÚS

Las parábolas son narraciones breves con sentido educativo, moralizante y religioso para mostrar a las gentes de aquel tiempo el acceso al Reino de los Cielos, en consonancia con las palabras del evangelista:

> Por eso les habló en parábolas: porque viendo no ven, y oyendo no oyen ni entienden. Y se cumple en ellos la profecía de Isaías: «Engruesa el corazón de este pueblo, y agrava sus oídos, y ciega sus ojos, para que no vea con sus ojos, ni oiga con sus oídos, ni su corazón entienda, ni se convierta, y haya para él sanidad» (Is 6:10). De oído oiréis, y no entenderéis, y viendo veréis, y no percibiréis, porque el corazón de este pueblo se ha engrosado, y con los oídos oyen pesadamente, y han cerrado sus ojos, para que no vean con los ojos, y oigan con los oídos, y con el corazón entiendan, y se conviertan, y yo los sane.
>
> Mt 13:13-14

Entre las parábolas más frecuentes en la iconografía gótica destaca la de las «vírgenes prudentes y las vírgenes necias», si bien algunos comentaristas la ponen no en boca de Jesús, sino de la Iglesia primitiva, aunque lo cierto es que está recogida con todo detalle en Mt 25:1-13.

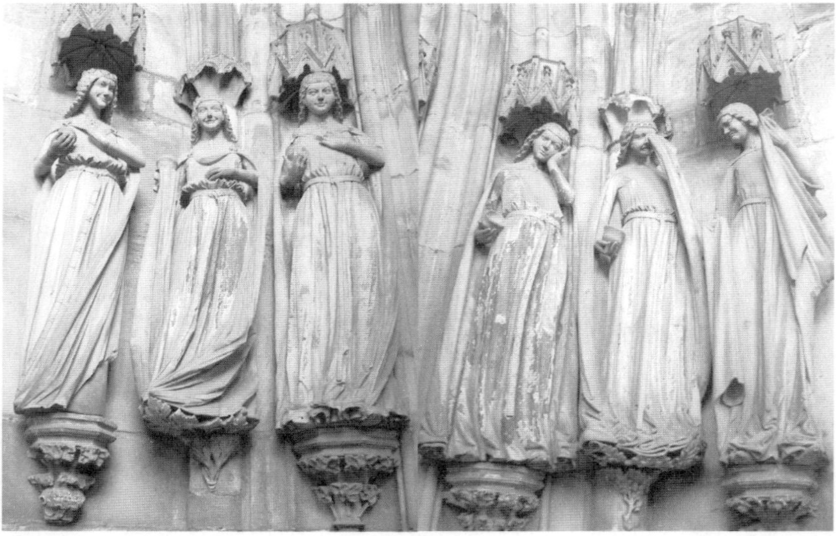

Vírgenes prudentes y vírgenes necias en las jambas del pórtico del Paraíso (h. 1245) de la catedral de Magdeburgo. Actitudes claramente realistas, de acuerdo a la tradición germánica.

Jesucristo compara a sus discípulos el Reino de los Cielos con diez mujeres vírgenes que iban a contraer matrimonio y, como era costumbre, la noche anterior al enlace acudieron provistas de lámparas al encuentro con el esposo, en cortejo desde la casa de sus padres a la del contrayente. Cinco de ellas, las prudentes, llevaron aceite suficiente para mantenerlas encendidas; las otras cinco, las necias, no cuidaron de proveerse y, como el esposo se retrasó, no pudiendo mantener sus lámparas encendidas, tuvieron que ir a comprar aceite ante la negativa de las otras cinco a ceder parte del suyo por miedo a quedarse sin combustible para sus lámparas. Cuando volvieron las necias, como era tarde, pues el esposo ya se había presentado, se quedaron fuera de la ceremonia. Por tanto, «Velad, porque no sabéis el día ni la hora en que el Hijo del Hombre ha de venir» (Mt 25:13).

La vinculación de esta parábola con el Juicio Final es evidente, así como con la Virgen María por su encarnación de la prudencia. Por ello, la escena suele aparecer asociada a ambos temas en las portadas de las catedrales, tanto en las esculturas de las jambas (catedrales de Magdeburgo, h. 1250, y Estrasburgo, 1280-1300) como en las figuras de las arquivoltas (portada de San Francisco de la catedral de León, h. 1250).

## LA TRANSFIGURACIÓN DEL SEÑOR

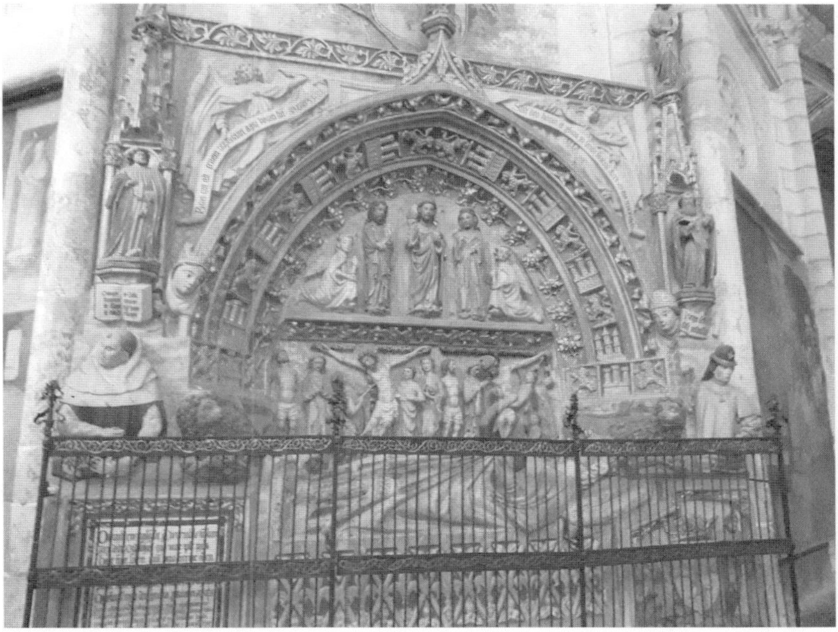

*La Transfiguración* (s. XIII), en el friso superior del lucillo que cobija el sepulcro de Ordoño II, en el trasaltar de la catedral de León. Debajo, la *Lanzada del Calvario* y el *Descendimiento.* Decoran el intradós del arco conopial los símbolos heráldicos de León y Castilla.

La Transfiguración de Jesucristo en el monte Tabor, en presencia de Elías y Moisés, ante los ojos de san Pedro, san Juan Evangelista y Santiago, narrada de una forma coincidente por los tres evangelios sinópticos (Mt 17:1-3; Mc 9:2-4; Lc 9:28-30), constituye con el Bautismo y la Ascensión una de las teofanías del Nuevo Testamento, a pesar de que la figura divina no aparece sola, pero sí aislada en su mandorla o bien resplandeciente coronada con el nimbo crucífero y bendiciendo.

Prefiguración:

- El rostro radiante de Moisés cuando desciende del monte Sinaí después de haber hablado con Yavé (Ex 34:29).

## CICLO DE LA PASIÓN

El ciclo de la Pasión (del latín *passio,* y este del griego *pathos*: «sufrimiento») comprende desde la entrada de Jesús en Jerusalén hasta el Santo Entierro y el Descenso a los infiernos. Su importancia es capital dentro del cristianismo, ya que contiene dos de los principios fundamentales de esta religión: la institución de la Eucaristía y la redención del género humano a través de la muerte de Jesucristo.

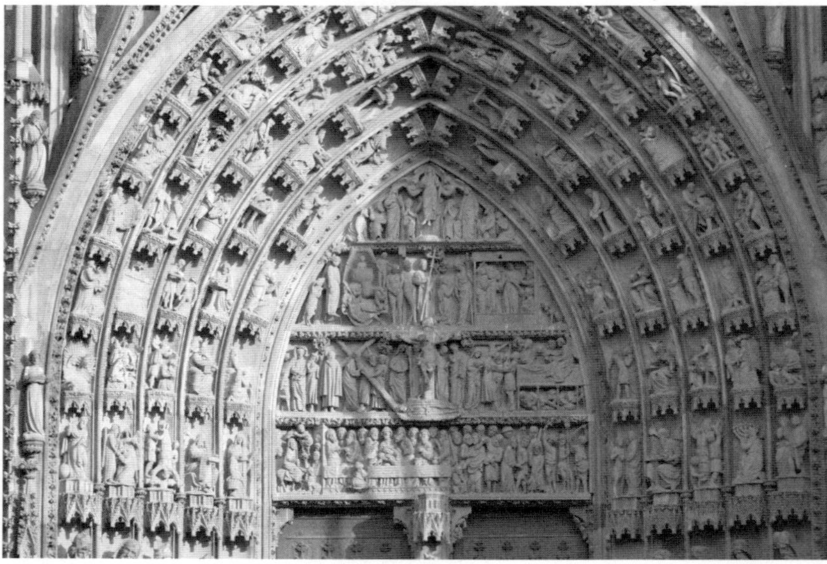

Tímpano de la portada principal de la catedral de Estrasburgo (finales del siglo XIII), dedicado a la Pasión, Resurrección y Ascensión de Cristo.

Una de las representaciones artísticas más completas del ciclo, que culmina con la Ascensión a los cielos, se encuentra en los cuatro registros del tímpano de la portada principal de la catedral de Estrasburgo (finales del siglo XIII).

En una Jerusalén a vista de pájaro, mediante círculos sucesivos, el pintor flamenco Hans Memling compuso en su obra *Escenas de la Pasión de Cristo* (1471), todo el repertorio de episodios que concluyen en la Crucifixión y el Descendimiento.

### ENTRADA DE JESÚS EN JERUSALÉN

Este pasaje evangélico está narrado por los cuatro evangelios canónicos (Mt 21:1-3, 6-11; Mc 11:1-11; Lc 19:28-40; Jn 12:12-19) y anticipado por palabras proféticas: «Alégrate mucho, hija de Sión; da voces de júbilo, hija de Jerusalén; he aquí tu rey vendrá a ti, justo y salvador, humilde, y cabalgando sobre un asno, sobre un pollino hijo de asna» (Zac 9:9).

En la representación artística, conforme a los textos evangélicos, Jesús aparece montado «a mujeriegas» en la borrica, bendiciendo con su mano derecha a la multitud que lo aclama con palmas y ramas de olivo, de ahí la denominación de Domingo de Ramos.

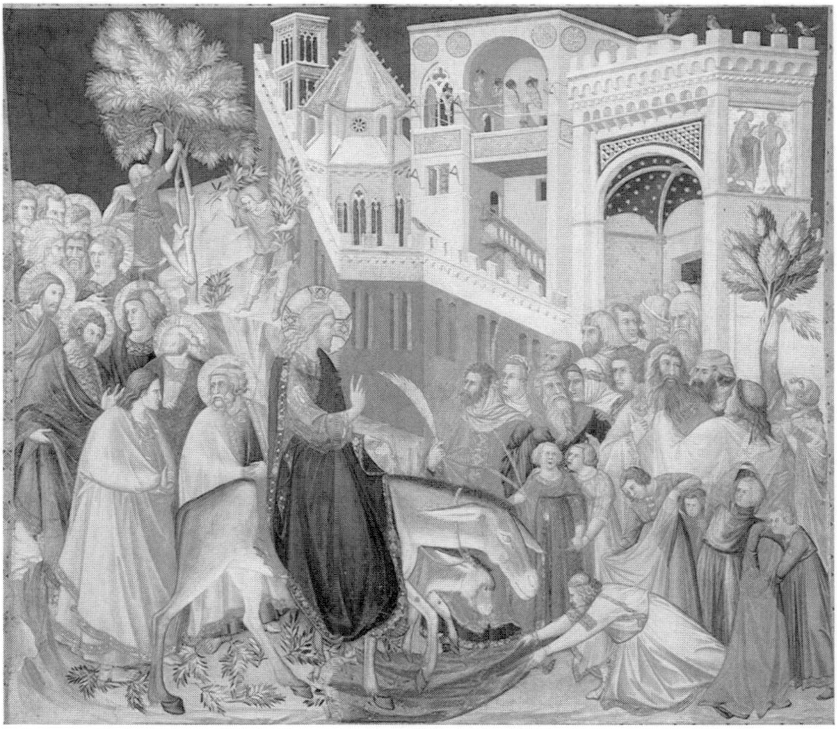

*Entrada de Jesús en Jerusalén,* (1320-1330), pintada al fresco por Pietro Lorenzetti en la basílica de San Francisco de Asís.

Prefiguraciones:

- José subido al carro del faraón mientras el pueblo egipcio se inclina a su paso (Gn 41:43).
- David siendo recibido triunfalmente por las mujeres de Jerusalén después de su victoria sobre Goliat (1 Sam 18:6-7).
- Eliseo recibido a las puertas de Jericó por los profetas postrados ante él (2 Re 2:15).

## LA EXPULSIÓN DE LOS MERCADERES DEL TEMPLO

Jesús expulsa a los mercaderes del templo de Jerusalén, episodio narrado de forma coincidente por los cuatro evangelios canónicos (Mt 21:12-13; Mc 11:15-19; Lc 19:45-48; Jn 2:13-22):

> Y entró Jesús en el templo de Dios, y echó fuera a todos los que vendían y compraban en el templo, y volcó las mesas de los cambistas, y las sillas de los que vendían palomas, y les dijo: «Escrito está: "Mi casa, casa de oración será llamada; mas vosotros la habéis hecho cueva de ladrones"».
>
> Mt 21:12-13

Prefiguraciones:

- Dios expulsa a Adán y Eva del Paraíso (Gn 3:23).
- Moisés rompe con furia las Tablas de la Ley (Éx 32:15-19).
- Judas Macabeo y sus seguidores, después de reconquistar Jerusalén, purifican el templo profanado por Antíoco (2 Mac 10:1-3).

## LA ÚLTIMA CENA

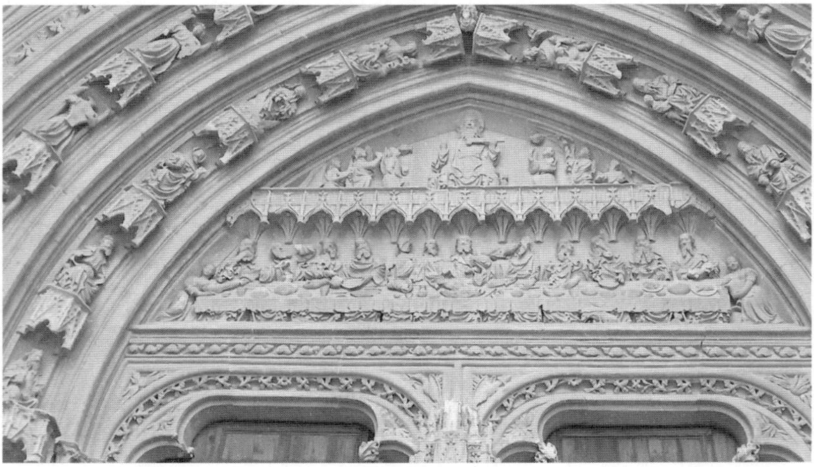

*La Última Cena*, en el tímpano de la puerta de los Apóstoles (concluida por Guillem Sagrera en el s. XIV) de la catedral de Palma de Mallorca.

La iconografía de este episodio es fácil de identificar. Jesucristo ocupa la posición central en la mesa; a su lado, san Juan Evangelista, el único imberbe, recostando su cabeza sobre el pecho del Maestro.

Judas suele aparecer apuñando la bolsa de monedas que cobró por su traición o tomando el bocado que le ofrece Cristo para identificarle como tal:

> De cierto, de cierto os digo, que uno de vosotros me va a entregar. Entonces ([Juan], recostado cerca del pecho de Jesús, le dijo: «Señor, ¿quién es?». Respondió Jesús: «A quien yo diere el pan mojado, aquel es». Y mojando el pan, lo dio a Judas Iscariote hijo de Simón. Y después del bocado, Satanás entró en él. Entonces Jesús le dijo: «Lo que vas a hacer, hazlo más pronto».
>
> Jn 13:21; 25-27

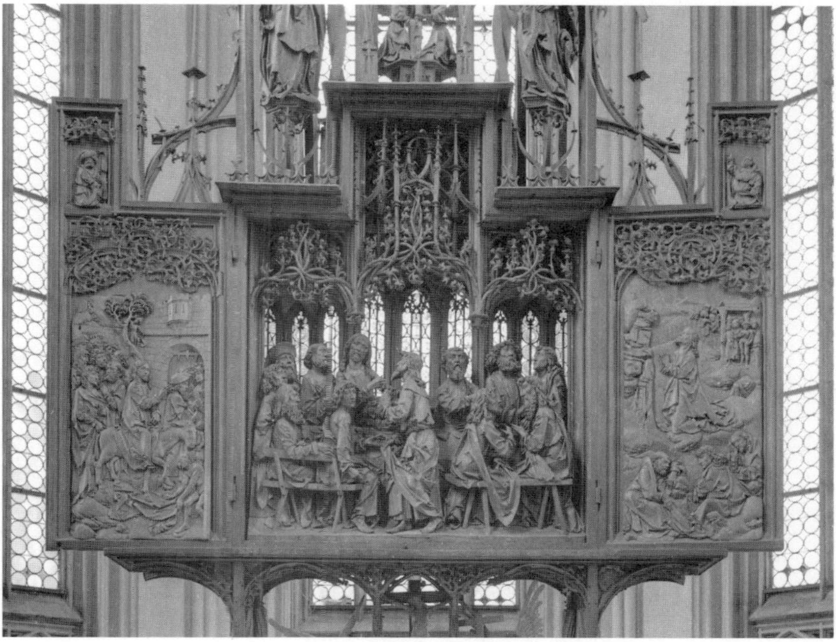

Altar de la Santísima Sangre de la iglesia de San Jacobo de Rotemburgo (Baviera), obra de Tilman Riemenschneider, labrada hacia 1500 en madera vista de tilo, con un acusado expresionismo, propio de la última fase del gótico.

Prefiguraciones:

- Melquisedec bendice a Abraham con pan y vino (Gn 14:18-20).
- La cena del cordero pascual inmediatamente antes de la partida del pueblo hebreo de Egipto (Éx 12:1-20).
- El maná caído en el desierto para alimentar al pueblo de Israel durante su travesía por el desierto del Sinaí (Éx 16:15).

## EL LAVATORIO DE LOS PIES

Después de la cena, Jesucristo lava los pies a los apóstoles:

> Se levantó de la cena, y se quitó su manto, y tomando una toalla, se la ciñó. Luego puso agua en un lebrillo, y comenzó a lavar los pies de los discípulos, y a enjugarlos con la toalla con que estaba ceñido. Entonces vino a Simón Pedro, y Pedro le dijo: «Señor, ¿tú me lavas los pies?». Respondió Jesús y le dijo: «Lo que yo hago, tú no lo comprendes ahora; mas lo entenderás después». Pedro le dijo: «No me lavarás los pies jamás». Jesús le respondió: «Si no te lavare, no tendrás parte conmigo». Le dijo Simón Pedro: «Señor, no solo mis pies, sino también las manos y la cabeza». Jesús le dijo: «El que está lavado, no necesita sino lavarse los pies, pues está todo limpio, y vosotros limpios estáis, aunque no todos». Porque sabía quién le iba a entregar; por eso dijo: «No estáis limpios todos».
>
> Jn 13: 4-11

Prefiguración:

- Abraham lava los pies a los tres ángeles que se le aparecieron en el encinar de Mamre (Gn 18:4).

## LA ORACIÓN EN EL HUERTO

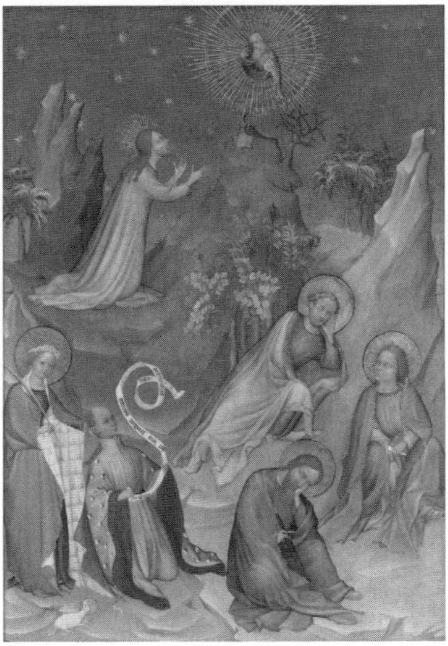

*La Oración en el huerto con el donante Luis I de Orleans* (h. 1405), en el Museo del Prado (Madrid), obra característica del gótico internacional atribuida al francés Colart de Laon.

Después de la Última Cena, Jesús entra en el huerto de Getsemaní, al pie del monte de los Olivos. Pide a Pedro, Juan y Santiago que le acompañen —pero no serán capaces de mantenerse despiertos—. Los otros apóstoles aguardan a la entrada mientras Jesús, sudando gotas de sangre, reza y suplica al Padre: «Aparta de mí este cáliz, mas no se haga mi voluntad sino la tuya» (Mt 26:39; Lc 22:42; Mc 14:33-36).

Prefiguraciones:

- La angustia de Elías en el desierto cuando teme morir y un ángel viene a confortarle (1 Re 19:3-7).
- La oración de Ezequías, rey de Judá, para no morir cuando el profeta Isaías le anuncia el fin de sus días (Is 38:2-3).
- La casta Susana reza a Dios suplicando que no sea lapidada (Dn 13:42-43).

## EL BESO DE JUDAS Y EL PRENDIMIENTO

Judas Iscariote pacta la entrega del Maestro a los sumos sacerdotes judíos a cambio de treinta monedas de plata:

> Entonces uno de los doce, que se llamaba Judas Iscariote, fue a los principales sacerdotes y les dijo: «¿Qué me queréis dar, y yo os lo entregaré?» Y ellos le asignaron treinta piezas de plata (...). Y desde entonces buscaba oportunidad para entregarle. Y el que le entregaba les había dado señal, diciendo: «Al que yo besare, ese es; prendedle». Y en seguida se acercó a Jesús y dijo: «¡Salve, Maestro!». Y le besó.
>
> Mt 26:14-16; 48-50

Estando Jesús en el Huerto de los Olivos, los soldados, guiados por el apóstol traidor, llegan para prenderle: «Y Jesús le dijo: Amigo, ¿a qué vienes? Entonces se acercaron y echaron mano a Jesús, y le prendieron» (Mt 26:50).

A diferencia de los sinópticos, Juan hace otro relato:

> Judas, pues, tomando una compañía de soldados, y alguaciles de los principales sacerdotes y de los fariseos, fue allí con linternas y antorchas, y con armas. Pero Jesús, sabiendo todas las cosas que le habían de sobrevenir, se adelantó y les dijo: «¿A quién buscáis?» Le respondieron: «A Jesús nazareno». Jesús les dijo: «Yo soy». Y

estaba también con ellos Judas, el que le entregaba. Cuando les dijo: «Yo soy, retrocedieron, y cayeron a tierra».

Jn 18:3-6

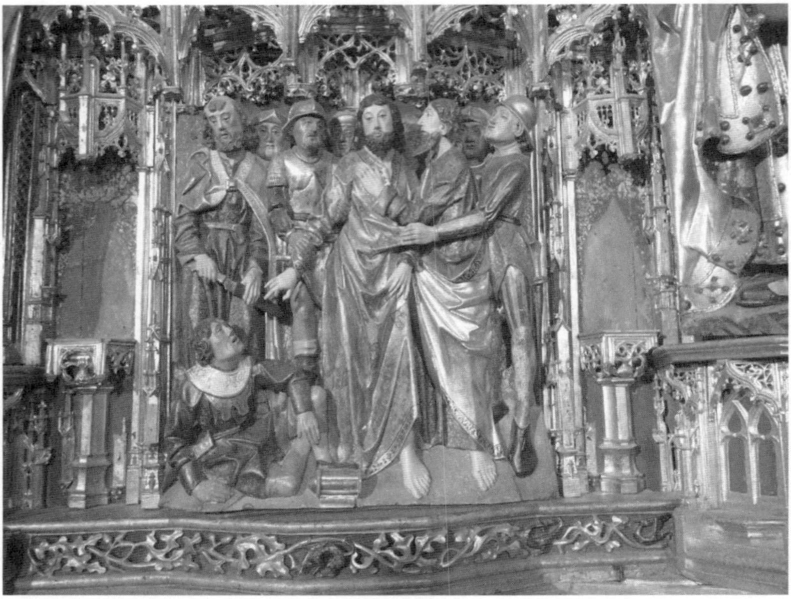

*Prendimiento de Cristo.* Retablo mayor de la cartuja de Miraflores (Burgos), tallado en madera policromada por Gil de Siloé en el siglo XV.

Prefiguraciones:

- José vendido por sus hermanos a los mercaderes ismaelitas por veinte monedas de plata (Gn 37:28).
- Dalila revela a los filisteos el secreto de la fuerza de Sansón a cambio de mil cien monedas de plata (Jue 16:5).
- El pastor de los pobres del rebaño (los moradores de la Tierra) pide por salario treinta monedas de plata (Zac 11:12

## REMORDIMIENTOS Y MUERTE DE JUDAS

Después de entregar a Cristo, los remordimientos hacen presa en el apóstol traidor y, tras devolver el precio de su traición, él mismo acaba con su vida ahorcándose, según san Mateo:

> Entonces Judas, el que le había entregado, viendo que era condenado, devolvió arrepentido las treinta piezas de plata a los principales sacerdotes y a los ancianos, diciendo: «Yo he pecado

entregando sangre inocente». Mas ellos dijeron: «¿Qué nos importa a nosotros? ¡Allá tú!». Y arrojando las piezas de plata en el templo, salió, y fue y se ahorcó.

Mt 27:3-5

Aunque esa es la versión más extendida, según otro relato, con dicho importe adquiere un terreno, cae de cabeza al suelo y se derraman sus entrañas: «Este [Judas], pues, con el salario de su iniquidad adquirió un campo, y cayendo de cabeza, se reventó por la mitad, y todas sus entrañas se derramaron» (Hch 1:18).

## EL ESCARNIO

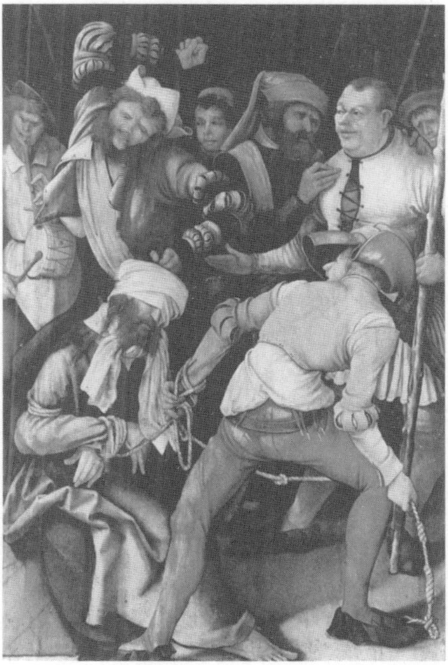

*El Escarnio de Cristo* (c. 1505), por el pintor alemán Matías Grünewald. Pinacoteca Antigua de Múnich.

El Escarnio de Cristo comprende las vejaciones sufridas por el Nazareno durante su estancia en el pretorio romano, a donde había sido llevado por los judíos tras comparecer ante el sanedrín para ser interrogado, es decir, las injurias y atropellos con las que fue atormentado una vez pronunciada su sentencia de muerte por el gobernador Poncio Pilato: coronación de espinas, burlas, golpes, flagelación o azotes atado a la columna:

Entonces los soldados del gobernador llevaron a Jesús al pretorio, y reunieron alrededor de su cabeza una corona tejida de espinas, y una caña en su mano derecha, e hincando la rodilla delante de él, le escarnecían, diciendo: «¡Salve, Rey de los judíos!». Y escupiéndole, tomaban la caña y le golpeaban en la cabeza. Después de haberle escarnecido, le quitaron el manto, le pusieron sus vestidos, y le llevaron para crucificarle.

Mt 27:27-31; Mc 15:16-20

Prefiguraciones:

- Noé visto desnudo por su hijo Cam (Gn 9:22).
- Sansón, cegado por los filisteos, sufre el escarnio de los tres mil que se habían congregado en el templo para burlarse de él (Ju 16:21-27).
- Job zaherido por su mujer (Job 2:9).

## LA FLAGELACIÓN O CRISTO ATADO A LA COLUMNA

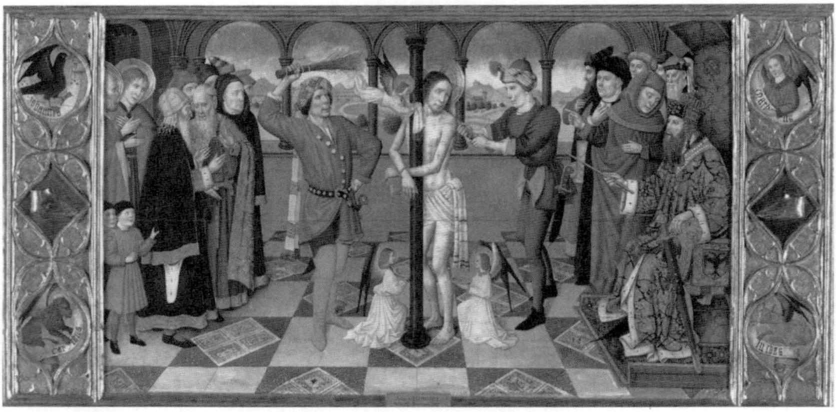

*La Flagelación de Jesús*, por Jaume Huguet (c. 1450). Pintura al óleo sobre tabla. Museo del Louvre. París.

Poncio Pilato se lava las manos y ordena azotar a Jesús antes de entregárselo a los judíos para que le crucifiquen: «Entonces, les soltó a Barrabás; y a Jesús, después de azotarle, se lo entregó para que fuera crucificado» (Mt 27:26). «Y Pilato, queriendo satisfacer al pueblo, les soltó a Barrabás, y entregó a Jesús, después de azotarle, para que fuese crucificado» (Mc 15:15). «Tomó entonces Pilato a Jesús y mandó azotarle» (Jn 19:1).

La *flagelatio* designaba el número de azotes, treinta y nueve, un suplicio pensado para acelerar el desgaste físico y provocar el debilitamiento y la pronta muerte del reo.

Prefiguraciones:

- El profeta Jeremías azotado y expuesto en un cepo ante el templo (Jr 20:2).
- Sansón encadenado por los filisteos (Ju 16:21).

## CAMINO DEL CALVARIO O CRISTO CON LA CRUZ

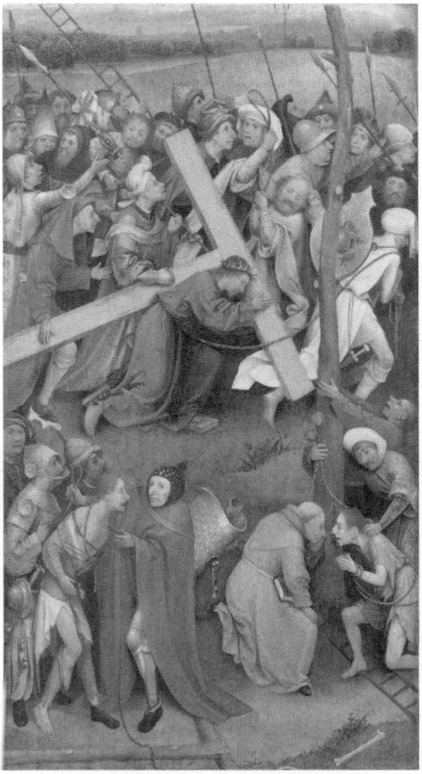

*Cristo con la cruz a cuestas* (c. 1500), por el Bosco.
Óleo sobre tabla. Museo de Historia del Arte. Viena.

El episodio de Cristo con la cruz a cuestas camino del monte Calvario (monte de la Calavera, Gólgota en hebreo) está recogido en los cuatro evangelios canónicos, aunque los tres sinópticos relatan que carga con el madero Simón de Cirene: «Y ellos, al llevarle, tomaron a un tal Simón de Cirene, que venía del campo, y le pusieron encima la cruz para que la llevase tras Jesús» (Mt 27:32; Mc 15:21; Lc 23:26-28).

Juan afirma, no obstante, que es el propio Jesús quien lleva la cruz a cuestas: «Y él, cargando su cruz, salió al lugar llamado de la Calavera, y en hebreo, Gólgota» (Jn 19:17).

Prefiguración:

- Isaac llevando la leña al hombro para su propio sacrificio (Gn 22:6).

## EL EXPOLIO

Antes de crucificarle, los soldados romanos despojan a Cristo de sus vestiduras para repartírselas a modo de botín. Con el fin de no trocear su túnica inconsútil (sin costuras, que según tradición se la había tejido la Virgen María e iba aumentando de tamaño a medida que él iba creciendo), deciden sortearla entre ellos, cumpliéndose así la profecía: «Repartieron entre sí mis vestiduras y sobre mi ropa echaron suertes» (Sal 22:18).

Prefiguración:

- Los hermanos de José le despojan de su túnica antes de arrojarlo a un pozo vacío (Gn 37:23-24).

## LA CRUCIFIXIÓN

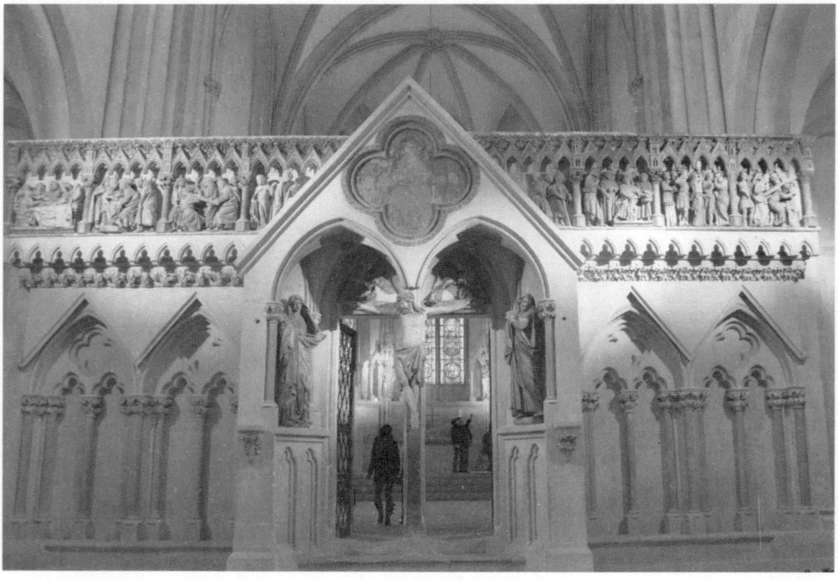

Cristo en la cruz flanqueado por la Virgen y san Juan (mediados del s. XIII); sobre la puerta del presbiterio de la catedral de Naumburgo.

Frente al Cristo románico de cuatro clavos (uno en cada mano y otro en cada pie), en el arte gótico es característico representar al crucificado de Jesús con tres clavos, disponiendo ambos pies superpuestos y, por tanto, las piernas cruzadas, postura que se mantendrá de manera habitual en siglos posteriores.

Respecto a las distintas tipologías que se van sucediendo desde finales del siglo XII y principios del XIII hasta finales del XV —la doctora Ara Gil establece nueve modelos—, una de las más frecuentes es el Cristo solemne, cayéndole el cabello por los hombros, desde una *crux commissa* (en forma de *tau* griega), también llamada de san Antonio Abad (emblema de los Hermanos Hospitalarios), dando la impresión de que reina sobre todo el mundo.

Desde el siglo XIV se fue imponiendo un modelo de Cristo dramático, desplomado, coronado de espinas, sangrante, que recibe el nombre de «crucifijo gótico doloroso» o «crucifijo de la peste» por la contemporaneidad con la gran epidemia de peste negra que se desató a mediados de siglo; en ocasiones, acentúa su imagen pasional con la adición de elementos artificiales como tela encolada u otros de tipo natural como cabello humano (Santo Cristo de Burgos). El cuerpo pierde la impasible verticalidad y se arquea hacia un lado, expresando dolor, los brazos no siguen la dirección del madero y el pelo y la barba caen en largos y descuidados mechones; un Cristo que inspira compasión, en consonancia con la visión de santa Brígida de Suecia, en la que Jesús se queja a la niña de diez años, fuertemente impresionada por un sermón sobre la Pasión, del estado deplorable en el que le han dejado «los que me desprecian y se burlan de mi amor». A partir del siglo XV, no obstante, el crucificado vuelve a recobrar la verticalidad. Ejemplos en España, con antecedentes en el Santo Cristo de Colonia y en el cincel de Giovanni Pisano, se encuentran, entre otros, en el monasterio de las Huelgas Reales de Valladolid o en la iglesia de Santa María de Carrión de los Condes (Palencia).

En la base de la cruz suele aparecer una calavera en referencia a Adán, enterrado en el monte Calvario según la tradición judía, simbolizando que la muerte de Cristo supuso la redención del género humano.

Como se acercaba la víspera de la *Parasceve* (que comenzaba la media tarde del viernes), en la que estaba prohibida toda actividad física y, sin haber expirado no era posible descender los reos de la cruz para evitar que quedaran expuestos los cuerpos durante la pascua judía, los soldados romanos, con el fin de acelerar su agonía por asfixia, sometían a los crucificados al *crurifragium*, es decir, les rompían las rodillas con una barra de hierro para que no pudieran impulsar el tórax y tomar aire apoyando los pies en el sedile o subpedáneo (un saliente en el *stipes*). Sin embargo, «cuando llegaron a Jesús, como le vieron ya muerto, no le quebraron las piernas» (Jn 19:33). Un legionario (el centurión Longinos en el *Evangelio apócrifo de Nicodemo* o *Hechos de Pilato*) clavó su lanza en el costado de Cristo «y salió sangre y agua» (Jn 19:34; *Acta Pilati* X, 5). «Porque estas cosas sucedieron para que se cumpliese la Escritura: "No será quebrado hueso suyo". Y también otra Escritura dice: "Mirarán al que traspasaron"» (Jn 19:36-37; Éx 12:46; Zac 12:10).

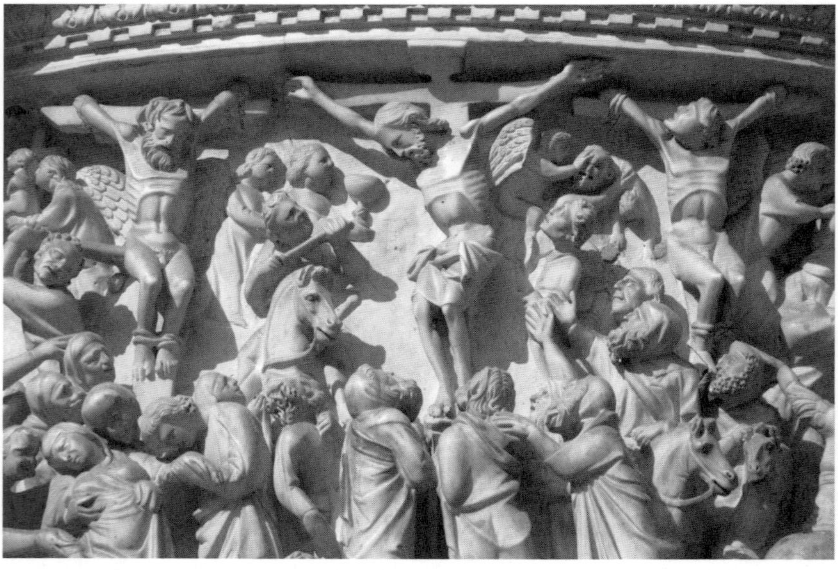

*La Crucifixión*, relieve en mármol por Giovanni Pisano en el púlpito de la catedral de Pisa (1301-1311). Un gran dinamismo preside las revueltas figuras que se agrupan a los pies de la cruz.

Prefiguraciones:

- Las varas de Moisés y Aarón prefiguran el madero de la cruz.
- El agua que mana de la peña de Horeb al golpearla Moisés (Ex 17:1-7).

## EL CALVARIO

La escena del Calvario está formada por Cristo en la cruz flanqueado a derecha e izquierda, respectivamente por la Virgen y san Juan Evangelista: «Cuando vio Jesús a su madre y al discípulo a quien él amaba, que estaba presente, dijo a su madre: "Mujer, he ahí tu hijo". Después dijo al discípulo: "He ahí tu madre". Y desde aquella hora el discípulo la recibió en su casa» (Jn 19:26-27).

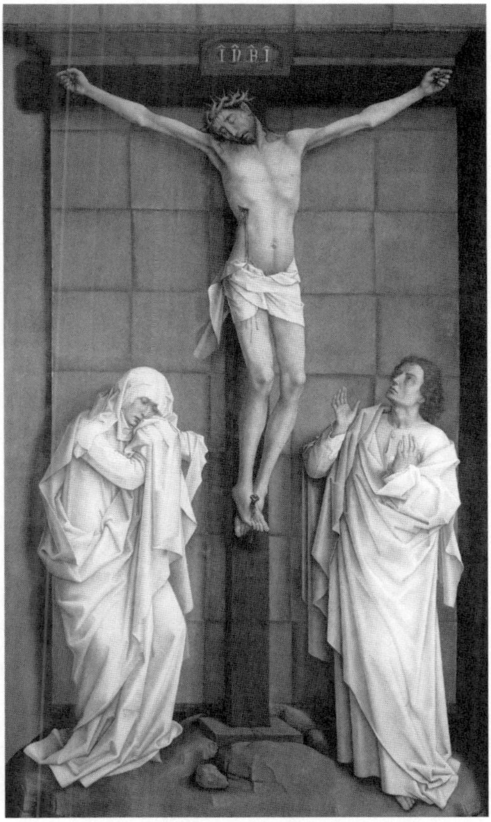


*Cristo en la cruz con María y san Juan Evangelista* (c. 1460), por Rogier van der Wyden. Óleo sobre tabla. Real Monasterio de San Lorenzo de El Escorial.

María puede estar con los brazos cruzados en expresión de dolor. El Discípulo Amado en algunas representaciones sostiene con una mano su evangelio como autor del testamento de Jesucristo y lleva la otra a la mejilla en señal de tristeza; o abre ambas manos mirando al crucificado. A partir del siglo XIV, y especialmente durante el XV, fue frecuente representar a María enjugándose las lágrimas con el manto.

El Calvario se presta a confusión con la *Déesis* bizantina. No obstante, se diferencian en que en esta Cristo aparece en Majestad como Pantocrátor, acompañado de la Virgen María y no de san Juan Evangelista, sino de san Juan Bautista, puesto que *Déesis* significa en griego «plegaria», y el Precursor era, junto con María, el principal intercesor del género humano ante Dios. No obstante, por asimilación, se ha terminado dando el nombre de *Déesis* a cualquiera de los dos modelos iconográficos.

## EL DESENCLAVO Y EL DESCENDIMIENTO DE LA CRUZ

Este episodio inicia un segundo ciclo dentro del de la Pasión, conocido como Ciclo de la Lamentación, que finaliza con el Santo Entierro.

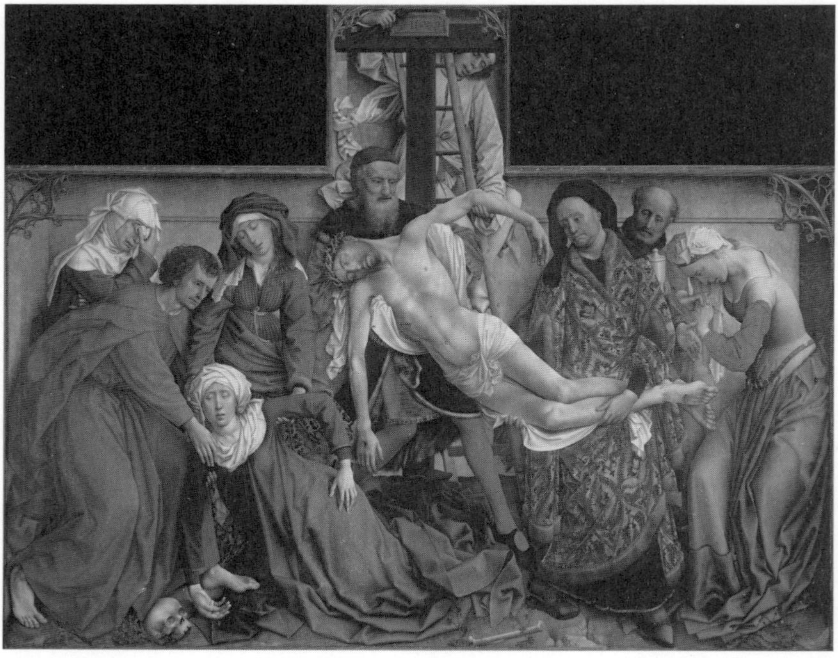

*El Descendimiento de la cruz* (c. 1435), por Rogier van der Weyden. Óleo sobre tabla. Museo del Prado. Madrid.

Apurado por la llegada inminente de la *Parasceve*, José de Arimatea («discípulo de Jesús, pero secretamente por miedo de los judíos» Jn 19:38) solicita a Poncio Pilato la entrega del cadáver, coincidiendo en el relato los cuatro evangelios canónicos: «Cuando llegó la noche, porque era la preparación, es decir, la víspera del día de reposo, José de Arimatea, miembro noble del concilio, que también esperaba el reino de Dios, vino y entró osadamente a Pilato, y pidió el cuerpo de Jesús» (Mc 15:42-43; Mt 27:57-58; Lc 23:50-52; Jn 19:38).

Arimatea, según la tradición oriental, era el pariente masculino más cercano a Jesús, hermano de su abuelo materno Joaquín; por tanto, de acuerdo a la costumbre judía, era el encargado de efectuar el entierro.

En el Descendimiento suele aparecer Cristo con su brazo derecho descolgado, la Virgen tomando y besando la mano desenclavada y Nicodemo (a quien solo se cita en el Evangelio de san Juan durante el Santo Entierro) sosteniendo el cuerpo inerte de Jesús, mientras José de Arimatea le desciende de la cruz o está intentando desenclavar la otra mano. También suele comparecer san Juan Evangelista en actitud compungida. Esta escena, que conserva gran parte de su policromía original, decora el tímpano de la portada de la capilla de Santa Catalina (1316) de la catedral de Burgos.

En *El Descendimiento*, del primitivo flamenco Rogier van der Weyden, la Virgen sufre un desmayo, transida del dolor de ver a su hijo muerto, y el rostro palidece por la falta de riego sanguíneo a causa del síncope.

## LLANTO O LAMENTO SOBRE CRISTO MUERTO

Este episodio, conocido como *Planctus Mariae* y la Quinta Angustia, intercalado entre el Descendimiento y el Santo Entierro, del que deriva la iconografía de la *Piedad* (María con Jesucristo muerto tendido en su regazo), carece de soporte documental, es decir, no figura ni en los evangelios canónicos ni en los apócrifos, sino que fue producto de la piedad popular. Fue representada frecuentemente con el ánimo de hacer partícipes a los fieles del patetismo y la tragedia de la Pasión de Cristo.

Centrando la composición suele aparecer el cadáver de Jesucristo tendido sobre el lienzo de la mortaja, recogido por los brazos de su madre, a quien acompañan san Juan Evangelista, María Magdalena, Nicodemo, Arimatea y las santas mujeres, todos apenados y transidos por el dolor. Para la Virgen, es el cumplimiento de la profecía del anciano Simeón: «Una espada te traspasará el alma» (Lc 2:35), el primero de los Siete Dolores de María Santísima.

Prefiguración:

- Jacob llorando a José cuando sus hijos le traen la túnica de su hermano ensangrentada (Gn 37:31-35).

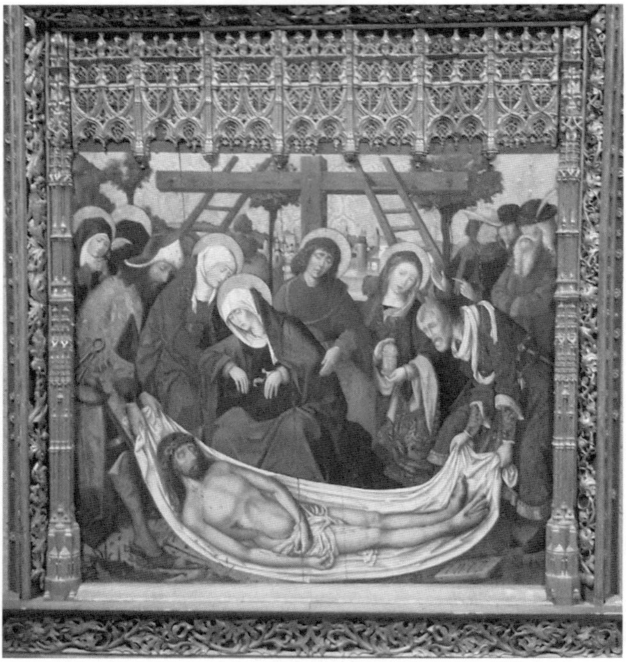

*Llanto sobre Cristo muerto* (s. XV), atribuido al anónimo Maestro del *Llanto*, presenta rasgos flamencos. Museo Catedralicio-Diocesano de León.

## EL SANTO ENTIERRO

Entregado el cuerpo de Jesús por orden del gobernador romano, y concedido el permiso para enterrarlo, Arimatea lo envuelve en el primer lienzo que tuvo a mano (quizá el mantel de la sagrada cena, pues el tiempo apremiaba al echarse encima la hora de la *Parasceve*) y lo deposita en una sepultura de su propiedad que no había sido aún inaugurada, tal como coinciden nuevamente en el relato los cuatro evangelistas: «José tomó el cuerpo, lo envolvió en una sábana limpia y lo puso en un sepulcro nuevo de su propiedad que había cavado en la roca. Luego hizo rodar una piedra grande a la entrada del sepulcro, y se fue» (Mc 15:46; Mt 27:59-60; Lc 23:53; Jn 19:41-42).

En el entierro de Jesús colabora Nicodemo, a quien, como antes decíamos, solo se cita en el Evangelio de san Juan: «También Nicodemo, el que antes había visitado a Jesús de noche, vino trayendo un compuesto de mirra y de áloes, como cien libras» (Jn 19:39).

En la capilla del Santo Sepulcro de la catedral de Tarragona se conserva, labrado en terracota, un grupo del *Santo Entierro* de últimos del siglo XV: Cristo yacente en urna de cristal, contemplado por las tres Marías, san Juan, Nicodemo y Arimatea.

Prefiguraciones:

- José es arrojado a un pozo vacío por sus hermanos (Gn 37:23).
- Jeremías es arrojado a una cisterna llena de fango (Jr 38:6).

## DESCENSO DE CRISTO A LOS INFIERNOS

Este episodio, aunque figura en la oración del credo, no aparece en ninguno de los evangelios canónicos. En cierta manera, se puede inferir de las palabras de san Pedro: «Su alma no fue dejada en el Hades» (Hch 2:31). La fuente principal se encuentra en los once capítulos del *Descensus Christi ad Inferos*, compuesto originariamente en griego en torno al siglo III, traducido al latín y refundido con las *Acta Pilati* entre los siglos V-IX, formando parte del *Evangelio de Nicodemo.*

El Descenso de Cristo a los infiernos está relacionado con la *Anástasis* bizantina, expresión que, aunque literalmente significa en griego «resurrección», se conmemoraba en la Iglesia Oriental el sábado santo. La noche del viernes, Cristo desciende a los infiernos (el Hades en la mitología griega, donde no moran los condenados eternos, que lo hacen en el Tártaro) para rescatar de sus sepulcros a Adán y Eva (simbolizando la redención del género humano) y abrir las puertas del cielo a los justos, cerradas por el pecado original. De esta manera, el Redentor no permaneció ni una noche muerto, puesto que una vez sepultado recobró la vida para dirigirse al limbo, donde le esperaban los muertos en gracia de Dios, antes de resucitar corporalmente al tercer día, como reza el credo: «Descendió a los infiernos; al tercer día resucitó de entre los muertos».

En la iconografía, Cristo puede aparecer frente a las puertas del infierno, figurado en las gigantescas fauces del monstruo Leviatán, en las que se revuelven presos los condenados; o rodeado por la mandorla mística, portando consigo la cruz, símbolo de redención y triunfo sobre la muerte. En la pintura y el mosaico bizantinos, particularmente durante la segunda (ss. IX-XII) y la tercera Edad de Oro (ss. XIV-XV), formaba parte del ciclo de las Doce Fiestas del año litúrgico. Es frecuente ver al Redentor pisoteando y encadenando a Satán tras derribar las puertas del Averno. En Occidente fue un tema especialmente tratado, además del relieve, por la vidriera, la miniatura y las artes suntuarias y decorativas en general.

Prefiguraciones:

- Sansón despedazando a un león (Jue 14:6).
- David matando a Goliath (1 Sam 17:49-51).
- El pueblo hebreo liberado por Moisés de la esclavitud en Egipto (Éx 12:31-39).

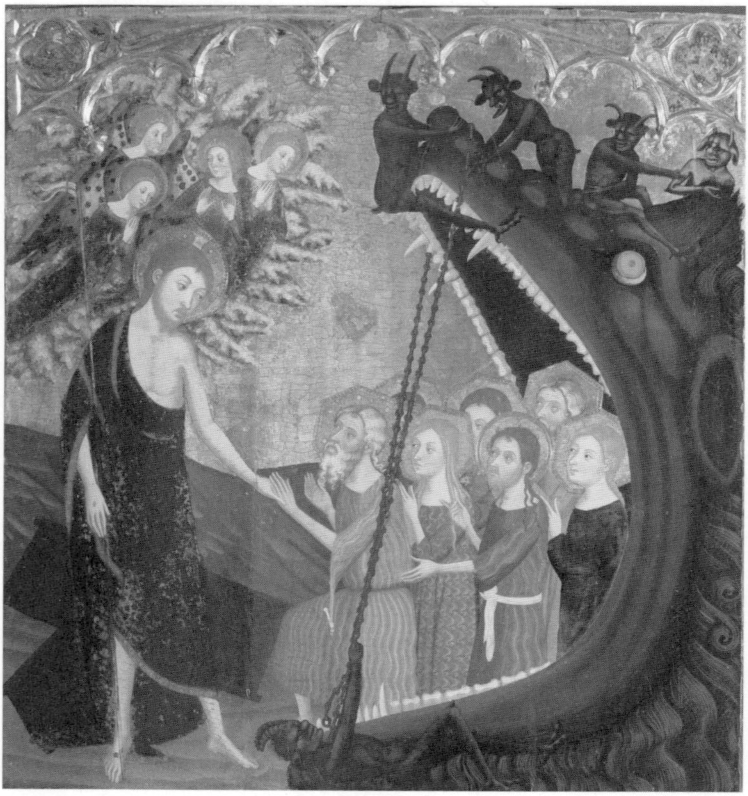

*Descenso al limbo* (1362), por Jaume Serra; óleo sobre tabla. Museo Provincial de Bellas Artes de Zaragoza. Cristo, luz del mundo, rescata a los justos de las fauces de Leviatán. La luz del Bien resalta sobre la oscuridad, el Mal.

Esculpido en relieve podemos encontrar este episodio en las portadas de las iglesias del Santo Sepulcro de Estella (Navarra) y San Cernín de Pamplona, ambas del s. XIV. Al temple sobre tabla forma parte del retablo que Jaume Serra pintó entre 1361 y 1362 con destino a la capilla que fray Martín de Alpartir poseía en el monasterio del Santo Sepulcro de Zaragoza.

## LA RESURRECCIÓN

La Resurrección de Jesucristo constituye el fundamento principal del cristianismo, el vencimiento de la muerte del que un día gozará la humanidad entera. Sin ella, esta religión perdería todo su sentido.

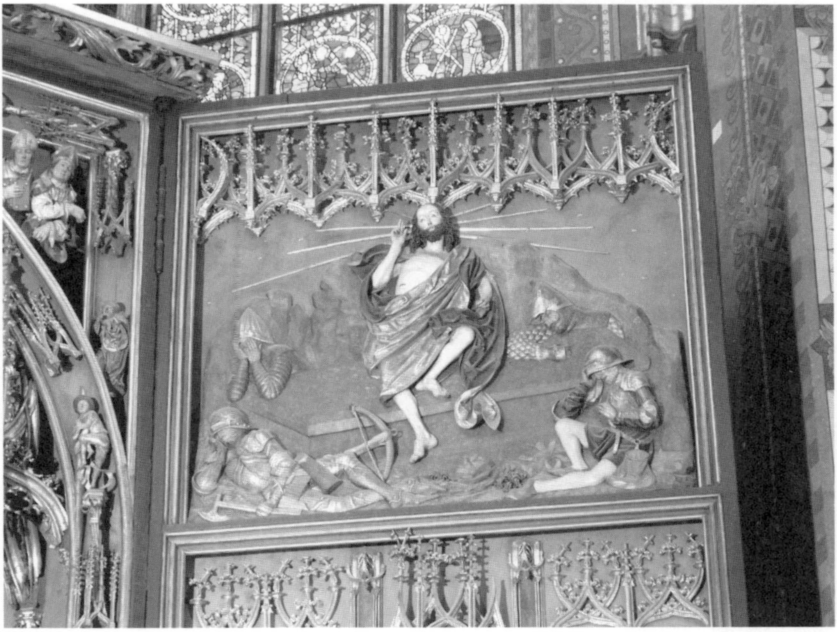

*Resurrección de Jesucristo.* Retablo de la basílica de Santa María de Cracovia (Polonia), tallado por Veit Stoss entre 1477 y1489.

El ciclo comienza cuando las santas mujeres —habitualmente denominadas las Tres Marías— encuentran el sepulcro vacío y concluye con la aparición de Cristo a sus discípulos, quienes, en principio, no le reconocen.

### LAS SANTAS MUJERES ANTE EL SEPULCRO VACÍO

Este episodio figura en los cuatro evangelios canónicos, si bien sus autores no coinciden en ciertos detalles, como el número de mujeres que van a visitar el sepulcro o cuántos ángeles se encuentran allí, aunque lo habitual es que aparezcan representados un ángel y tres mujeres. El ángel señala el sepulcro y las mujeres llevan en sus manos los tarros con las esencias para ungir el cadáver (*miróforas*, «esposas con mirra», en griego), lo que no pudieron hacer en el momento de depositarlo en la fosa porque hubieran profanado el sábado de la *Parasceve*, que había comenzado hacia las cinco de la tarde del mismo viernes en que había expirado Jesús.

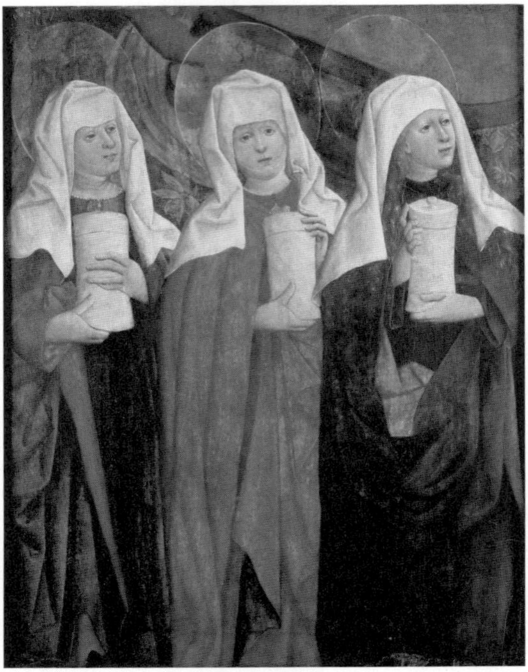

Las tres Marías ante la tumba de Cristo portando sus tarros de esencias para ungir el cadáver (c. 1470), por Nikolaus Haberschrek. Museo Nacional de Cracovia. Polonia.

Los soldados que montaban guardia, generalmente, permanecen dormidos, aunque según el Evangelio de Mateo, esto fue una mentira pergeñada por el sanedrín para justificar la desaparición del cuerpo de Jesús, achacándolo al robo del cadáver por parte de los discípulos mientras la guardia dormía:

> Mientras ellas iban, he aquí unos de la guardia fueron a la ciudad, y dieron aviso a los principales sacerdotes de todas las cosas que habían acontecido. Y reunidos con los ancianos, y habido consejo, dieron mucho dinero a los soldados, diciendo: «Decid vosotros: Sus discípulos vinieron de noche, y lo hurtaron, estando nosotros dormidos. Y si esto lo oyere el gobernador, nosotros le persuadiremos, y os pondremos a salvo». Y ellos, tomando el dinero, hicieron como se les había instruido.
>
> Mt 28:11-15

Por tanto, la representación de los soldados sumidos en el sueño supone una contradicción con la fe, pues parece que el artista o el teólogo estuviesen plasmando dicha mentira.

En otras ocasiones, los romanos están aterrorizados o cayendo a tierra: «Y de miedo de Él los guardas temblaron y se quedaron como muertos» (Mt 28:4-6).

En cuanto al número de mujeres que se acercan al sepulcro, Mateo menciona a dos: María Magdalena y otra María: «Pasado el sábado, al amanecer el primer día de la semana, María Magdalena y la otra María fueron a ver el sepulcro» (Mt 28:1). Marcos (16:1) menciona tres: María Magdalena, María Cleofás (esposa de este y madre de Santiago el Menor, llamado Santiago Alfeo como su padre, del original hebreo *Chal'phai* en su pronunciación griega, según la *Enciclopedia Católica* citando a John Cunningham Geikie) y María Salomé (esposa de Zedebeo y madre de Santiago el Mayor y de san Juan Evangelista). Lucas cita a tres y, además, habla de «otras»: «Eran María Magdalena, Juana y María la de Santiago; también las otras que estaban con ellas contaban estas cosas a los apóstoles» (Lc 24:1-10). De acuerdo al testimonio de Juan, solamente acudió María Magdalena: «El primer día de la semana, muy de mañana, cuando todavía estaba oscuro, María Magdalena fue al sepulcro y vio que habían quitado la piedra que cubría la entrada» (Jn 20:1).

Por tanto, dado que en la mayoría de las representaciones figuran tres mujeres, habrá que concluir que los artistas e ideólogos siguen los evangelios de Marcos y Lucas. Aun así, queda la duda de quién era la «Juana» que menciona este último.

Respecto al número de ángeles, también existe disparidad. Marcos no menciona un «ángel», sino un «joven sentado». Mateo anota un ángel que hizo rodar la piedra que taponaba el sepulcro y se sentó encima para hablar con las mujeres. Lucas habla de dos «varones» con vestiduras deslumbrantes, pero tampoco menciona la palabra «ángel». En Juan, como veremos en *Noli me tangere*, aparecen dos ángeles:

> Y cuando entraron en el sepulcro, vieron a un joven sentado al lado derecho, cubierto de una larga ropa blanca, y se espantaron. Mas él les dijo:
> «No os asustéis; buscáis a Jesús nazareno, el que fue crucificado; ha resucitado, no está aquí; mirad el lugar en donde le pusieron. Pero id, decid a sus discípulos, y a Pedro, que él va delante de

vosotros a Galilea; allí le veréis, como os dijo». Y ellas se fueron huyendo del sepulcro, porque les había tomado temblor y espanto; ni decían nada a nadie, porque tenían miedo.

Mc 16:5-8

Mas el ángel, respondiendo, dijo a las mujeres:
«No temáis vosotras; porque yo sé que buscáis a Jesús, el que fue crucificado. No está aquí, pues ha resucitado, como dijo. Venid, ved el lugar donde fue puesto el Señor. E id pronto y decid a sus discípulos que ha resucitado de los muertos, y he aquí va delante de vosotros a Galilea; allí le veréis. He aquí, os lo he dicho».

Mt 28:5-7

El primer día de la semana, muy de mañana, vinieron al sepulcro, trayendo las especias aromáticas que habían preparado, y algunas otras mujeres con ellas. Y hallaron removida la piedra del sepulcro, y entrando, no hallaron el cuerpo del Señor Jesús. Aconteció que estando ellas perplejas por esto, he aquí se pararon junto a ellas dos varones con vestiduras resplandecientes, y como tuvieron temor, y bajaron el rostro a tierra, les dijeron: «¿Por qué buscáis entre los muertos al que vive? No está aquí, sino que ha resucitado».

Lc 24:1-6

Prefiguraciones:

- Jonás sale sano y salvo del vientre del interior de un gran pez al cabo de tres días y tres noches (Jon 2), como Cristo del sepulcro al tercer día (Mt 12:40).
- Daniel liberado de la fosa de los leones (Dn 6:20-23).

## LAS APARICIONES DE JESÚS

Después de su resurrección, Jesús se apareció en varias ocasiones a las mujeres y a los discípulos que le habían seguido durante su vida pública.

Los evangelistas Marcos y Juan coinciden en que la primera persona a la que se apareció fue María Magdalena, aunque los testimonios difieren en cuanto a si la creyeron o no los discípulos cuando les dio la buena nueva:

Habiendo, pues, resucitado Jesús por la mañana, el primer día de la semana [domingo en el calendario judío], apareció primeramente a María Magdalena, de quien había echado siete demonios. Yendo ella, lo hizo saber a los que habían estado con él, que estaban tristes y llorando. Ellos, cuando oyeron que vivía, y que había sido visto por ella, no lo creyeron.

Mc 16:9-11

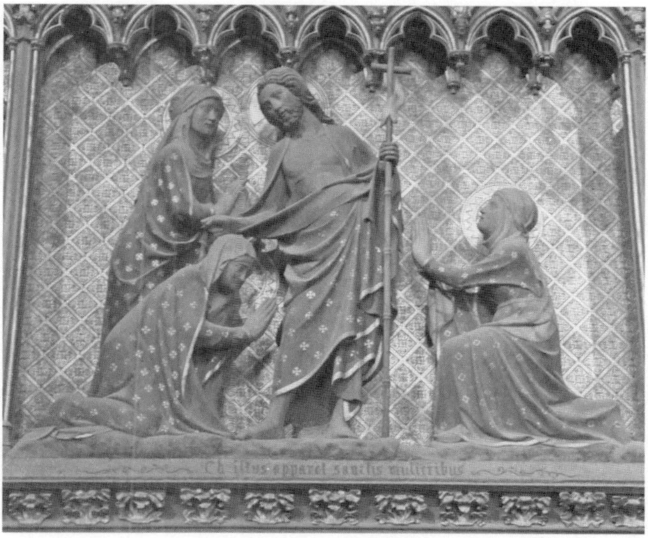

Relieve de Cristo resucitado apareciéndose a las santas mujeres (c. 1300-1318), en el trascoro de Notre Dame de París.

El primer día de la semana, María Magdalena fue de mañana, siendo aún oscuro, al sepulcro, y vio quitada la piedra del sepulcro. Entonces corrió, y fue a Simón Pedro y al otro discípulo, aquel al que amaba Jesús, y les dijo: «Se han llevado del sepulcro al Señor, y no sabemos dónde le han puesto». Y salieron Pedro y el otro discípulo, y fueron al sepulcro. Corrían los dos juntos; pero el otro discípulo corrió más aprisa que Pedro, y llegó primero al sepulcro. Y bajándose a mirar, vio los lienzos puestos allí, pero no entró. Luego llegó Simón Pedro tras él, y entró en el sepulcro, y vio los lienzos puestos allí, y el sudario, que había estado sobre la cabeza de Jesús, no puesto con los lienzos, sino enrollado en un lugar aparte. Entonces entró también el otro discípulo, que había venido primero al sepulcro, y vio, y creyó. Porque aún no habían entendido la Escritura, que era necesario que él resucitase de los muertos.

Jn 20:1-9

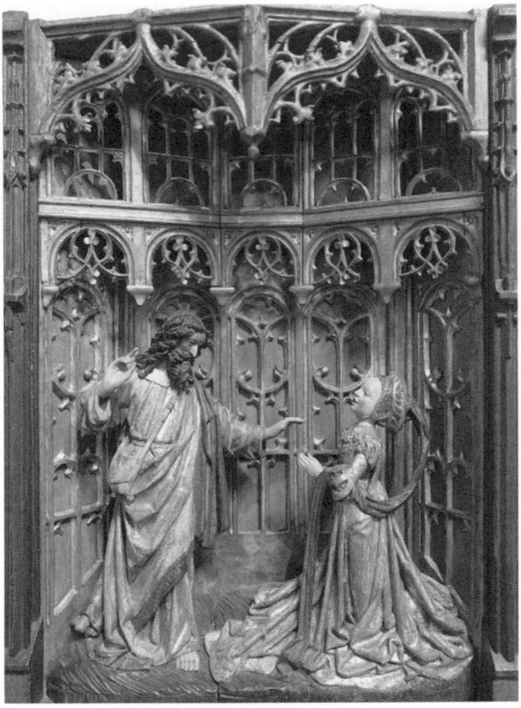

Cristo resucitado apareciéndose a María Magdalena, *Noli Me Tangere* (c. 1500). Madera de roble policromado. Museo Schnütgen. Colonia, Alemania.

Solo el Evangelio de san Juan recoge el encuentro de María Magdalena con Cristo resucitado:

> Pero María estaba fuera llorando junto al sepulcro, y mientras lloraba, se inclinó para mirar dentro del sepulcro, y vio a dos ángeles con vestiduras blancas, que estaban sentados el uno a la cabecera, y el otro a los pies, donde el cuerpo de Jesús había sido puesto. Y le dijeron: «Mujer, ¿por qué lloras?». Les dijo: «Porque se han llevado a mi Señor, y no sé dónde le han puesto». Cuando había dicho esto, se volvió, y vio a Jesús que estaba allí; mas no sabía que era Jesús. Jesús le dijo: «Mujer, ¿por qué lloras? ¿A quién buscas?». Ella, pensando que era el hortelano, le dijo: «Señor, si tú lo has llevado, dime dónde lo has puesto, y yo lo llevaré». Jesús le dijo: «¡María!». Volviéndose, ella le dijo: «¡Raboní!» (que quiere decir, «Maestro»).
>
> Jesús le dijo: «No me toques porque aún no he subido a mi Padre, mas ve a mis hermanos, y diles: "Subo a mi Padre y a

vuestro Padre, a mi Dios y a vuestro Dios"». Fue entonces María Magdalena para dar a los discípulos las nuevas de que había visto al Señor, y que él le había dicho estas cosas.

Jn 20:11-18

Prefiguración:

– El encuentro de la amada con el amado (*Cant* 3:1-4).

## Los peregrinos de Emaús

El episodio sobre los dos discípulos que iban hacia una aldea llamada Emaús, a quienes en el camino se les aparece Cristo resucitado, pero no le reconocen hasta el momento de la cena cuando parte y bendice el pan, figura en el Evangelio de san Lucas (Lc 24:13-31).

Prefiguración:

– El arcángel Rafael acompañando a Tobías (Tob 5:4-6).

## Aparición a los apóstoles

Según Mateo, Jesús se aparece a los apóstoles en un monte de Galilea: «Pero los once discípulos se fueron a Galilea, al monte donde Jesús les había ordenado. Y cuando le vieron, le adoraron; pero algunos dudaban» (Mt 28:16-17).

Según los demás evangelistas canónicos, mientras estaban reunidos:

> Finalmente, se apareció a los once mismos, estando ellos sentados a la mesa, y les reprochó su incredulidad y dureza de corazón, porque no habían creído a los que le habían visto resucitado.
>
> Mc 16:14

> Y levantándose en la misma hora, volvieron a Jerusalén, y hallaron a los once reunidos, y a los que estaban con ellos, que decían: «Ha resucitado el Señor verdaderamente, y ha aparecido a Simón». Entonces ellos contaban las cosas que les habían acontecido en el camino, y cómo le habían reconocido al partir el pan. Mientras ellos aún hablaban de estas cosas, Jesús se puso en medio de ellos, y les dijo: «Paz a vosotros».
>
> Lc 24:33-36

> Cuando llegó la noche de aquel mismo día, el primero de la semana, estando las puertas cerradas en el lugar donde los discípulos estaban reunidos por miedo de los judíos, vino Jesús, y puesto en medio, les dijo: «Paz a vosotros».
>
> Jn 20:19.

Prefiguración:

- José se hace reconocer por sus hermanos (Gn 45).

### INCREDULIDAD O DUDA DE SANTO TOMÁS

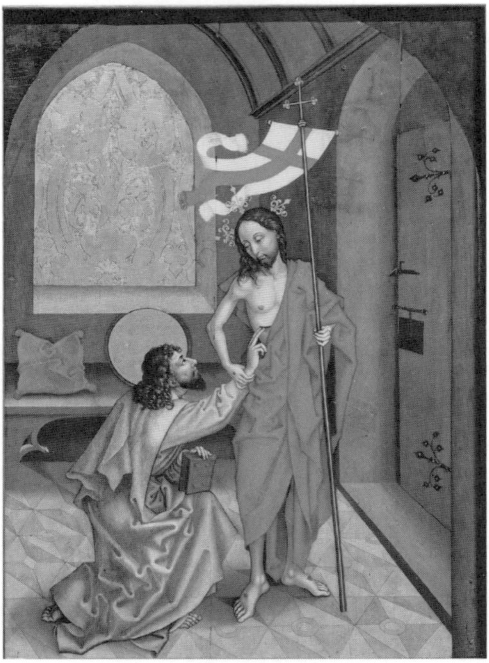

*Tomás incrédulo tocando las llagas de Cristo resucitado* (h. 1480). Retablo de los Dominicos, Infancia y Pasión de Cristo, por Martin Schongauer. Óleo sobre tabla. Museo Unterlinden, Colmar (Francia).

La Incredulidad o Duda del apóstol Tomás, uno de los motivos iconográficos más representados en el arte románico y gótico, no aparece en los tres evangelios sinópticos, únicamente se cita en el Evangelio de san Juan:

> Pero Tomás, uno de los doce, llamado Dídimo, no estaba con ellos cuando Jesús vino. Le dijeron, pues, los otros discípulos: «Al Señor hemos visto». Él les dijo: «Si no viere en sus manos la señal

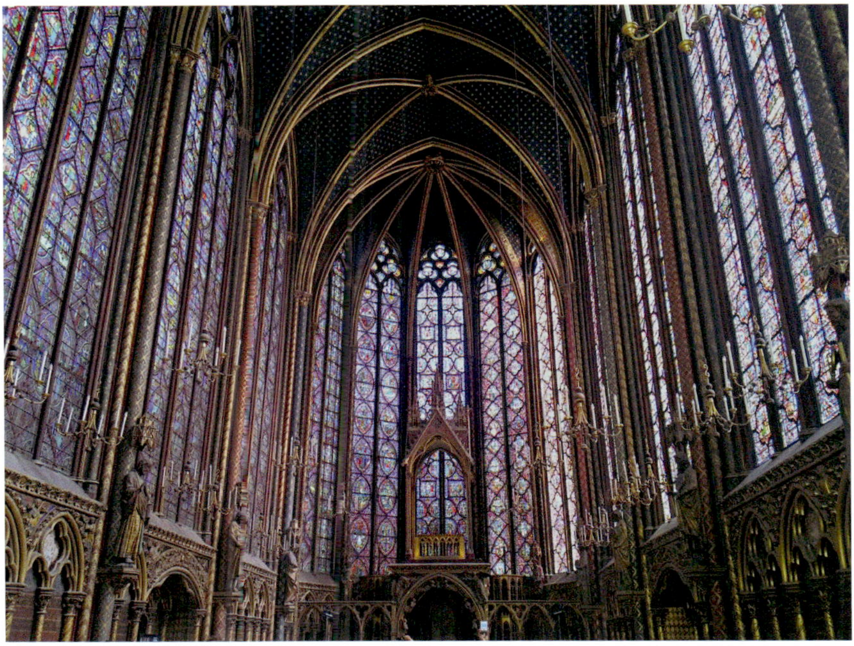

Santa Capilla de París, paradigma del gótico radiante.

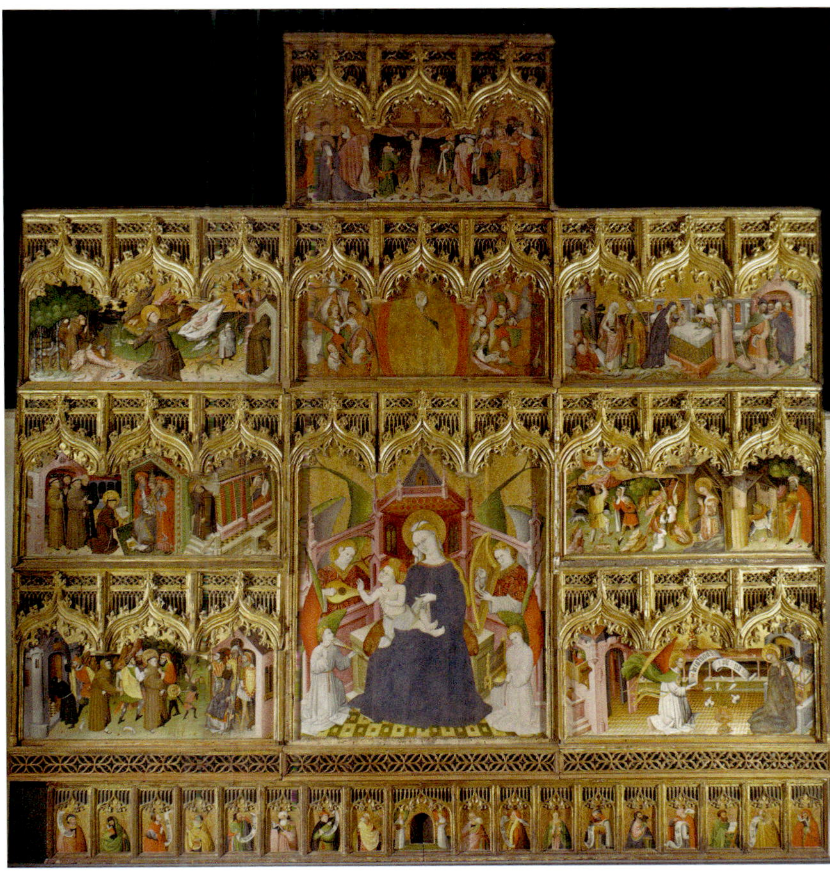

*Retablo sobre la vida de la Virgen y de san Francisco* (Museo del Prado), pintado por Nicolás Francés h. 1450-60, procedente de las proximidades de La Bañeza (León).

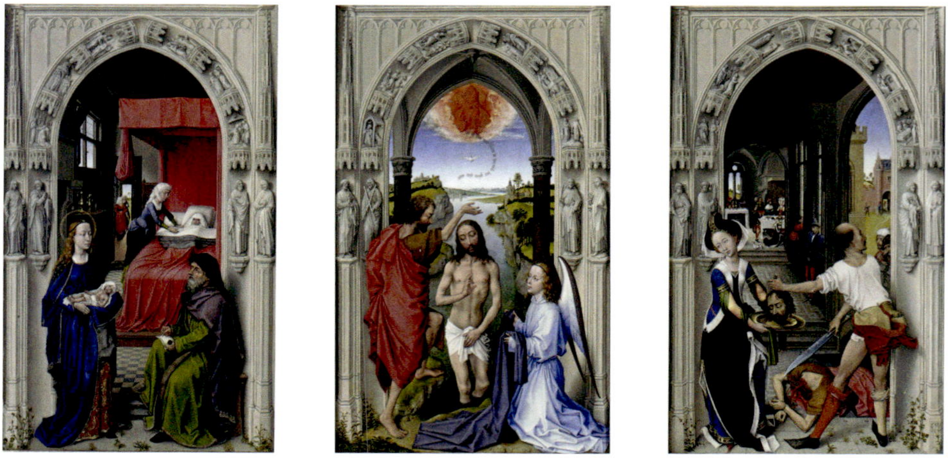

Retablo de San Juan, obra al óleo sobre tabla de Rogier van der Weyden (h. 1445), que recoge tres momentos esenciales de la vida del Precursor: nacimiento e imposición de su nombre, bautismo de Cristo y degollación. Galería de Pintura de Berlín.

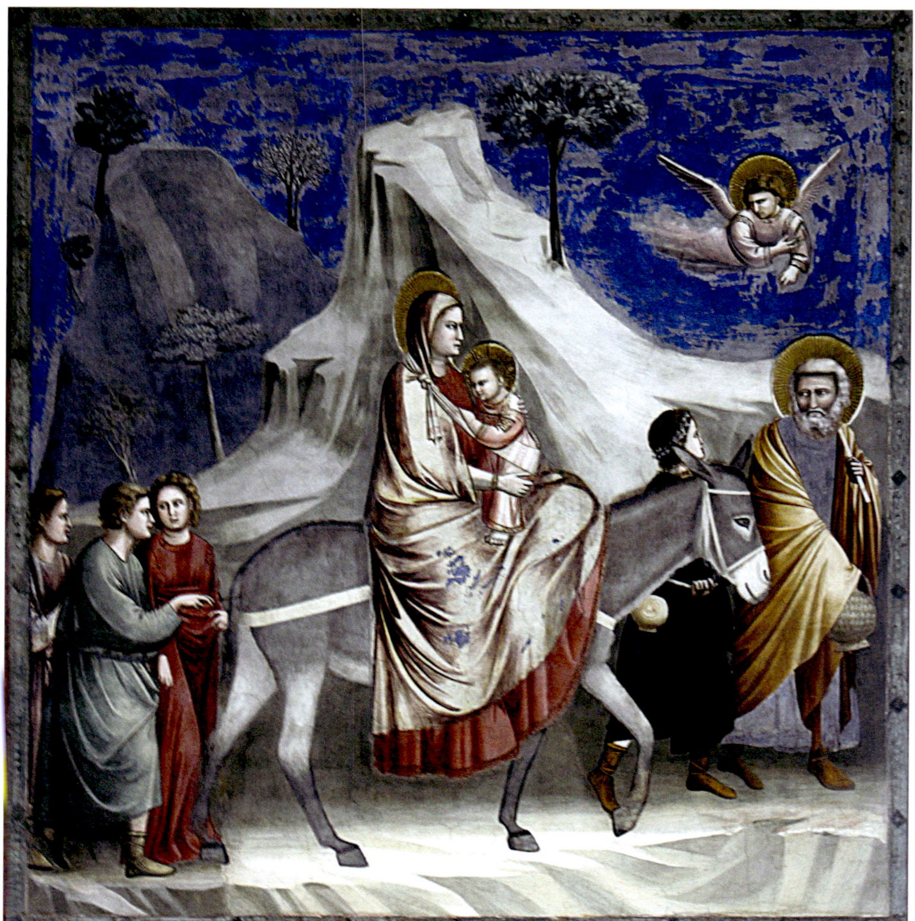

*Huida a Egipto*, por Giotto. Capilla Scrovegni en la iglesia de San Francisco de Padua. Los fondos azules sustituyendo los dorados denotan el cambio de estilo en Italia hacia el prerrenacimiento.

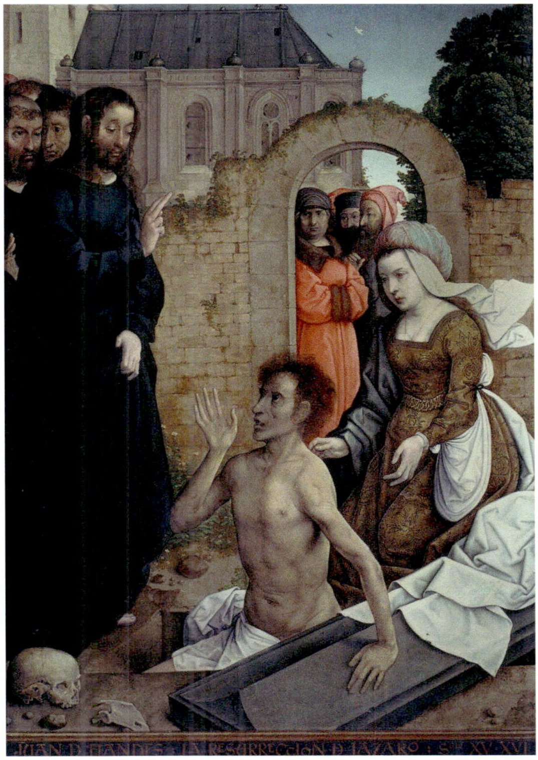

*La resurrección de Lázaro*, por Juan de Flandes (h. 1515). Museo del Prado. Madrid.

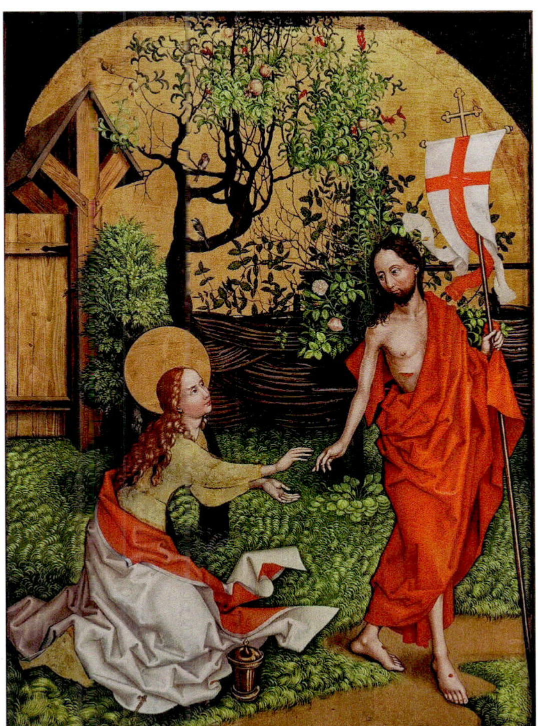

*Noli Me Tangere* (c. 1480), por Martin Schongauer.
Óleo sobre tabla. Museo Unterlinden, Colmar (Francia).

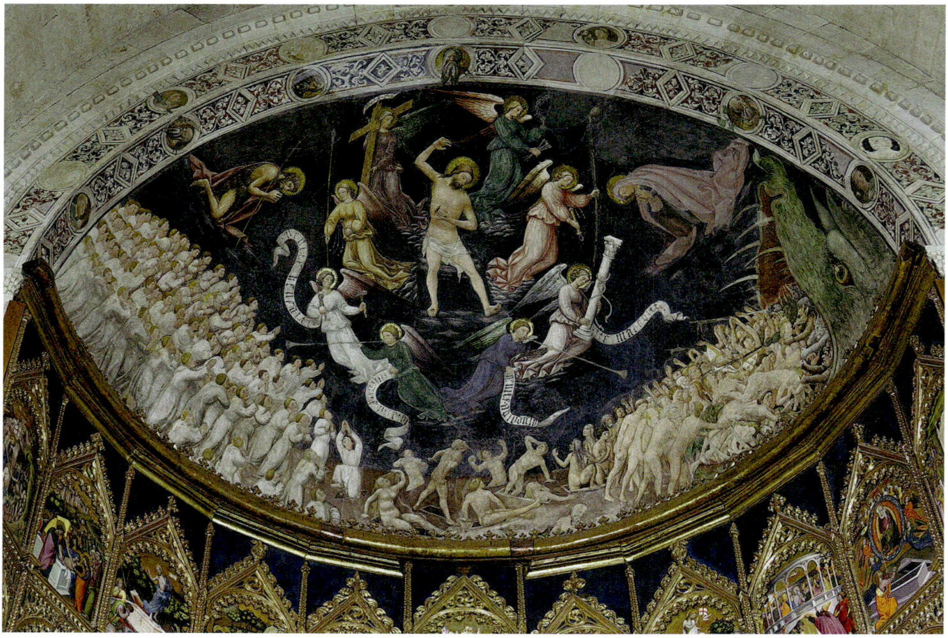

*El Juicio Final*, pintura mural en la bóveda del ábside central de la catedral Vieja de Salamanca, atribuida a Niccoló Delli (1445). Un Cristo hercúleo, que se cree inspiró a Miguel Ángel en la Capilla Sixtina del Vaticano, preside al son de las trompetas celestiales el último acto de la humanidad.

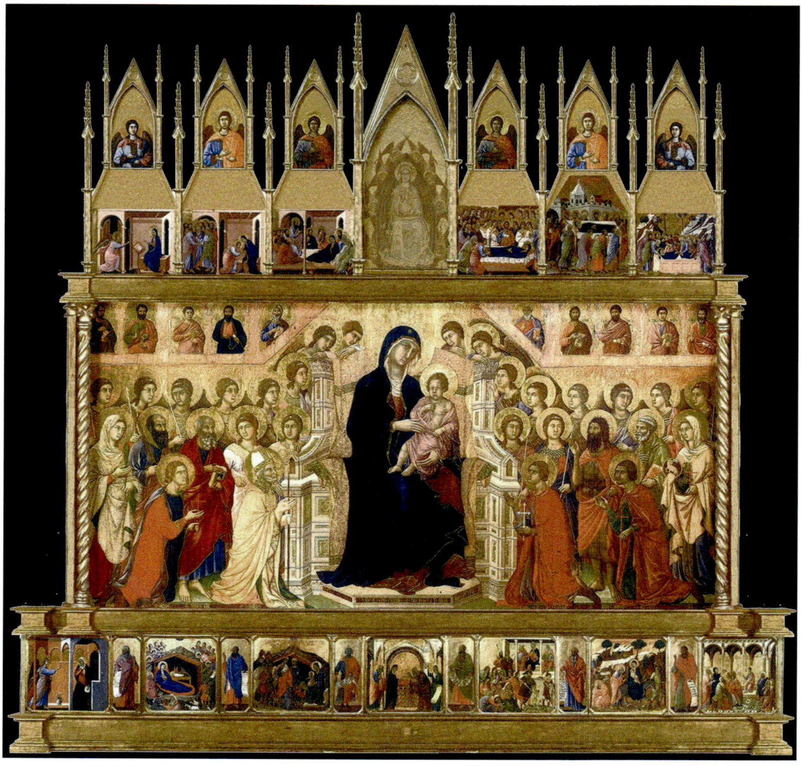

*Retablo de la Maestá* (1311), por Duccio di Buoninsegna. Temple sobre tabla. Museo de la Ópera Metropolitana del Duomo de Siena.

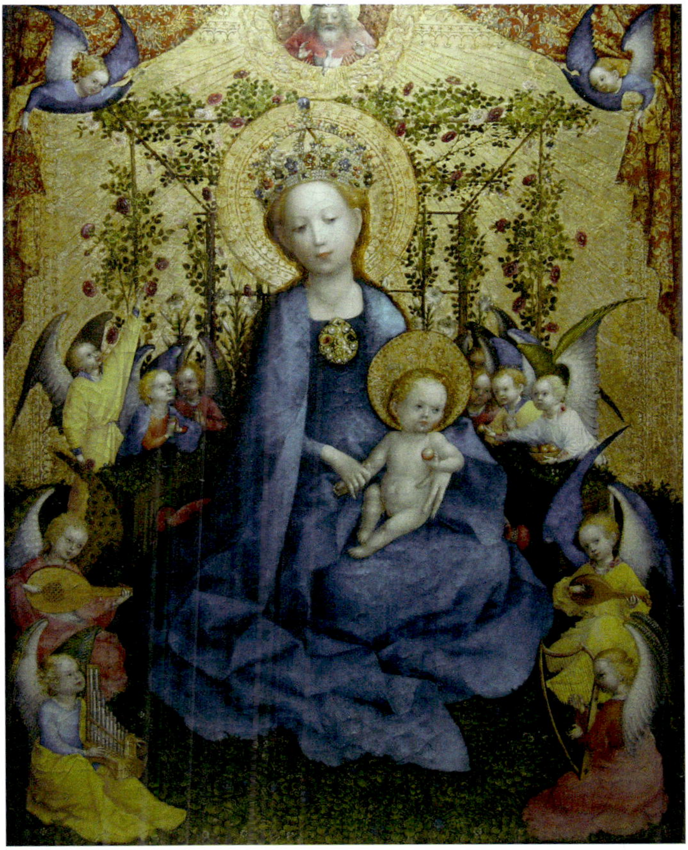

*Virgen del Rosal* (h. 1440), por Stephan Lochner. Óleo y temple sobre tabla. María, toda dulzura con el Niño Jesús en el regazo sosteniendo una manzana que simboliza la superación del Pecado Original. La corona y el manto azul la identifican como Reina de los Cielos. Museo Wallraf-Richartz. Colonia (Alemania).

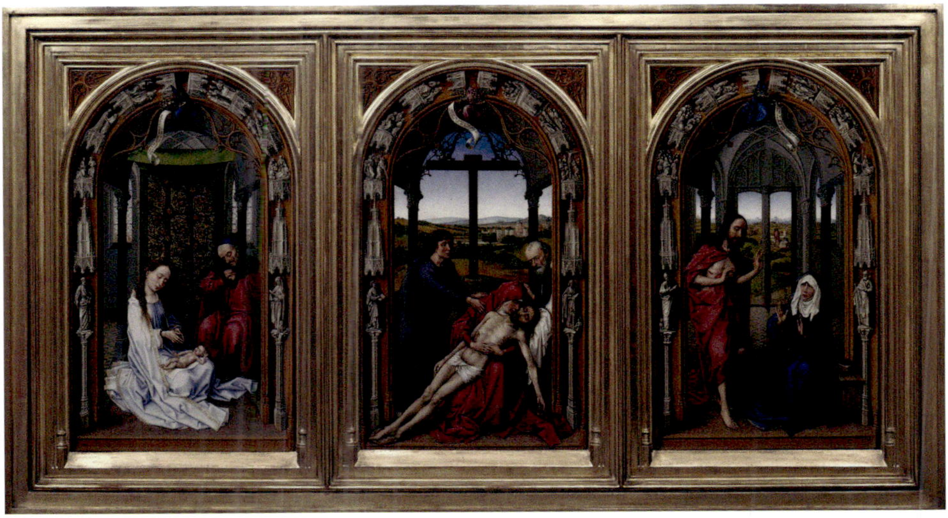

Tríptico de la Virgen (h. 1445), pintado al óleo sobre tabla por el flamenco Rogier van der Weyden. Gemäldegalerie de Berlín. Recoge los tres momentos fundamentales de la relación de María con su hijo: nacimiento, muerte y resurrección.

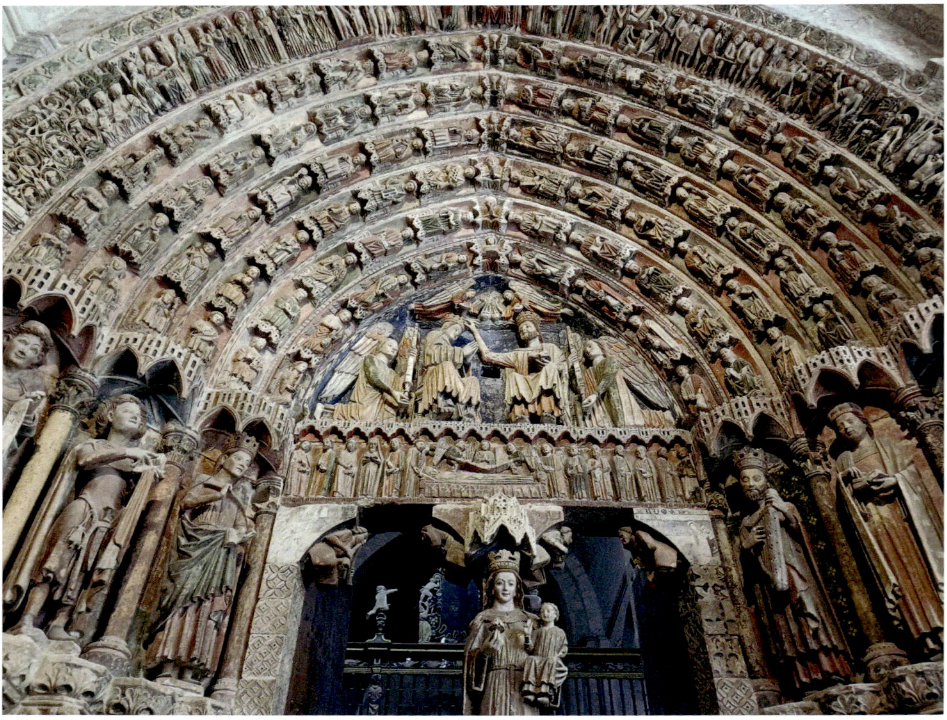

Coronación de la Virgen por su hijo Jesucristo en el tímpano de la portada de la Majestad de la colegiata de Santa María la Mayor de Toro (Zamora), que conserva su policromía original de fines del s. XIII.

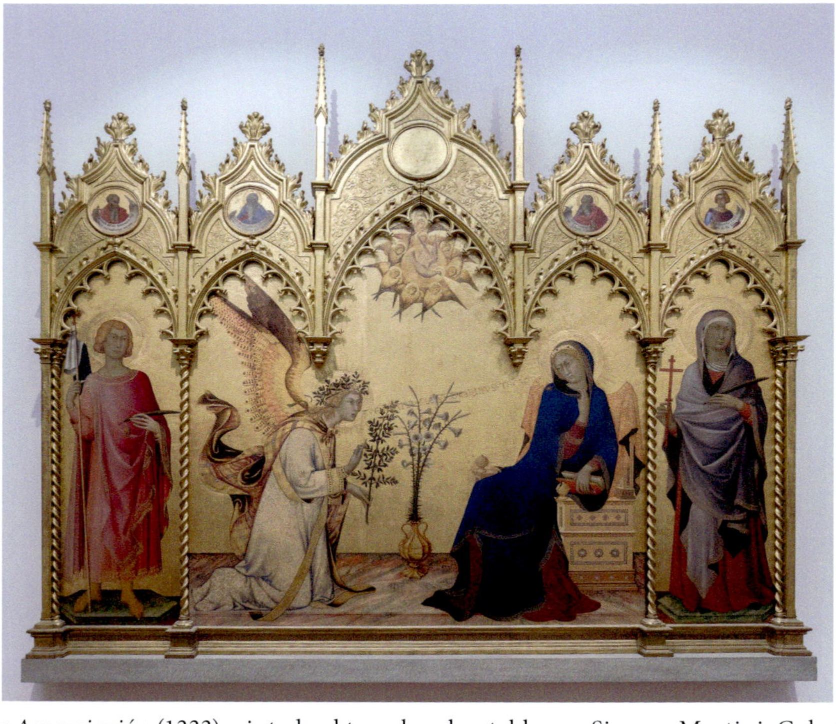

*La Anunciación* (1333), pintada al temple sobre tabla por Simone Martini. Galería Uffizi de Florencia. El misticismo del fondo dorado y la silueta de María en «S», expresando turbación, caracterizan la *maniera sienesa* en el *trecento* italiano.

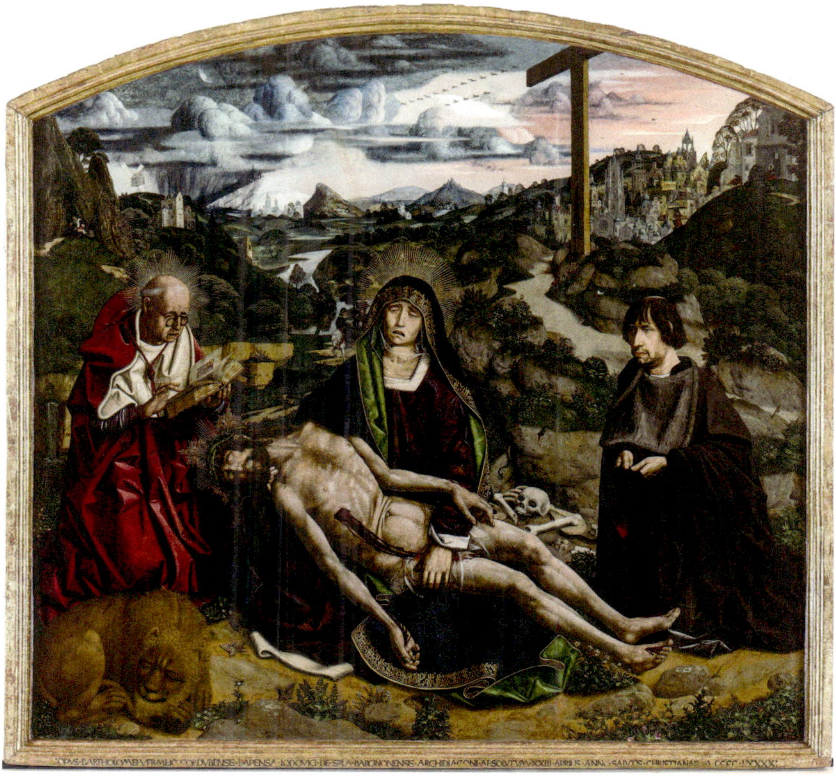

*Piedad Desplá* (1490), por Bartolomé Bermejo, pintada para la capilla del palacio del arcediano que la da nombre, a la derecha de la Virgen, flanqueada al lado contrario por san Jerónimo leyendo el pasaje de la *Vulgata* en el que Arimatea pide a Pilato el cadáver de Cristo para darle sepultura. Óleo sobre tabla. Museo Catedralicio de Barcelona.

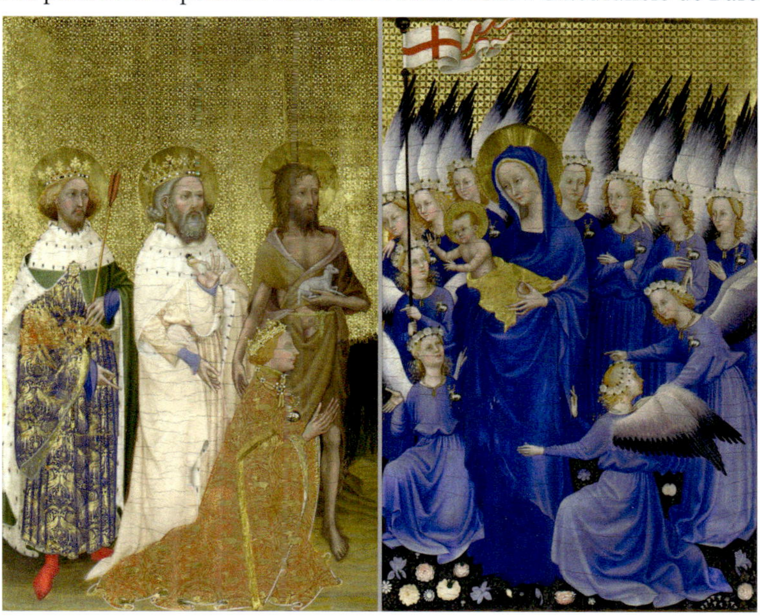

*Díptico de Wilton* (c. 1395-1400), pintado al temple sobre tabla. National Gallery, Londres. Ricardo II de Inglaterra es presentado a la Virgen y al Niño Jesús por san Juan Bautista.

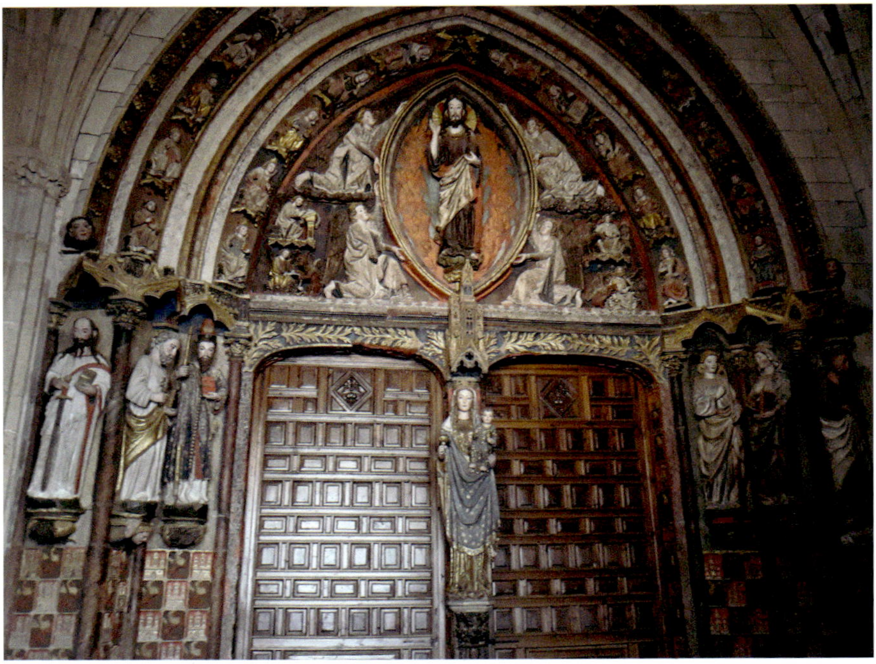

Catedral de León. Portada de la Virgen del Dado (s. XIII), con su policromía original. En el tímpano, Cristo *Cosmocrátor*.

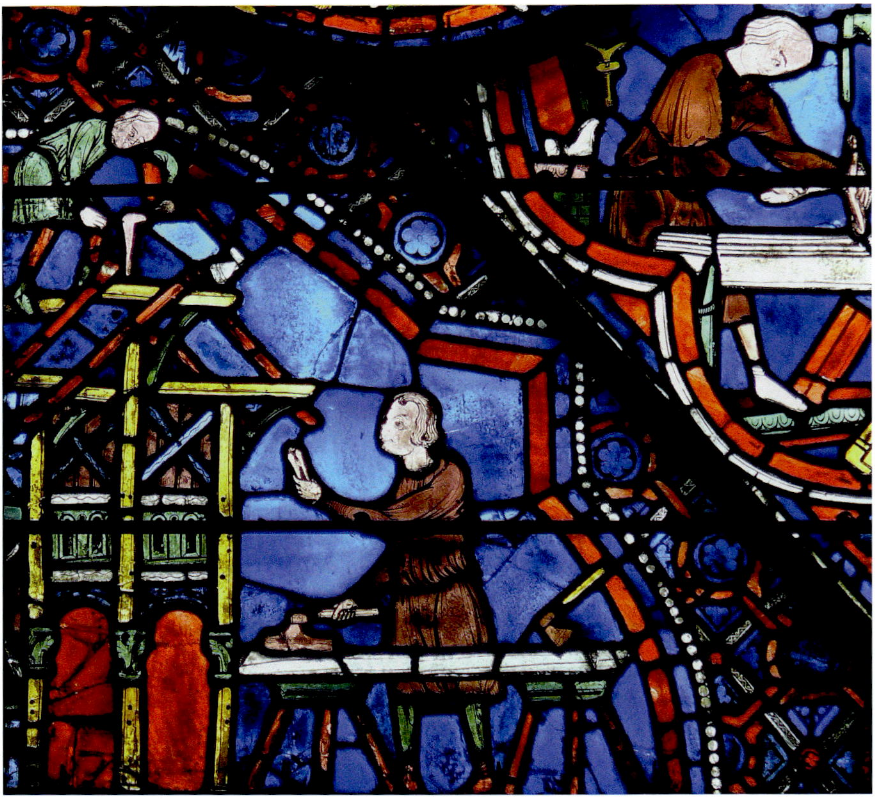

El oficio de carpintero en los vitrales de la catedral de Chartres (primera mitad del s. XIII), con su característico azul cobalto.

de los clavos, y metiere mi dedo en el lugar de los clavos, y metiere mi mano en su costado, no creeré».
Ocho días después, estaban otra vez sus discípulos dentro, y con ellos Tomás. Llegó Jesús, estando las puertas cerradas, y se puso en medio y les dijo: «Paz a vosotros». Luego dijo a Tomás: «Pon aquí tu dedo, y mira mis manos, y acerca tu mano, y métela en mi costado, y no seas incrédulo, sino creyente». Entonces Tomás respondió y le dijo: «¡Señor mío, y Dios mío!». Jesús le dijo: «Porque me has visto, Tomás, creíste; bienaventurados los que no vieron, y creyeron».

Jn 20:24-29

Prefiguraciones:
- Jacob lucha con el ángel (Gn 32:24-28).
- Gedeón duda de las palabras de un ángel (Jue 6:17-23).

## LA ASCENSIÓN

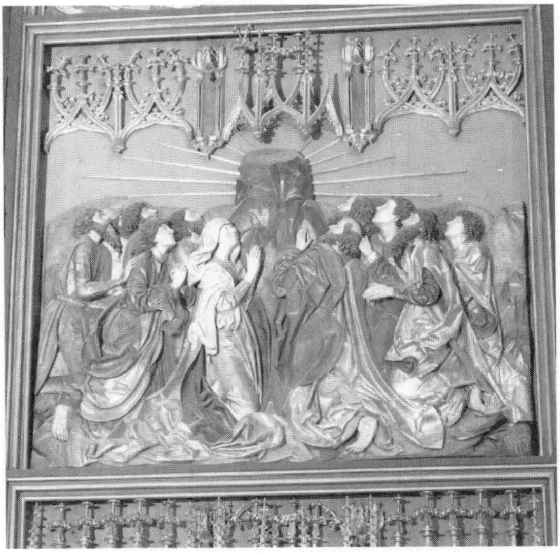

*La ascensión de Jesús*, por Veit Stoss, en el retablo mayor de la iglesia de Santa María de Cracovia (Polonia), tallado entre 1477 y 1489.

Transcurridos cuarenta días (período de tiempo habitual en el mundo hebreo) desde que tuvo lugar la Resurrección, estando Jesús con los apóstoles en la cima del monte de los Olivos, y tras impartirles su bendición, comenzó a ascender hacia el cielo hasta que una nube le ocultó por completo.

La Ascensión (*Analipsis* en griego), que constituye una de las manifestaciones de la divinidad de Jesucristo ante los hombres, figura en el Evangelio de san Marcos («Y el Señor, después que les habló, fue levantado a los cielos, y está sentado a la diestra de Dios» Mc 16:19) y san Lucas («Luego, Jesús los llevó fuera de la ciudad, hasta Betania, y alzando las manos los bendijo. Y mientras los bendecía se apartó de ellos y fue llevado al cielo» Lc 24:50-52), así como en los Hechos de los Apóstoles: «Y habiendo dicho estas cosas, viéndolo ellos, fue alzado, y le recibió una nube que le ocultó de sus ojos. Y estando ellos con los ojos puestos en el cielo, entre tanto que él se iba, he aquí se pusieron junto a ellos dos varones con vestiduras blancas, los cuales también les dijeron: "Varones galileos, ¿por qué estáis mirando al cielo? Este mismo Jesús, que ha sido tomado de vosotros al cielo, así vendrá como le habéis visto ir al cielo"» (Hch 1:9-11).

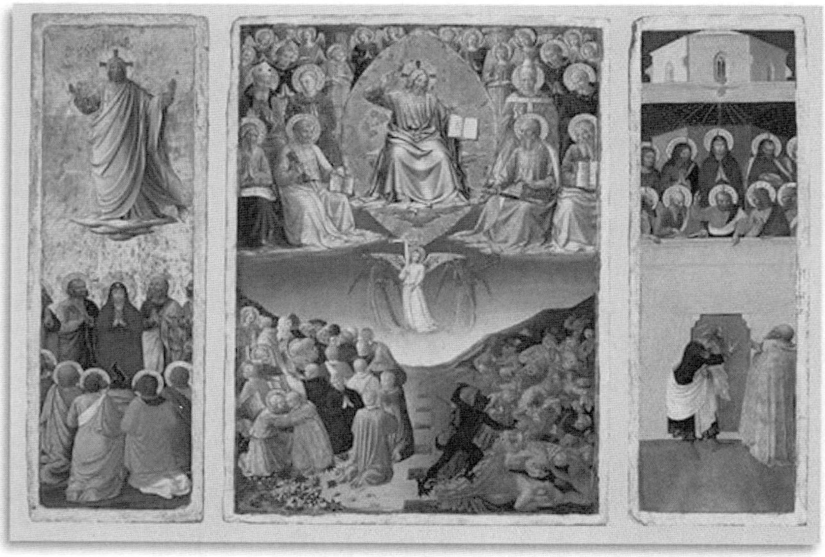

Tríptico del *Juicio Final* con la *Ascensión* y *Pentecostés* (h. 1445), los tres paneles que forman el Corsini, en referencia al cardenal del mismo nombre. Atribuido a Fray Angélico. Temple sobre madera. Galería Nacional de Arte Antiguo del palacio Corsini. Roma.

El modelo iconográfico está relacionado con motivos paganos como la subida de Alejandro Magno al cielo en un carro tirado por dos grifos, episodio que conocemos por el Pseudo Calístenes, autor del libro *Vida y Hazañas de Alejandro de Macedonia* (siglo I de nuestra era).

En la iconografía bizantina la *Analipsis* representa al Hijo de Dios en pie o sedente envuelto en una mandorla transportada al cielo por ángeles, y los apóstoles gesticulando e indicando hacia lo alto mientras Jesús se eleva a los cielos.

Prefiguraciones:

- El arrebatamiento al cielo del patriarca Enoch (Gn 5:24) y del profeta Elías (2 Re 11).
- La escalera por la que subían y bajaban los ángeles en la visión de Jacob (Gn 28:11-13).

## PENTECOSTÉS

La fiesta que en sus orígenes se llamaba de las Semanas, se celebraba el primer domingo después de las siete semanas posteriores a la ofrenda de la primera gavilla, conmemorando la entrega de los primeros frutos de la siega del trigo a Yavé. En total, habían transcurrido cincuenta días, de donde nace el término *Pentecostés* por su significado en griego: el quincuagésimo día de la Pascua judía: «A partir del día siguiente al sábado, del día en que traigáis la gavilla de espigas, contaréis siete semanas completas. Contados así cincuenta días hasta el día siguiente del séptimo sábado, ofreceréis a Yavé una nueva oblación» (Lv 23:15-16).

Esta celebración rememoraba también entre los judíos la entrega de las Tablas de la Ley por Jehová a Moisés en el monte Sinaí, ocurrida a los cincuenta días de la salida del pueblo hebreo de Egipto.

En la Iglesia, esta festividad, la segunda más importante del calendario litúrgico después de la Pascua de Resurrección, se celebra en el quincuagésimo día del tiempo pascual, al que pone fin. Conmemora la venida del Espíritu Santo, que desciende en forma de lenguas de fuego y se posa sobre los apóstoles:

> Cuando llegó el día de Pentecostés, estaban todos unánimes juntos. Y de repente vino del cielo un estruendo como de un viento recio que soplaba, el cual llenó toda la casa donde estaban sentados, y se les aparecieron lenguas repartidas, como de fuego, asentándose sobre cada uno de ellos. Y fueron todos llenos del Espíritu Santo, y comenzaron a hablar en otras lenguas, según el Espíritu les daba que hablasen.
>
> Hch 2:1-4

Aunque en el texto bíblico no se menciona expresamente la presencia de la Virgen, María suele figurar también en la representación de este episodio por su papel de intercesora entre Dios y los hombres, por su personificación de la Iglesia nacida en este momento y porque se reunía a menudo con los apóstoles:

> Y entrados, subieron al aposento alto, donde moraban Pedro y Jacobo, Juan, Andrés, Felipe, Tomás, Bartolomé, Mateo, Jacobo hijo de Alfeo, Simón el Zelote y Judas hermano de Jacobo. Todos estos perseveraban unánimes en oración y ruego, con las mujeres, y con María la madre de Jesús, y con sus hermanos.
>
> Hch 1:13-14

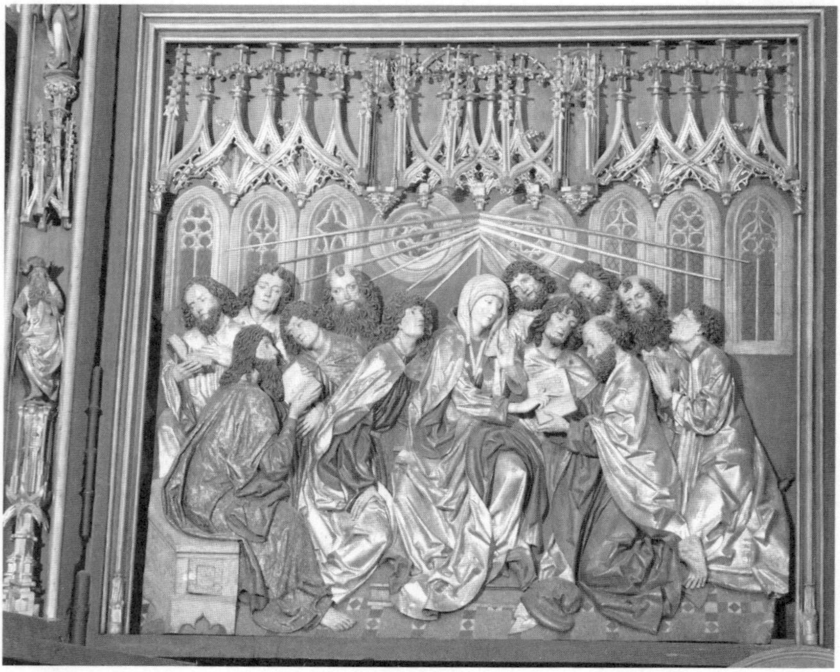

*Pentecostés,* por Veit Stoss. Retablo mayor de la iglesia de Santa María de Cracovia (Polonia), tallado entre 1477 y 1489.

Prefiguraciones:

- Moisés recibiendo las Tablas de la Ley (Éx 34:12-27).
- El fuego del cielo desciende sobre el altar levantado por Elías (1Re 18:30-40).

## EL APOCALIPSIS

El Apocalipsis («Revelación», en griego), también conocido como *Libro de las Revelaciones* o *La revelación de Jesucristo* (así es como comienza), último libro de los que componen la Biblia, se trata de un texto profético sobre el fin de los tiempos, presidido por el anuncio de la *Parusía*, segunda venida de Cristo a la Tierra, y el Día del Juicio Final (Ap 20: 1-10).

El texto se atribuye, de acuerdo a la afirmación que consta en el mismo y a pesar de ciertas dudas iniciadas por Dionisio de Alejandría (s. III), a san Juan Evangelista (reconocido por la antigua tradición cristiana: Papías, Justino, Ireneo, Teófilo, Cipriano, Tertuliano, Hipólito, Clemente Alejandrino, Orígenes), que lo escribió hacia los años 96-98 —antes de redactar su evangelio y las tres epístolas que llevan su nombre en el canon bíblico— estando desterrado por el emperador Domiciano en la isla de Patmos, en el mar Egeo:

> Yo Juan, vuestro hermano, y copartícipe vuestro en la tribulación, en el reino y en la paciencia de Jesucristo, estaba en la isla llamada Patmos, por causa de la palabra de Dios y el testimonio de Jesucristo. Yo estaba en el Espíritu en el día del Señor, y oí detrás de mí una gran voz como de trompeta, que decía: «Yo soy el Alfa y la Omega, el primero y el último. Escribe en un libro lo que ves, y envíalo a las siete iglesias que están en Asia: a Éfeso, Esmirna, Pérgamo, Tiatira, Sardis, Filadelfia y Laodicea».
>
> Ap 1:9-11

El libro está plagado de metáforas y contenidos alegóricos, con claras reminiscencias proféticas de Ezequiel principalmente, así como de Daniel, Isaías y Zacarías, refiriendo las visiones que tuvo su autor, conocido como Juan de Patmos o el *Apokaleta* («apologeta») durante su mencionado destierro. Está estructurado en cuatro partes:

- Breve introducción (Ap 1) y relato de los siete —uno de los números simbólicos habituales en la Biblia— mensajes que Jesucristo envía a las siete iglesias de Asia Menor: Éfeso, Esmirna, Pérgamo, Tiatira, Sardes, Filadelfia y Laodicea (Ap 2, 3).
- Las distintas visiones de Juan, como la del trono de Dios, la del Cordero recibiendo el libro que contiene lo que ha de venir, los siete sellos y las trompetas (Ap 4:1-11).

- El combate de la Mujer (símbolo de la Iglesia y de la Virgen María) con el Dragón (el diablo), la visión del *Agnus Dei* sobre el monte Sión y la batalla final en Armagedón (contracción del término hebreo *Ar Megido*: «Montaña de Megido», lugar de reunión de las tropas), donde entran en escena la Gran Ramera Babilonia y Cristo a lomos de un blanco corcel decidiendo la victoria para encerrar al Dragón por tiempo de mil años (Ap 12, 20:7). Este período cronológico, interpretado al pie de la letra, fue uno de los factores principales que desencadenaron el terror al fin del mundo en el año mil de la era cristiana, pánico que posteriormente se trasladó al 1033, milenario de la muerte de Cristo.
- La Nueva Jerusalén, símbolo de la ciudad celestial que espera a los justos para gozar de la presencia de Dios (Ap 21).
- Un corto epílogo implorando la pronta venida de Jesucristo: «El que da testimonio de estas cosas dice: "Ciertamente vengo en breve. Amén; sí, ven, Señor Jesús. La gracia de nuestro Señor Jesucristo sea con todos vosotros. Amén"» (Ap 22:20-21).

## EL JUICIO FINAL Y LA PARUSÍA

Juicio Final, Juicio Universal, Día del Juicio Divino o Día de la Ira de Dios (*Dies Irae*), uno de los grandes temas de la iconografía gótica, presente en las grandes catedrales (Chartres, París, Amiens, Reims, Bourges, Lincoln, Bamberg, Burgos, León, Toledo, Ávila, Tarragona), es la terminología que se emplea para indicar el concepto escatológico de la «hora de la verdad» al término de los tiempos, una vez concluida la gran batalla final «en el lugar que en hebreo se llama Armagedón» (Ap 16:16) con el vencimiento de la bestia:

> Luego vi un gran trono blanco y a alguien que estaba sentado en él. De su presencia huyeron la tierra y el cielo, sin dejar rastro alguno. Vi también a los muertos, grandes y pequeños, de pie delante del trono. Se abrieron unos libros, y luego otro, que es el *Libro de la Vida*. Los muertos fueron juzgados según lo que habían hecho, conforme a lo que estaba escrito en los libros. El mar devolvió sus muertos; la muerte y el infierno devolvieron los suyos, y cada uno fue juzgado según lo que había hecho. La muerte y el infierno fueron arrojados al lago de fuego. Este lago

de fuego es la muerte segunda. Aquel cuyo nombre no estaba escrito en el *Libro de la Vida* era arrojado al lago de fuego.

Ap 20:11-15

No obstante la distinción que a partir del siglo XIII comenzó a establecerse por la escolástica en la teología cristiana entre juicio del alma —inmediatamente posterior a la muerte física, vehementemente defendido por san Vicente Ferrer en sus sermones predicando el arrepentimiento y la penitencia— y Juicio Final tras la resurrección de los cuerpos al colapso de los tiempos, distinción consagrada en 1336 por la bula papal *Benedictus Deus,* el concepto está tomado por el cristianismo de otras religiones, en concreto, de la mitología egipcia, donde se conoce con el nombre de Juicio de los Muertos ante el tribunal presidido por Osiris, un dios que también logró superar la muerte. Anubis, cabeza de chacal, contrapesaba en una balanza el corazón del difunto (que previamente le había extraído del pecho) con una pluma de avestruz que representaba a Maat, diosa de la Verdad. Si los platillos no quedaban equilibrados, la diosa híbrida Ammyt devoraba el corazón y, por tanto, el compareciente, que en su turno de última palabra se defendía alegando su pureza, no podría penetrar en el *Aaru* («paraíso») para acceder a la barca solar del dios Ra y viajar por el firmamento de Oriente a Poniente eternamente.

En la iconografía cristiana el pesaje de las almas, conocido en griego como *psicostasis,* ha sido asignado al arcángel san Miguel, a quien en base a fuentes bíblicas («Que Dios me pese en balanzas justas» Job 31:6) y a los escritos de la patrística («En este día, nuestras acciones, nuestras palabras y nuestros pensamientos serán puestos en las dos balanzas, y, inclinadas hacia un lado, las balanzas darán como resultado la sentencia irrevocable». San Juan Crisóstomo), se representa como *psicopompo* («conductor de almas») depositando en cada platillo, de acuerdo a la mayoría de los restos artísticos y a pesar de que no coincidan con las reflexiones del citado padre de la Iglesia Oriental, las obras buenas y malas; aunque, quizá por no dar una idea equivocada de la justicia divina, no figura tal circunstancia en los textos evangélicos.

La única referencia literaria a san Miguel como portador de la balanza se encuentra en textos profanos, concretamente, en un cantar de ciegos recogido en el *Libro de buen amor,* de Juan Ruiz, arcipreste de Hita (1283-1350), y en versos de Gómez Manrique (1412-1490), tío del también poeta Jorge Manrique, contenidos en el Auto de Navidad *Representaçion del Nasçimiento de Nuestro Señor* (1474).

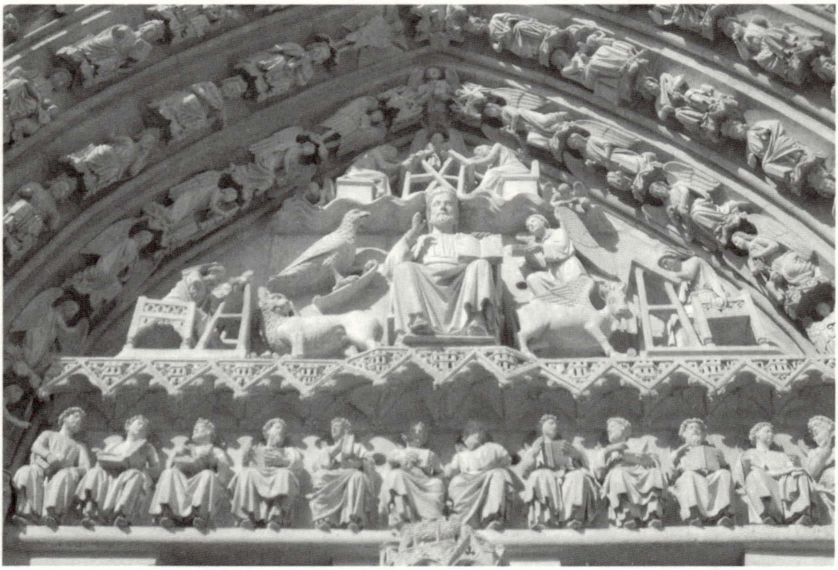

Tímpano de la portada del Sarmental (s. XIII) en la catedral de Burgos. Preside Cristo en Majestad circundado por los símbolos de los evangelistas o tetramorfos; representados también en forma humana escribiendo en sus pupitres la Nueva Ley al dictado del Maestro Universal. En el primer registro, el Colegio Apostólico en actitud dialogante, sobresaliendo sus pies del marco en un detalle de naturalismo goticista.

La referencia cristiana no se encuentra solamente en raíces egipcias, sino también en la mitología griega, que habla de los castigados por haber ofendido a los dioses padeciendo en el Tártaro suplicios eternos: Tántalo, condenado a hambre y sed eterna; Sísifo, obligado a subir una pesada roca a la cima de una montaña de la que volvía a rodar ladera abajo; Ixtión, atado a una rueda que no se detenía nunca; las Danaides, condenadas a llenar un cántaro sin fondo... rodeados por criaturas monstruosas como los sátiros, seres híbridos humano-animal (cabrones), que sirvieron de inspiración para la iconografía diabólica.

El terror a la muerte, *in crescendo* entre la sociedad medieval debido a las continuas guerras, hambrunas y epidemias que parecían anunciar de manera inminente el Juicio Final, fue aprovechado por la Iglesia para desarrollar una iconografía sobrecogedora acerca de las consecuencias en el otro mundo de haber llevado una conducta pecaminosa y disoluta, circunstancias que aprovecharon los charlatanes de turno —incluso llegaban a dar las exiguas cifras concretas del número total de salvados previstos— para encender aún más, si cabe, los terrores cotidianos a la perdición. Por tanto, las imágenes de las torturas del infierno, para un pueblo iletrado, eran el único mensaje que, añadido a las palabras del predicador, ilustraban lo que esperaba a los pecadores en el más allá, llegado el final de esta vida.

La aparición del Juicio Final como tema principal en los tímpanos de las portadas de las catedrales hispanas tuvo su origen en la iglesia de Santa María la Real de Sangüesa (Navarra), obra de los siglos XII-XIII, y presenta su apogeo en la centuria siguiente (catedrales de Burgos y León), tomando influencias de las grandes portadas góticas francesas como la de la catedral de Amiens. A partir del siglo XIV se fue extendiendo a otros territorios de la península: arquivoltas de la portada norte de la colegiata de Santa María la Mayor de Toro (Zamora), catedrales de Vitoria y Tarragona, seo Vieja de Lérida, Toledo y la portada del Perdón de la colegiata de Daroca (siglo XV); así como en pintura mural sobre el cascarón de la bóveda del ábside de la catedral Vieja de Salamanca (1445), si bien en esta centuria la atención principal del artista ya no se centra en el fino detalle de los castigos infernales, sino en la poderosa figura del Salvador presidiendo la resurrección de los muertos, flanqueado por las figuras genuflexas de la Virgen y san Juan Bautista y acompañado de la corte celestial.

Solo Cristo preside el tribunal: «Porque el Padre a nadie juzga, sino que todo el juicio dio al Hijo» (Jn 5:22), «por cuanto es el Hijo del Hombre» (Jn 5:26-27). «Y le fue dado dominio, gloria y reino, para que todos los pueblos, naciones y lenguas le sirvieran» (Dn 7:14).

Los textos veterotestamentarios ya profetizaban el último acto del fin del mundo: «Juzgará al mundo con justicia, y a los pueblos con rectitud» (Sal 98:9). «En aquel tiempo se levantará Miguel, el gran príncipe que está de parte de los hijos de tu pueblo, y será tiempo de angustia, cual nunca fue desde que hubo gente hasta entonces (...). Y muchos de los que duermen en el polvo de la tierra serán despertados, unos para vida eterna, y otros para vergüenza y confusión perpetua» (Dn 12:1-2).

Al contrario de la Iglesia bizantina, que precedió a la Iglesia romana en la representación del Juicio Final, situándolo en el interior de los templos para ilustrar sus muros, en Occidente este repertorio de imágenes aparece, preferente si no exclusivamente, en los tímpanos de las portadas de las grandes iglesias y catedrales, dividido en registros horizontales superpuestos con apoyo, cuando el poco espacio lo requiere, en las arquivoltas adyacentes. Como era el lugar de tránsito de las oleadas de peregrinos que iban de camino hacia la tumba del Apóstol en Compostela, por tratarse de un punto bien visible, cumplía con la finalidad de significar una advertencia acerca de lo que podía sucederles si no observaban un comportamiento hacia Dios y hacia el prójimo basado en las enseñanzas de la doctrina cristiana.

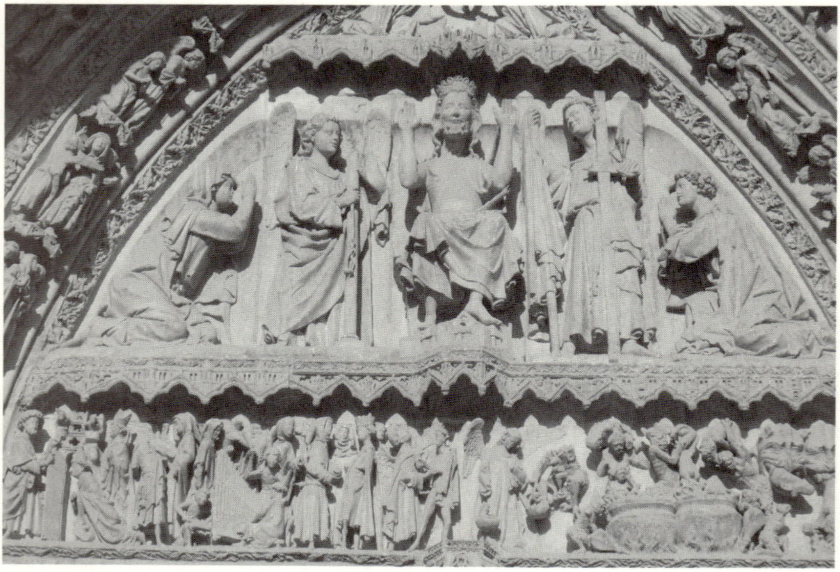

Tímpano de la portada central del pórtico occidental de la catedral de León (finales del siglo XIII), presidida por Cristo Varón de Dolores en el acto del Juicio Final. En el primer registro, san Miguel en la *psicostasis* pesa las almas; justos y réprobos caminan a derecha e izquierda respectivamente, hacia el cielo o el infierno, donde los diablos se ensañan con los condenados.

El reparto de escenas en los diferentes registros o espacios de los tímpanos puede variar de unos templos a otros. En la catedral de León se reserva el registro central, de mayor amplitud, para la figura del Juzgador, que aparece como Cristo Evangélico o Varón de Dolores, con el costado al aire mostrando la herida de la lanzada sufrida en la cruz, al tiempo que alza los brazos y presenta las palmas de ambas manos con las llagas de los clavos, coronado de pedrería y sentado en su trono, acompañado de ángeles que portan los *Arma Christi* o instrumentos de la Pasión, y flanqueado a derecha e izquierda por su santa madre ejerciendo de abogada nuestra —como reza la *Salve Regina* compuesta por el benedictino Hermann Contractus en el siglo XI—, y por el Discípulo Amado, ambos de rodillas, implorando clemencia para el género humano que comparece al final de los tiempos.

El registro inferior, situado sobre el dintel de la puerta, suele ser el lugar elegido para la representación de la *psicostasis*; san Miguel, en el centro, pesa las almas en los platillos de la balanza (que algún diablo tramposo intenta vencer hacia su parte). Separados a derecha e izquierda respectivamente (puesto el observador de espaldas), salvados y condenados se dirigen a sus lugares asignados: la gloria para los primeros y las calderas abrasadoras para los segundos, conducidos por horrendos demonios de cuerpos escamados, cuernos en la frente y garras en pies y manos, que martirizan sus carnes y engullen sus cuerpos crudos o los introducen de cabeza en grandes ollas hirvientes al fuego, que un diablillo aviva con el fuelle, prolongándose la escena por las dovelas adyacentes, tal como se observa en el tímpano de la portada central de pórtico del Juicio Final de la catedral de León.

El pecado capital de la lujuria es de los más castigados sin la menor piedad, antes bien, a base de dolorosas torturas en la lengua, los pechos o los genitales, tratándose casi siempre de mujeres las pecadoras, consecuencia de la misoginia medieval.

El incipiente desarrollo mercantil bajomedieval fue la principal causa de la propagación de nuevos vicios como la soberbia y, sobre todo, el fraude y la avaricia, que aparecerán también con profusión entre los castigos más representados. La doctrina moral de la Iglesia, que predicaba el amor al prójimo, tenía que manifestarse en las imágenes que se ofrecían en los templos a la vista de los fieles. En este caso, los condenados pertenecen al sexo masculino, habida cuenta del escaso papel que en aquellos tiempos desempeñó la mujer en los asuntos comerciales.

Así se puede comprobar en la puerta del Juicio de la catedral de Tudela, obra de finales del siglo XII correspondiente al primer gótico, pues cuenta con estatuas columnas como las primeras portadas góticas francesas, incorpora el arco apuntado y en las dovelas de las arquivoltas, donde por falta de espacio hubo que trasladar la representación del cielo y el infierno, las figuras están dispuestas en sentido longitudinal, esto es, orientadas hacia la clave.

En las catedrales de Santa María de Vitoria y Santa María de Toledo o en la iglesia de Santa María la Real de Sangüesa, los condenados son fagocitados directamente por las tremendas fauces del monstruo Leviatán.

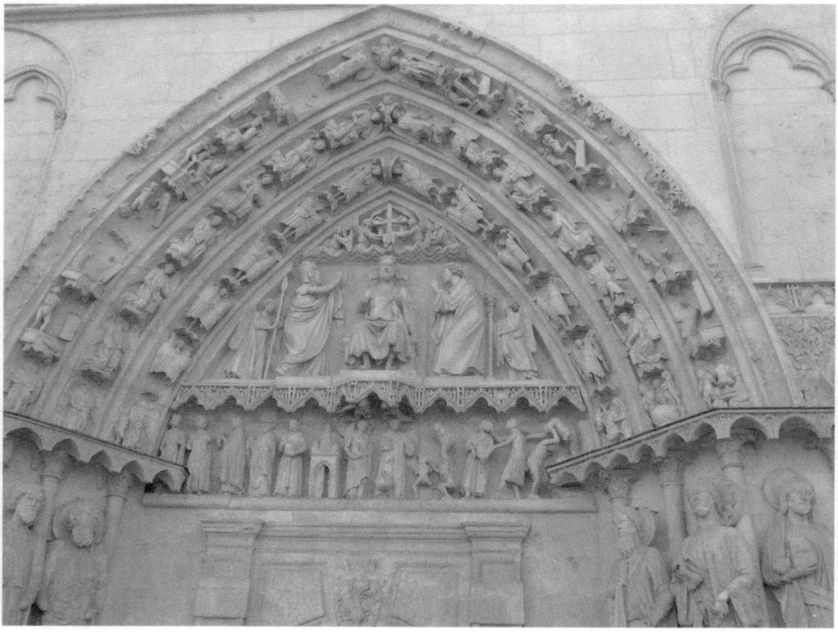

Tímpano de la puerta de la Coronería de la catedral de Burgos.
El Juicio Final presidido por Cristo Varón de Dolores.

Los resucitados pueden aparecer en el momento de salir de sus tumbas, al toque de trompeta de los ángeles que anuncian el juicio, desnudos o con los harapos de sus mortajas (dovelas de la portada del Juicio de la catedral de Tudela), o bien en el acto de ser juzgados (tímpano de la portada del Juicio Final de la catedral de León), en cuyo caso la desnudez se reserva exclusivamente para los condenados, mientras que los elegidos, en un naturalismo muy expresivo, aparecen rigurosamente vestidos con sus mantos y túnicas y conversan animadamente a la que se dirigen al son de la música celestial de un órgano que hace sonar un angelito, otro le da fuelle y un tercero entona la melodía, a las puertas del cielo («Esta es puerta de Jehová.

Por ella entrarán los justos» Sal 118:20). San Pedro les aguarda para darles la bienvenida («Y yo también te digo, que tú eres Pedro. Y a ti te daré las llaves del Reino de los Cielos» Mt 16:18-19) ante una puerta torreada que alude a la Jerusalén Celestial. La picardía del escultor que trabajó en León situó entre estos a venerados santos de la época como san Francisco, santo Domingo y santa Clara, junto a los altos estamentos de la sociedad eclesiástica y civil, presididos por el papa arrodillado, identificable por la tiara pontificia, el rey Alfonso X el Sabio coronado de pedrería y un obispo luciendo la mitra sobre su cabeza.

El cielo puede estar representado como un paraíso de la naturaleza en alusión al Jardín del Edén, o bien como «el seno de Abraham» (Lc 16:22), motivo más frecuente en el gótico francés que en el hispano.

En la puerta de la Coronería de la catedral de Burgos, que data de mediados del siglo XIII, aunque más pobre en escenas, se da la misma disposición, al igual que en la portada del Juicio de la catedral de Vitoria (últimos años del primer tercio del siglo XIV).

En la catedral de Tarragona (ss. XIII-XV), dentro del exiguo espacio reservado al relieve en el tímpano de la portada occidental, los justos, uno de ellos tocado con la tiara papal, aparecen vestidos con túnicas sobre sus sepulcros, con las manos unidas en actitud de súplica y mirando en lo alto hacia Jesucristo Varón de Dolores, mientras bajo ellos, en desordenada turba, los condenados, sin ropas, están padeciendo los suplicios a los que en vida se hicieron acreedores.

En Notre Dame de Paris (principios del siglo XIII) el registro de mayores dimensiones, de los tres en los que está compartimentado el tímpano, es el superior, donde se hallan Cristo Juez y el resto de figuras que flanquean su trono; el arcángel *psicopompo* centra el espacio inmediatamente inferior, en el cual se representa el cielo de los justos; el plano más bajo lo ocupa la caterva de torturados que están pagando sus culpas en el infierno.

La misma disposición se reproduce en la puerta del Juicio Final de la catedral de Toledo, que da a la nave de la epístola en la fachada principal, ya a principios del siglo XV.

En cuanto a la apariencia humana de los resucitados, para los artistas la doctrina de los comitentes los situó en la edad de treinta años (similar a la que tenía Cristo cuando murió y resucitó) y a salvo de la enfermedad, el dolor y las deformaciones físicas (espiritualizados, según la teología franciscana y las enseñanzas de san Pablo: «y los muertos serán resucitados incorruptibles» 1 Cor 15:52), por lo que no aparecen niños ni ancianos, tullidos o enfermos entre ellos.

Justos y pecadores resucitan a un tiempo: «Todos los que están en los sepulcros oirán su voz, y los que hicieron lo bueno saldrán a resurrección de vida; mas los que hicieron lo malo, a resurrección de condenación» (Jn 5:28-29).

El Juicio Final y los tormentos del infierno se encuentran prefigurados en varios pasajes del Antiguo Testamento y anunciados en las parábolas de Jesucristo:

- La destrucción de Sodoma y Gomorra (Gn 19:15-26).
- Josué rodea Jericó durante siete días y sus murallas se derrumban (Js 6:2-25).
- Salomón juzga a dos mujeres que dicen ser madres del mismo hijo (1 Re 3:16-27).
- Daniel profetiza a Belsasar, rey de los caldeos, su muerte y el fin de su reino (Dn 5).
- La parábola de las vírgenes prudentes y las vírgenes necias (Mt 25:1-13).

## LA NUEVA JERUSALÉN CELESTIAL

La Nueva Jerusalén Celestial es la ciudad santa que aguarda en el cielo a los cristianos para acogerles en la otra vida que existe después de la muerte física:

> Y me llevó en el Espíritu a un monte grande y alto, y me mostró la gran ciudad santa de Jerusalén, que descendía del cielo, de Dios. Y su fulgor era semejante al de una piedra preciosísima, como piedra de jaspe, diáfana como el cristal. Tenía un muro grande y alto con doce puertas, y en las puertas, doce ángeles, y nombres inscritos, que son los de las doce tribus de los hijos de Israel; al oriente tres puertas; al norte tres puertas; al sur tres puertas; al occidente tres puertas. Y el muro de la ciudad tenía doce cimientos, y sobre ellos los doce nombres de los doce apóstoles del Cordero.
>
> Ap 21:10-14

Aunque durante el románico y el primer gótico la iconografía representa la ciudad santa en portadas de templos y frontales de sepulcros por medio de arquerías que cobijan personajes sagrados (normalmente, los apóstoles), son las majestuosas catedrales, templos de la luz por excelencia con sus muros diáfanos, que a través de los grandes vitrales policromos como piedras preciosas transmiten al interior del templo la luz divina del universo, quienes constituyen la suma imagen de la ciudad celestial, en contraposición, como decía san Agustín en *La ciudad de Dios*, a la ciudad terrenal, representada por la Babilonia del pecado.

## ICONOGRAFÍA DE LA VIRGEN MARÍA

La principal fuente de inspiración en la iconografía mariana, tanto para los comitentes y teólogos como para los artistas que ejecutaban sus encargos, fueron los evangelios apócrifos (el *Protoevangelio de Santiago*, el *Pseudo-Mateo* y el *Evangelio de la Natividad de María*). A partir de mediados del siglo XIII, la *Leyenda Dorada*, puesto que en los evangelios canónicos el personaje de María de Nazaret cuenta con escasa presencia, salvo en los textos de san Mateo y, especialmente, de san Lucas, a quien se tiene también por el retratista de la Virgen, pues además de médico («Os saluda Lucas el médico amado» Col 4:14) era también pintor. A él debemos, aparte del nombre de la madre de Cristo y el de su esposo, que también cita el primero («María estaba comprometida para casarse con José» Mt 1:18), su lugar de origen y una de sus familiares: «Al sexto mes el ángel Gabriel fue enviado por Dios a una ciudad de Galilea, llamada Nazaret, a una virgen desposada con un varón que se llamaba José, de la casa de David, y el nombre de la virgen era María (...). Y he aquí tu parienta Isabel» (Lc 1:26-28; 1:36).

También es en los textos apócrifos donde se cita el nombre de sus padres: Joaquín y Ana. El culto a la madre de la Virgen, nacido en Oriente hacia el siglo VI unido a la devoción popular por la Purísima Concepción de la Virgen María, que por influencia bizantina se había ido extendiendo gracias a las cruzadas a través de Nápoles y Sicilia a lo largo de gran parte de Europa, a lo que contribuyó notablemente la llegada de reliquias como el velo de la santa que se conserva en la basílica de Apt (Provenza), cobró un fuerte impulso en el siglo XIII con la *Leyenda Dorada*, acentuado a partir del siglo XV, convirtiéndose en patrona de las mujeres embarazadas y las parturientas por su condición de madre estéril. No obstante, fue decayendo después del Concilio de Trento, aunque aún cultivó el tema algún pintor de fama como Leonardo da Vinci.

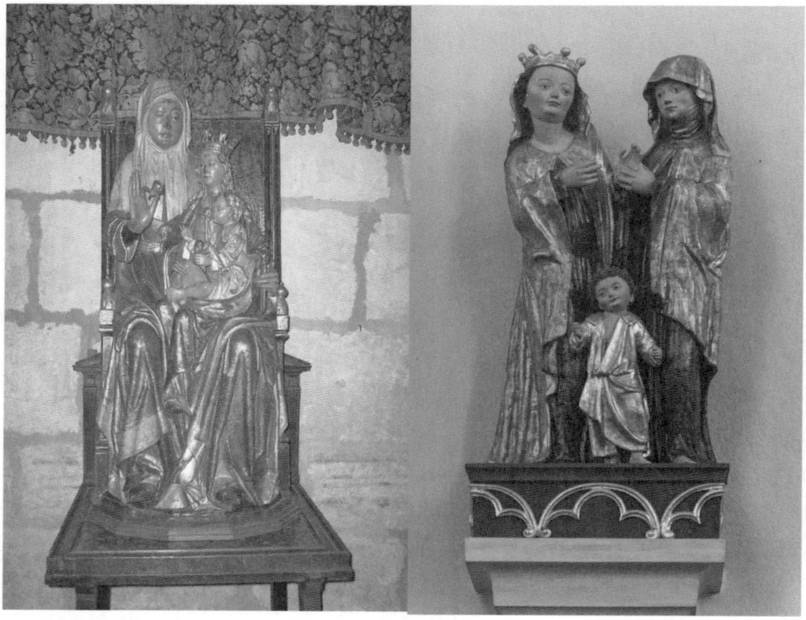

Dos modelos de *Anne Selbdritt* o *Santa Ana Triple*, labradas en madera policromada: (h. 1510) por Alejo de Vahía, escultor de probable origen nórdico, en el Museo Catedralicio de Palencia, y (h. 1480) por maestro anónimo en la iglesia de Santa Ana en Pöggstall, Baja Austria.

Nació, así, en Alemania una nueva iconografía que recibe el nombre de *Anne selbdritt* o Santa Ana Triple, indicando una religiosidad de tipo familiar. Presenta dos variantes: en la primera, la más habitual, con disposición piramidal escalonada de sentido genealógico, la madre de la Virgen —siempre en tamaño jerárquico en su condición de personaje principal—, con toca de casada, sostiene en el regazo a su hija María, coronada de reina del Cielo o bien de aspecto adolescente y con el pelo suelto en su condición de doncella, llevando consigo en la misma postura o sobre una de sus rodillas al Niño Jesús, vestido con un sayo o semidesnudo, apenas cubierto por un tenue velo; en otro modelo, también de composición vertical, santa Ana, también sedente, mantiene en cada una de sus rodillas a la Virgen y al niño; una tercera estampa presenta a la abuela de pie portando en cada uno de sus brazos a su hija y a su nieto, o bien, sosteniendo los dos en un solo brazo o con ambas manos. En la segunda variante, de composición horizontal, madre e hija aparecen en el mismo plano y el niño jugando entre ambas, a veces sostenido por su madre mientras esta vuelve la cara hacia la abuela. En otras imágenes, santa Ana muestra un libro abierto a María, al que también mira el niño, haciendo alusión a la condición de educadora que la atribuye la devoción popular.

Ya del primer tercio del XVI proceden las tallas en madera policromada que se conservan en el Museo Catedralicio de Palencia y en el Museo de los Caminos de Astorga (León) procedente del Hospital de las Cinco Llagas en la misma localidad.

El culto a la Virgen se originó en el Concilio de Éfeso (431). María quedó consagrada definitivamente como *Theotokos* («Madre de Dios», en griego), denominación con la que será conocida en Oriente. En Occidente, además, será reconocida como *Mater Dei, Dei genitrix* o *Deipara* («La que pare a Dios», en la terminología latina), al imponer sus tesis el patriarca Cirilo de Alejandría frente a Nestorio de Constantinopla, que abogaba por la *Christotokos* («Madre de Cristo hombre»).

Varias órdenes religiosas se pusieron bajo su advocación, así como numerosos templos, ciudades y corporaciones, buscando su protección y la intercesión ante su hijo Jesucristo.

La plasmación artística de la madre de Dios humanizada, pero de belleza ideal, llegó a su máxima expresión durante el gótico, época en la que se produce el fervor del culto mariano a partir de las predicaciones de san Bernardo de Claraval («Es voluntad expresa de Dios, que ha querido que todo lo tengamos por María», *Sermones de santos*), coincidiendo con la exaltación de la figura femenina por la lírica trovadoresca y el amor cortés. La Virgen ocupa el sitio de honor en los parteluces y tímpanos de las portadas. No obstante, su imagen había comenzado a aparecer ya en las portadas del románico tardío como *Theotokos*, madre con su hijo en el regazo (modelo inspirado en la diosa egipcia Isis con Horus sentado sobre sus rodillas), haciendo al mismo tiempo de trono de Dios o *Sedes*

*Sapintiae* («Trono de Sabiduría»), con los brazos rectos a modo de sitial, como se observa en las primeras figuraciones de transición románico-gótica, concretamente, en el tímpano de la portada de Santa Ana de Notre Dame de París (solemnemente entronizada bajo un baldaquino que simboliza la Jerusalén Celestial) o en la portada derecha del pórtico occidental de la catedral de Chartres. En ambos templos flanquean el trono dos ángeles turiferarios y, en el primero, además, a izquierda y derecha según se mira, un prelado, un escriba y un rey arrodillado.

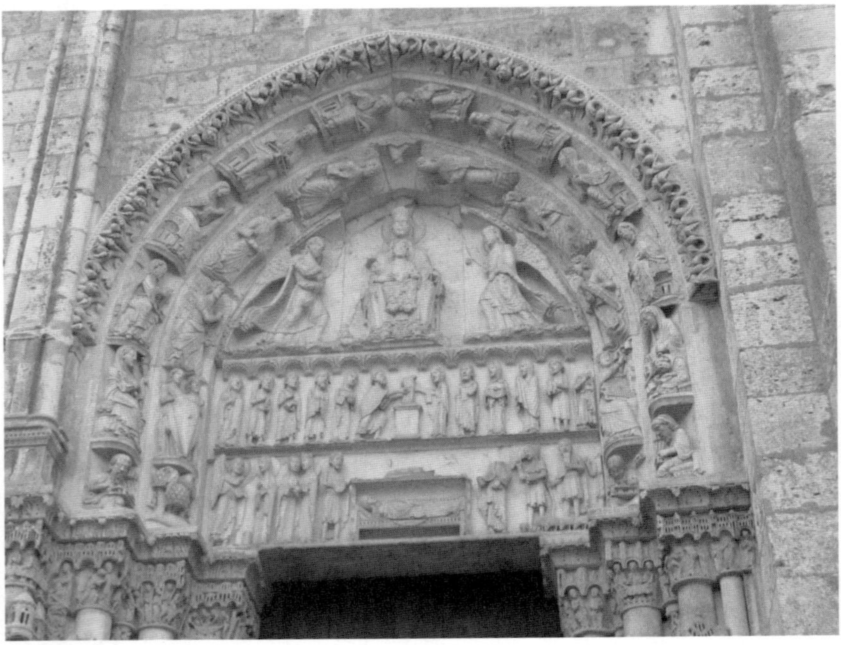

La Virgen con el niño entronizada. Registro superior del tímpano de la portada derecha del pórtico occidental de la catedral de Chartres.

Ese doble carácter de Virgen y Madre cariñosa, que sonríe y juguetea con el niño, es objeto de particular alabanza por el poeta Gonzalo de Berceo («Yo maestro Gonçalvo de Berceo nomnado» h. 1196-h. 1264), principal representante del mester de clerecía, en su obra *Milagros de Nuestra Señora*.

Como el agua es principio de vida, para Teodoto, obispo de Ancira en el siglo V, María es la «limpísima fuente del agua que da la vida» porque de su interior nació Jesucristo, origen de la vida eterna. En el mismo sentido, san Crísipo de Jerusalén, monje capadocio del siglo V, custodio de la Santa Cruz en la basílica del Santo Sepulcro, exclama en su homilía *Bendita sea la Madre de Cristo*: «Alégrate, manantial de la vida. Alégrate, pozo del agua siempre viva». San Bernardo de Claraval, en uno de sus sermones, decía: «Manaba ya la fuente, pero hasta entonces solo dentro de sí misma. Ahora se ha encarnado y habita entre nosotros».

María, la madre del Señor, la *Domina*, Nuestra Señora en sentido posesivo, es la Gran Dama, la mujer ideal que encarna todas las virtudes. Adosada al parteluz de la portada María es *Porta Coeli* («Puerta del Cielo»). Amantando al niño —que es alimentar a la Iglesia— es *Madonna Lactans*, Virgen de la Leche, Virgen Nodriza o Nuestra Señora del Buen Reposo, inspirada en la *Galactotrofusa* bizantina, modelo procedente del arte egipcio (Isis dando el pecho a Horus) y romano: la Loba (Roma) amamantando a sus pupilos.

De rodillas ante su Hijo, María es *Mediatrix* («medianera», «intercesora») entre Él y los hombres, «Medianera universal de todas las gracias, como madre de los vivientes» (Andrés de Creta, †740), implorando en el Juicio Final clemencia para el género humano como madre y abogada nuestra, que simboliza el vínculo entre el cielo y la tierra, consagrada, podríamos decir, desde que en 1190 se dedica por primera vez en Senlis el pórtico de una catedral a la Virgen.

María será también madre sufriente, Virgen de los Dolores, Virgen de la Amargura, Virgen de la Piedad, Virgen de las Angustias o La Dolorosa, traspasada por los «siete dolores» de la advocación popular: la profecía de Simeón (Lc 2:32-35); la huida a Egipto (Mt 2:13-15); Jesús perdido en el templo (Lc 2:41-50); encuentro con su Hijo camino del Calvario (Lam 1:12); Jesús muere en la cruz (Jn 19:17-39); recibe el cuerpo de Jesús descendido de la cruz (Mc 15:42-47); sepultura del cuerpo de Jesús (Lc 23: 53-54).

De las súplicas o letanías (*litaneia,* en griego) dialogadas en las procesiones entre el sacerdote y los fieles, ya en los primeros tiempos de la cristiandad, dirigidas en principio solamente a Dios, surgieron las invocaciones a los santos (*Letanías Mayores*, compuestas por san Gregorio Magno en el año 592) y, muy especialmente, a la Virgen María (*Letanías marianas*), seguidas de la súplica *Ora pro nobis* («Ruega por nosotros»). El *Directorio sobre la piedad popular y la liturgia*, elaborado por la Congregación para el Culto Divino y la Disciplina de los Sacramentos de la Santa Sede (2002), las define como «una prolongada serie de invocaciones dirigidas a la Virgen, que, al sucederse una a otra de manera uniforme, crean un flujo de oración caracterizado por una insistente alabanza-súplica». Están basadas en la recomendación de san Pablo a su discípulo Timoteo: «Exhorto, ante todo, a que se hagan rogativas, oraciones, peticiones y acciones de gracias por todos los hombres, por los reyes y por todos los que están en eminencia, para que vivamos quieta y reposadamente en toda piedad y honestidad» (1 Tim 2, 1-2).

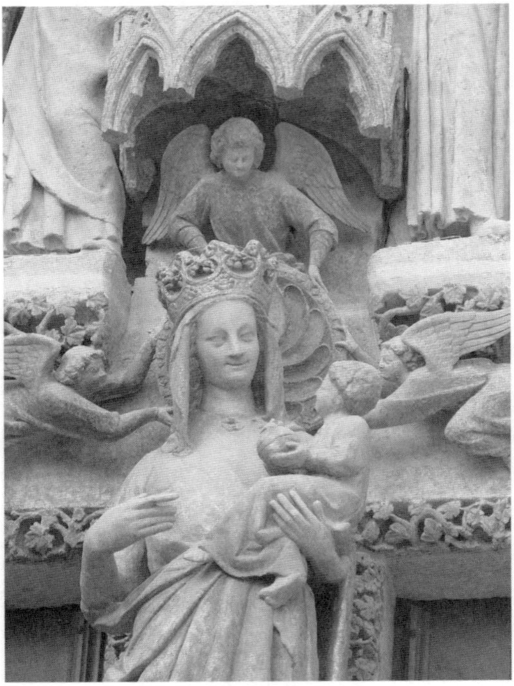

Detalle de la *Virgen Dorada* (1288), en el parteluz de la portada sur de la catedral de Amiens.

Se conocen como Letanías *lauretanas* las súplicas que se rezan o cantan al final del Rosario. Su nombre deriva del santuario de Loreto, lugar de Italia a donde, según una leyenda, fue trasladada por los ángeles, en la noche del 9 al 10 de diciembre de 1296, la santa casa de Nazaret en la que vivió la Virgen, después que en 1291 hubiese sido traída por los mismos mensajeros divinos desde Nazaret a Tarseto (Dalmacia), de donde, en 1294, estos la llevaron a la ribera opuesta del mar Adriático, un bosque de laureles cerca de Reananti (Italia), del que procede el nombre de Loreto (del latín

*Lauretum*: «Lugar poblado de laureles»). Tras dos nuevos traslados para evitar a los ladrones de peregrinos que comenzaban a acudir y las disputas de los propietarios del lugar, los ángeles la depositaron en una colina, donde permanece desde entonces. En el siglo XIV se levantó el susodicho santuario, en cuyo interior se encuentra la santa casa de María. Las advocaciones que llenaron sus muros han sido el origen de las letanías *lauretanas*, rezadas por primera vez en este lugar y aprobadas por Sixto V para toda la Iglesia en 1587.

El 24 de marzo de 1920 Nuestra Señora de Loreto fue declarada por el papa Benedicto XV patrona de los viajeros aéreos y de la aeronáutica. También de los trabajadores de la construcción, pues la casa se mantiene sin cimientos, que, según la tradición, quedaron en Nazaret.

Las letanías a la Virgen se multiplicaron de tal manera que fueron prohibidas por el papa Clemente VIII en 1601, a excepción de las ya incluidas en los libros litúrgicos de la Iglesia y de las *lauretanas*, que habían empezado a recitarse todos los sábados en la basílica de Santa María la Mayor de Roma (introducidas por el cardenal Francisco de Toledo en 1597) y en todos los conventos de la Orden de Predicadores (Padres Dominicos), con la condición de que no se incluyeran nuevas advocaciones. No obstante, Clemente X añadió en 1675 la de «Reina del Sacratísimo Rosario» a petición de la Cofradía del Rosario; Clemente XIII en 1766 la de «Madre Inmaculada» a petición de España por ser la patrona de la nación; León XIII la de «Madre del Buen Consejo», en 1903, por voluntad propia al tratarse de su exclamación más querida; Benedicto XV, también por iniciativa particular, la de «Reina de la Paz» en 1914, al inicio de la Primera Guerra Mundial; Pío XI la de «Madre de los Desamparados», en 1923, con ocasión de su coronación como patrona de Valencia; Pío XII la de «Reina Asunta al Cielo», en 1951, tras la proclamación del dogma de la Asunción; Pablo VI la de «Madre de la Iglesia» en 1964; y Juan Pablo II la de «Reina de las Familias» en 1994.

El testimonio más antiguo de las letanías marianas se encuentra en un misal de Maguncia del siglo XII titulado *Letania de Domina Nostra Dei genenetrice Virgine Maria*. Su fuente está en el *Cantar de los Cantares*, reinterpretadas sus metáforas por la patrística —aplicadas a María de modo derivado—, basándose en las prefiguraciones cristológicas veterotestamentarias.

Posteriormente, además de otros textos que recogen metáforas y alegorías en torno a la Virgen María, aparecieron las *Mariologías*, que contienen la interpretación de los distintos dogmas y doctrinas marianas y el estudio del culto a la Madre de Dios, conocido como hiperdulía, es decir, más allá de la dulía o veneración hacia los santos, por la gracia de Dios que contiene su santidad.

## PREFIGURACIONES MARIANAS

Al igual que en la Vieja Ley aparece señalado el camino de la llegada de Cristo, forzosa e implícitamente tiene que aparecer también la prefiguración de aquella por la que el Hijo de Dios vino a este mundo, es decir, su madre, la Virgen María.

### EVA

Eva, la primera mujer, «madre de todos los vivientes», como la llamó Adán (Gn 3:20), fue relacionada por los Padres de la Iglesia —el primero fue san Justino, c. 150— con la Virgen María, la nueva Eva, madre espiritual del género humano, vencedora de Satanás; pisando la cabeza del dragón y en una mano la manzana, la fruta no ya del pecado, sino el símbolo de su desaparición.

Abundando en la prefiguración, en el retruécano de su nombre, Eva, se encuentra la salutación angélica: *Ave.*

### EL ARCA DE NOÉ Y EL ARCA DE LA ALIANZA

El arca de Noé y el arca de la alianza constituyen prefiguraciones del seno de la Virgen María, que tuvo en su ser a Dios. La primera porque albergó la nueva humanidad libre de pecado, y la segunda porque guardaba las señales del pacto entre Yavé y su pueblo: las Tablas de la Ley, el maná y la vara de Aarón florecida (Dt 10:5; Heb 9:4; Éx 16:32-34, 40:20; Nm 17: 22-26), igual que María guarda en su seno a Cristo. Un seno que, por tanto, hubo de ser inmaculado desde el instante de su concepción, como afirmaron por primera vez Hesiquio de Jerusalén y Máximo, obispo de Turín, a finales del siglo IV.

El arca de la alianza, custodiada por los patriarcas de Israel, figura en el primer registro del tímpano de la portada norte de la fachada principal de la catedral de Notre Dame de París.

## LA VARA DE AARÓN FLORECIDA

Como la vara de almendro seco de Aarón, que floreció delante del arca de la alianza y dio fruto por intervención divina, la Virgen María concibió a Jesucristo por obra y gracia del Espíritu Santo, en opinión coincidente de eminentes exégetas y teólogos como san Fortunato de Aquilea a principios del siglo IV, san Efrén de Siria (306-373), san Cromacio de Aquilea (c. 345-c.407), san Agustín de Hipona (354-430) y san Severo de Antioquía (c. 475-538), en relación al pasaje bíblico:

> Y Moisés [siguiendo el mandato de Jehová] habló a los hijos de Israel, y todos los príncipes de ellos le dieron varas; cada príncipe por las casas de sus padres una vara, en total doce varas, y la vara de Aarón estaba entre las varas de ellos. Y Moisés puso las varas delante de Jehová en el Tabernáculo del Testimonio. Y aconteció que el día siguiente vino Moisés al Tabernáculo del Testimonio, y he aquí que la vara de Aarón de la casa de Leví había reverdecido, y echado flores, y arrojados renuevos, y producido almendras (...). Y Jehová dijo a Moisés: «Vuelve a poner la vara de Aarón delante del Testimonio, para que se guarde por señal a los hijos rebeldes».
>
> Nm 17:6-8-10

San Bernardo de Claraval, en su tratado *Homilías sobre las excelencias de la Virgen Madre* (1120), también considera la vara de Aarón una clara prefiguración mariana: «¿Qué [presagiaba] aquella vara de Aarón, que floreció estando seca, sino a la misma [María] concibiendo, ¿pero sin obra de varón?» (2,5).

Berceo, en la «Introducción» a los *Milagros de Nuestra Señora* (compuesta en cuaderna vía: estrofas de cuatro versos alejandrinos de catorce sílabas con rima consonante divididos en dos hemistiquios de siete), señala igualmente la vara de Aarón como prefiguración de la Virgen María (la Gloriosa), estableciendo, además, paralelismos con el asta («piértiga») en la que Moisés colocó una serpiente de bronce y la vara que el legislador del pueblo hebreo llevaba en la mano —prefiguraciones cristológicas también de la cruz de Cristo, según san Teodoro Estudita— para hacer prodigios ante el faraón y separar las aguas del mar Rojo:

Es dicha vid, es uva, almendra malgranada,
Que de granos de graçia está toda calcada;
Oliva, cedro, balssamo, palma bien aiumada,
Piértega en que sovo la serpiente alzada.

La llaman vid, y es uva, y almendra, y es granada
que de granos de gracia está toda plasmada;
oliva, cedro, bálsamo, palma verde brotada,
pértiga en la que estuvo la sierpe levantada.

El fust de Moyses enna mano portava
Que confondio los sabios que Faraon preciava,
El que abrio los mares e depues los cerrava
Si non a la Gloriosa, al non significava.

La vara que Moisés en la mano llevaba,
que confundió a los sabios que Faraón preciaba,
con la que abrió los mares y después los cerraba
si no es a la Gloriosa *ál* no significaba.

Si metieremos mientes en ell otro baston
Que partio la contienda que fue por Aaron,
Al non significava, como diz la lection,
Si non a la Gloriosa, esto bien con razon.

Si parásemos mientes en el otro bastón
que partió la contienda y estuvo por Aarón,
*ál* no significaba
—como dice la lección—
sino a la Gloriosa, y con buena razón.

*Milagros de Nuestra Señora*, 39-41

## LA ZARZA ARDIENTE EN EL SINAÍ

Para Berceo, la zarza que ardía en el Sinaí sin consumirse ante los ojos de Moisés (Éx 3:2), constituye una prefiguración de la Virgen María:

La mata que paresco al pastor encendida
e remanesció sana com' ante tan cumplida,
a ti significaba, que nos fust' corrompida
nin de la firmedumbre del tu voto movida.

*Loores*, 6

Con este simbolismo la representa en 1476 el pintor francés Nicolás Froment en el panel central del *Tríptico de la zarza ardiendo*, de la catedral de St. Sauveur en Aix-en-Provence.

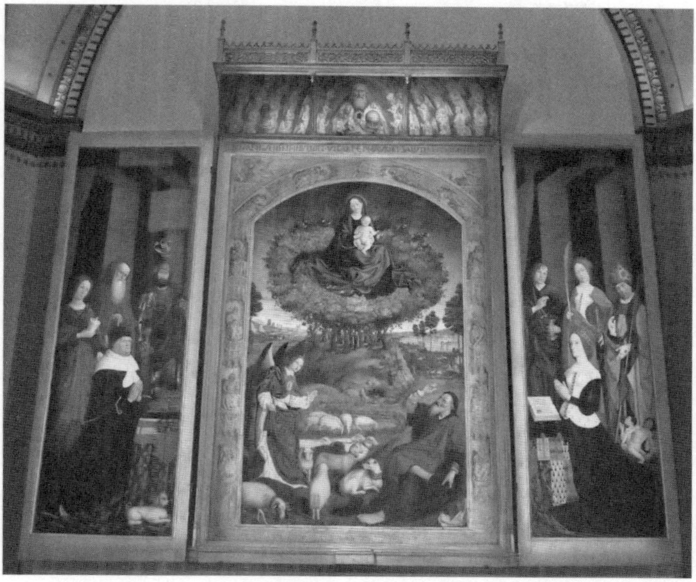

*Tríptico de la zarza ardiente* (1476), por Nicolás Froment, en la catedral de St. Sauveur en Aix-en-Provence (Francia).

## EL VELLÓN DE LANA DE GEDEÓN

Otro *typo* de María en el Antiguo Testamento lo aprecian tanto Berceo («Ella es el vellocino que fue de Gedeón» *Milagros*, 34) como san Bernardo en el vellón de lana de Gedeón cuando este le pide a Dios una prueba de que está con él:

> Y Gedeón dijo a Dios: «Si has de salvar a Israel por mi mano, como has dicho, he aquí que yo pondré un vellón de lana en la era, y si el rocío estuviere en el vellón solamente, quedando seca toda la otra tierra, entonces entenderé que salvarás a Israel por mi mano, como lo has dicho». Y aconteció así, pues cuando se levantó de mañana, exprimió el vellón y sacó de él el rocío, un tazón lleno de agua. Mas Gedeón dijo a Dios: «No se encienda tu ira contra mí, si aún hablare esta vez; solamente probaré ahora otra vez con el vellón. Te ruego que solamente el vellón quede seco, y el rocío sobre la tierra». Y aquella noche lo hizo Dios así; solo el vellón quedó seco, y en toda la tierra hubo rocío.
>
> Jue 6:36-40

Añade san Bernardo, a quien apodaban el doctor Melifluo («Boca de miel») por su brillante oratoria: «¿Qué significa el vellocino de Gedeón, que, quitado de la carne, pero sin herida de la carne, es puesto en la era, y ahora la lana, después la misma era, es humedecida con el rocío, sino aquella carne tomada de la carne de la Virgen, ¿pero sin detrimento de su virginidad?» (*Homilías* 2,7).

También en las palabras del profeta Jeremías aprecia san Bernardo una prefiguración de la Virgen María, a pesar del significado un tanto dudoso, pero entendiendo como hija a la nación hebrea que abrazará a Dios: «¿Hasta cuándo andarás errante, oh hija [Israel] contumaz? Porque el Señor criará una cosa nueva sobre la tierra: una mujer rodeará al varón» (Jr 31-22).

## EL TRONO DE SALOMÓN

María *Sedes Sapientiae* («Sede de la Sabiduría»), trono del Verbo encarnado (la Sabiduría Universal), se halla prefigurada en el trono de Salomón: «Hizo también el rey un gran trono de marfil, que cubrió con láminas de oro purísimo» (1 Re 10: 18).

## MUJERES BÍBLICAS: ESTHER, JUDITH Y BETSABÉ

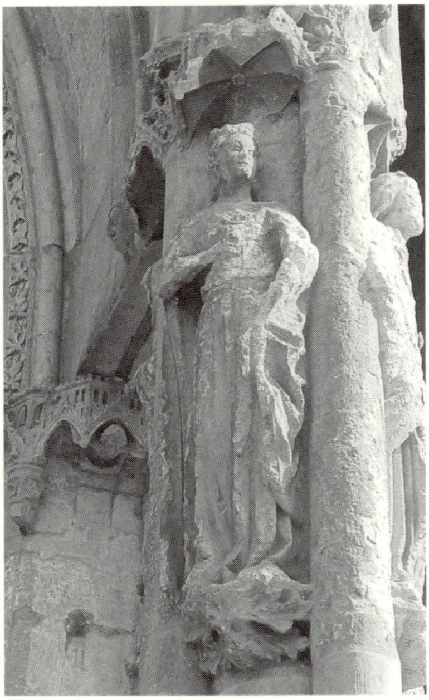

Esther y a su derecha Asuero (s. XIII), adosados a uno de los pilares del pórtico occidental de la catedral de León.

En mujeres bíblicas como las heroínas Esther y Judith o en Betsabé, madre del rey Salomón, se aprecian prefiguraciones de María. En la primera (*Hadasa*, «mirto» en hebreo, mencionada en la Biblia con su nombre persa, que significa «estrella») por su papel de *mediatrix* (como la Virgen ante Jesucristo) cuando intercede ante el rey persa Asuero (Jerjes) para que no extermine al pueblo judío, pues estaba ofendido porque Mardoqueo, padre adoptivo de Esther, que era judío y no le guardaba reverencia, había indicado a su pupila que no declarase el origen de ambos (Est 2:10). Ella ofrece su vida por el perdón de su pueblo, enterneciendo al monarca, que finalmente accede a los ruegos de su esposa (Est 7). Su coronación como reina (Est 2:17) por el rey Asuero constituye la prefiguración de la Coronación de María como Reina de los Cielos por su hijo Jesucristo.

Entre las representaciones de ambos personajes se encuentran sus estatuas adosadas a uno de los pilares del pórtico occidental de la catedral de León.

Otra mujer de probado heroísmo, Judith («la que alaba a Dios»), salva a su pueblo decapitando después de embriagarle al general asirio Holofernes (Jdt 13:6-8), como María salva a la humanidad pisando la serpiente del demonio.

En cuanto a Betsabé («Hija del Sheba», «sábado»), sentada a la derecha del rey Salomón, su hijo, por indicación de este («Vino Betsabé al rey Salomón para hablarle por Adonías. Y el rey se levantó a recibirla, y se inclinó ante ella, y volvió a sentarse en su trono, e hizo traer una silla para su madre, la cual se sentó a su diestra» 1 Re 2:19), ha sido considerada una prefiguración de María sentada en el cielo al mismo lado de su hijo Jesucristo.

## HORTUS CONCLUSUS («HUERTO CERRADO»)

> Huerto cerrado eres, hermana mía,
> esposa mía.
> Fuente cerrada, fuente sellada.
>
> *Cant* 4:12

Esta simbología virginal e inmaculada del seno de María, prefigurada en el Antiguo Testamento también como puerta cerrada que se abre solo para Jehová (Ez 44:1-2), la predicaban en el siglo V san

Crísipo de Jerusalén («Alégrate, puerta sellada que se abre solo para el rey») y san Ambrosio de Milán, para quien el *hortus conclusus*, «por estar cerrado y sellado se asemeja a la Madre del Señor, que fue a la vez madre y virgen». El poeta Berceo presenta el «huerto cerrado» como un prado libre de toda maleza:

| | |
|---|---|
| En esta romeria avemos un buen prado,<br>en qui trova repaire tot romeo cansado,<br>La Virgin Gloriosa, madre del buen criado,<br>Del qual otro ninguna egual non fue trobado. | En esta romería tenemos un buen prado<br>en que encuentra refugio el romero cansado:<br>es la Virgen Gloriosa, madre del buen criado<br>del cual otro ninguno igual no fue encontrado. |
| Esti prado fue siempre verde en onestat,<br>Ca nunca ovo mácula la su virginidat,<br>*Post partum et in partu* fue Virgin de verdat,<br>*Illesa, in corrupta* en su entegredat. | Este prado fue siempre verde en honestidad,<br>porque nunca hubo mácula en su virginidad;<br>*post partum et in partu* fue Virgen de verdad,<br>*ilesa e incorrupta* toda su integridad. |

*Milagros de Nuestra Señora,* 19-20

Para san Bernardo, María «Huerto es, en verdad, de delicias, que no solamente inspiró viniendo, sino que agitó dulcemente con sus soberanos soplos aquel austro divino, sobreviniendo en ella, para que por todas partes fluyan y se difundan sus aromas, los dones de sus gracias» (*Sermones de Santos, En la Natividad de la Bienaventurada Virgen María*).

## MARÍA, CÚMULO DE HERMOSAS METÁFORAS

Como el «huerto cerrado», metáfora de la Virgen Inmaculada y llena de gracia, otras bellas imágenes literarias cantan a la Virgen María.

Para san Andrés de Creta (†720), en una de sus célebres homilías, María «es el espejo espiritual del resplandor del Padre», refleja la perfección divina. «Espejo de Justicia» la llama la *Letanía Lauretana*.

Con la Luna, que depende del Sol para iluminar, se identificó también a la Virgen: «Hermosa como la Luna y escogida como el Sol» (san Juan Damasceno, *Homilia I In Dormitionem B. V. Maria*), pues es el vivo reflejo de su Hijo, «el Sol de Justicia» (Ml 4:2), que iluminó con su luz toda la creación y hacia el que se volvían los catecúmenos cuando recibían el bautismo, dando la espalda a poniente, es decir, a la oscuridad del mundo.

Como Estrella de la Mar y de la Mañana la identificaron san Isidoro de Sevilla en el siglo VII («María es "la que ilumina", "estrella del mar", pues "engendró la luz del mundo"»), Rábano Mauro en el IX porque trajo a Jesús a este mundo sumergido en las tinieblas y Gonzalo de Berceo:

| | |
|---|---|
| La bendicta Virgen es estrella clamada, | Esta bendita Virgen es estrella llamada, |
| Estrella de los mares, guiona deseada, | estrella de los mares y guía muy deseada; |
| Es de los marineros en las cuitas guardada, | es de los marineros en la cuita implorada, |
| Ca quando essa veden, es la nave guïada. | porque cuando la ven la nave va guiada. |

*Milagros*, 32

Veinticinco metáforas que rezuman simbolismo cita el poeta castellano —hoy riojano— Gonzalo de Berceo en sus *Milagros*: «Estrella de los mares, Reina de los cielos, Templo de Jesucristo, Estrella matutina, Señora natural, Piadosa vecina, Salud de alma y cuerpo, Vellocino de Gedeón, Honda de David, Fuente, Puerto, Puerta cerrada y abierta, Paloma sin hiel, Sión, Trono de Salomón, Vid, Almendra, Granada, Olivo, Cedro, Bálsamo, Palma, Soporte de la serpiente bíblica, Vara de Moisés, Vara de Aarón».

También san Bernardo, el monje de Claraval, recurre a la metáfora de la estrella para la madre de Dios porque, elevándose sobre un mundo ensombrecido, dio a luz quedando su cuerpo intacto como queda la estrella cuando emite sus rayos:

> Se compara María oportunísimamente a la estrella; porque, así como la estrella despide el rayo de su luz sin corrupción de sí misma, así, sin lesión suya, dio a luz la Virgen a su Hijo. Ni el

rayo disminuye a la estrella su claridad, ni el Hijo a la Virgen su integridad. Ella, pues, es aquella noble estrella nacida de Jacob, cuyos rayos iluminan todo el orbe, cuyo esplendor brilla en las alturas y penetra los abismos.

*Homilías* 1, 17

María es la Virgen protectora y milagrera, que apoya su mano sobre el niño o le protege con el manto porque Dios la había confiado, según los doctores de la Iglesia, poderes de «omnipotencia suplicante».

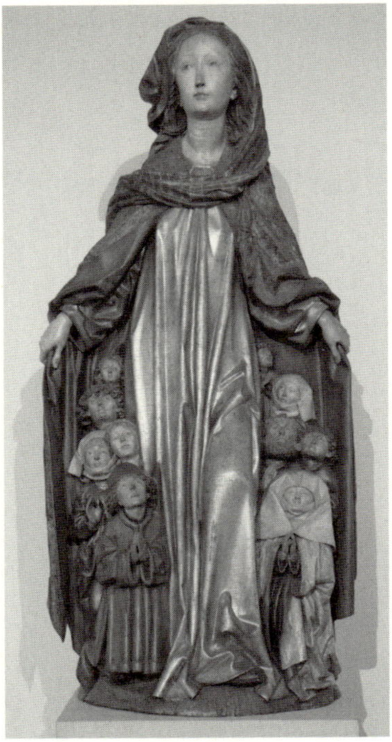

*Madonna de Ravensburgo* (h. 1480), Virgen de la Misericordia abriendo su manto para acoger a sus hijos. Madera de tilo policromada. Museo Bode. Berlín.

Virgen de la Misericordia, que abre su manto con las manos para acoger bajo el mismo a sus hijos, los fieles (*Madonna de Ravensburgo*, h. 1480), procedente del altar mayor de la iglesia de Nuestra Señora de Ravensburgo (Alta Suabia. Alemania).

María es *Porta Coeli* («Puerta del Cielo»), puerta abierta a través de la que se accede a la Jerusalén Celestial. Como decía san Ambrosio de Milán, «María es la puerta a través de la cual Cristo vino a este mundo». Por ello, los artistas representaron a la Virgen con su hijo en un brazo y la rosa blanca de pureza en la mano derecha adosada el parteluz de la portada, que constituye el acceso al interior del recinto sagrado, prefiguración de la Ciudad Nueva materializada en el Santísimo Sacramento del altar.

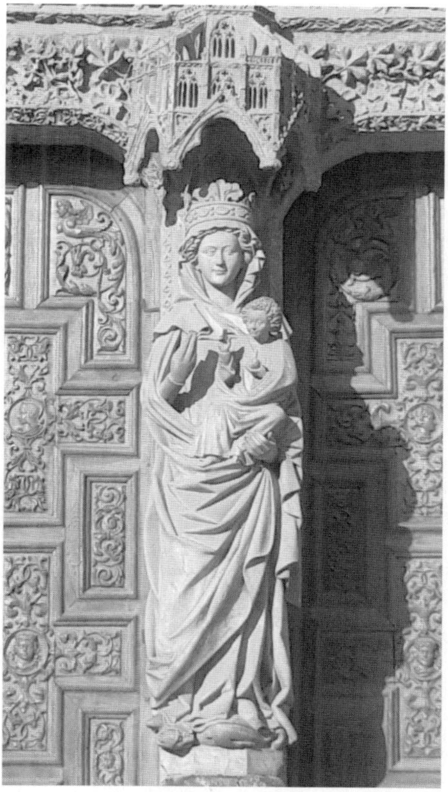

Copia al punto por Andrés Seoane, en 1956, de la estatua de la Virgen Blanca, *Porta Cœli*, en el parteluz de la portada principal de la *Pulchra Leonina*. La obra original se conserva desde 1954 en la capilla de su nombre, abierta a la girola del templo.

María es *Gratia plena* («la plenitud de Gracia», Lc 1:28), *Tota Pulchra,* («toda pulcra o hermosa»), como canta una de las cinco antífonas para los salmos de las segundas vísperas de la festividad de la Inmaculada Concepción (8 de diciembre), oración escrita en el siglo IV a partir del *Libro de Judit* y del *Cantar de los Cantares:*

*Tota pulchra es, Maria.*
*Et macula originalis non est in te.*
*Tu gloria Ierusalem,*
*tu laetitia Israel,*

*tu honorificentia populi nostri,*
*tu advocata peccatorum.*
*O Maria, Virgo prudentissima,*
*Mater clementissima ora pro nobis.*
*Intercede pro nobis ad Dominum Iesum Christum.*
Toda hermosa eres, María,
y no hay en ti pecado original.

Tú eres la gloria de Jerusalén,
Tú la alegría de Israel,
Tú la honra de nuestro pueblo,
Tú la abogada de los pecadores.
Oh, María, Virgen prudentísima,
Madre clementísima, ruega por nosotros.
Intercede por nosotros ante nuestro Señor Jesucristo.

*Cant* 4:7

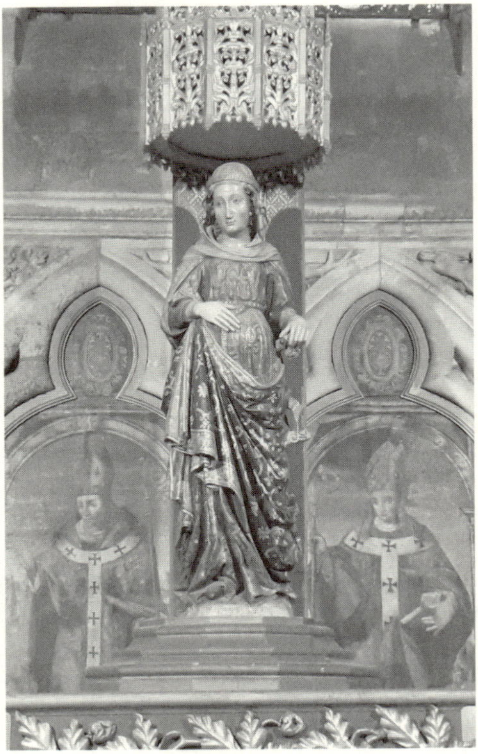

Virgen de la Esperanza (finales del siglo XIII), vulgo la *Preñada*, en la capilla de su nombre, abierta a la girola de la catedral de León.

María «Vida y dulzura, Esperanza nuestra» (la canta la *Salve Regina*, una de las cuatro antífonas del Breviario de la liturgia católica dedicadas a la Virgen) se muestra Virgen ingrávida en la estatua de piedra policromada que se encuentra en la capilla poligonal de su nombre, abierta radialmente en la girola de la catedral de León, imagen vulgarmente conocida como la *Preñada,* documentada en 1288. Se trata de una escultura en pie de cuerpo entero, con la mano derecha sobre su vientre encinta, portando una filacteria —hoy perdida— en su mano izquierda, donde podía leerse la inscripción *Ecce Ancilla Domini* («He aquí la esclava del Señor»). Se cree que formó parte de una Anunciación, de la cual el ángel fue trasladado en total desorden al lado izquierdo —mirando de frente— de la portada de la Virgen del Dado, situada en el brazo norte del transepto, que da al claustro catedralicio.

María, en la feliz espera, es venerada bajo la advocación de Nuestra Señora de la Expectación, Virgen de la Esperanza, *Virgine Parituriae* o Virgen del Parto que guarda en su seno a Cristo, también conocida como Virgen de la Paloma y Nuestra Señora de la O porque durante la celebración litúrgica de su festividad, la *Expectatio Partus* («la Espera del Parto»), que se conmemora el 18 de diciembre (establecida en el año 656 por el X Concilio de Toledo), después de rezar la oración de la tarde, el coro sostenía una larga «¡Oh!», símbolo de la expectación del universo ante la venida del Mesías.

Las siete antífonas que se cantan cada día con el *Magnificat* del Oficio de Vísperas durante la semana de Adviento que media hasta el día del alumbramiento se conocen como «antífonas mayores» o «antífonas de la O», y son seguidas siempre de la petición «¡Ven!». Cada una empieza por la exclamación latina O (¡Oh!), seguida de un título mesiánico tomado del Antiguo Testamento, aunque reinterpretado de acuerdo a la Nueva Ley:

*O Sapientia*: ¡Oh!, Sabiduría.
*O Adonai*: ¡Oh!, Señor poderoso.
*O Radix*: ¡Oh!, Raíz de Jesé.
*O Clavis*: ¡Oh!, Llave de David.
*O Oriens*: ¡Oh!, Oriente (sol, luz).
*O Rex*: ¡Oh!, Cristo Rey.
*O Emmanuel*: ¡Oh!, Dios con nosotros.

Leídas en sentido inverso, las iniciales de la primera palabra después de la «O» componen el acróstico ERO CRAS («SERÉ MAÑANA»), la respuesta del Mesías a la súplica de los fieles.

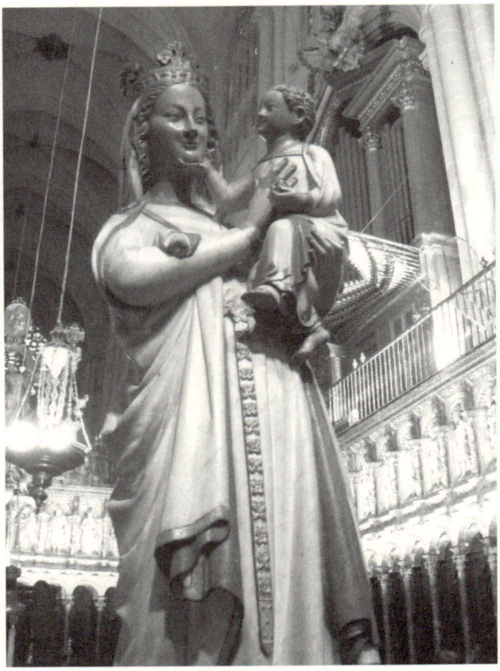

Virgen Blanca (s. XIV) sobre el altar de prima (primera misa al amanecer) del coro de la catedral de Toledo (principios del s. XIV). *Mater Dei* que juega y se acaricia mutuamente con el niño.

Bajo la advocación de Nuestra Señora de la Expectación, como mujer apocalíptica relacionada con el Sol, la Luna y las estrellas, la presenta raramente la iconografía y solo a partir del siglo XV, puesto que, contrariamente a lo que se ha afirmado, a la altura del siglo XIII-XIV y hasta la centuria siguiente —como indica Rafael García Mahíques de la Universidad de Valencia, citando a Suzanne Stratton—, aún no se había producido en el arte la identificación de la Inmaculada Concepción con la mujer encinta del Apocalipsis, la *Mulier amicta sole*, una Mujer vestida de sol «con la Luna debajo de sus pies, y sobre su cabeza una corona de doce estrellas [en referencia a las doce tribus de Israel]. Y estando encinta, clamaba con dolores de parto, en la angustia del alumbramiento» (Ap 12:1-2). Estas palabras, en primera persona, aparecen en una pintura mural de finales del siglo XV que se guarda en el Museo de Valladolid, procedente de un lucillo de la iglesia del convento de San Pablo de Peñafiel (Valladolid), inscritas en caracteres góticos (caja baja) sobre una filacteria aún legible que rodea la figura de la Virgen con el Niño Jesús sobre un sol radiante dentro de su seno.

La *Mater Dei* acariciándose mutuamente con el niño o este alargando la mano para tomar alguna fruta o flor que le ofrece su madre es símbolo de los esponsales de Cristo con María *Mater Ecclesiae* («Madre de la Iglesia»), madre terrenal y esposa del Espíritu de Dios.

Como *Sedes Sapientiae* con el Niño Jesús en el regazo, entronizada bajo un dosel, flanqueada por ángeles turiferarios, figura en el tímpano de la portada meridional o de Santa Ana de la catedral de Notre Dame de París. En las arquivoltas de la portada derecha del pórtico occidental de la catedral de Chartres escoltan el Trono de Sabiduría del Maestro Universal las artes liberales y los pensadores de la Antigüedad.

## ICONOGRAFÍA MARIANA ANTES DEL NACIMIENTO DE JESÚS

Los episodios más representados de la vida de la Virgen en la iconografía gótica van desde su milagrosa concepción, la presentación en el templo y la Madre Dolorosa de la Pasión hasta su Dormición y Coronación como Reina de los Cielos. Se mantienen de la época románica la Visitación y la Anunciación, muy prodigados en la pintura.

El ejemplo más espectacular sobre los principales episodios de la vida de la Virgen se encuentra en la portada de la iglesia de Santa María de los Reyes en Laguardia (Álava), labrada en el siglo XIV, que conserva toda su policromía original del XVII.

### EL ABRAZO ANTE LA PUERTA DORADA

Se conoce así el hecho milagroso de la concepción de la Virgen María en el seno materno, cuando sus padres, san Joaquín y santa Ana, ya en la ancianidad y sin descendencia, se encuentran a las puertas de la casa familiar (según el *Evangelio apócrifo de Santiago*) o de la ciudad santa (según el *Pseudo Mateo*); él había estado ayunando y haciendo penitencia en el desierto y ella salió a recibirle, y se funden en un abrazo, después que un ángel les avisara a ambos que iban a ser padres de una niña a la que pondrían por nombre María y consagrarían a Dios, pues de ella nacería el Redentor del mundo.

Este episodio, frecuente en el arte cristiano occidental hasta el Concilio de Trento, terminó quedando relegado a partir de entonces en favor de la Inmaculada Concepción, en el que la figura capital es María solemne rodeada de querubines.

Una de las mejores composiciones artísticas de este episodio en suelo hispano es el retablo de la capilla de la Concepción y Santa Ana de la catedral de Burgos, obra gótico tardía del siglo XV tallada en madera policromada por Gil de Siloé.

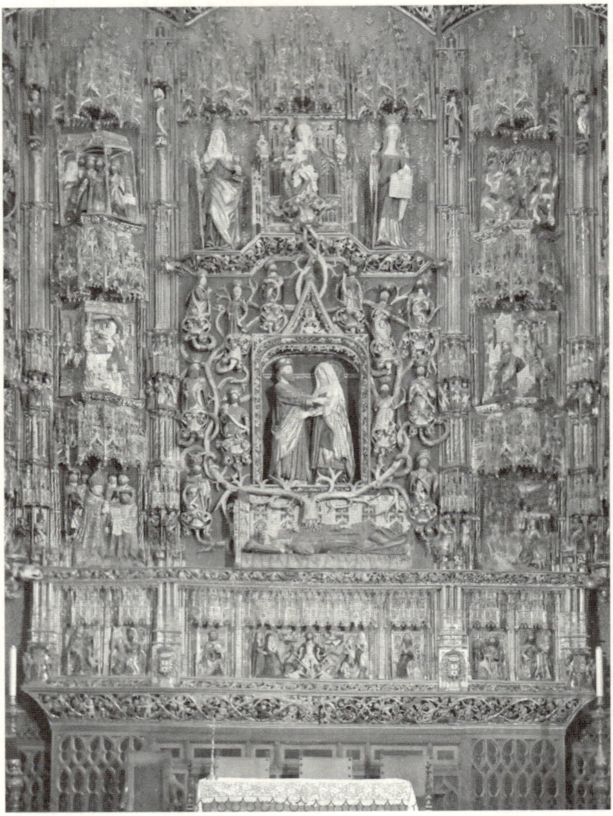

Retablo de la capilla de Santa Ana en la catedral de Burgos. El árbol de Jesé rodea el abrazo de san Joaquín y santa Ana que supuso la concepción milagrosa de la Virgen María.

## NATIVIDAD DE MARÍA

La representación de este episodio de la vida de la Virgen, que la Iglesia católica celebra el 8 de septiembre, nueve meses después de la Inmaculada Concepción, teniendo en cuenta el tiempo natural de un embarazo, ha sido asimilado por los artistas al nacimiento de Jesús, si bien trasladando la escena a un interior.

Santa Ana suele aparecer recostada en el lecho mientras las parteras se disponen a lavar a la recién nacida.

## PRESENTACIÓN DE LA VIRGEN NIÑA EN EL TEMPLO

Al cumplir los tres años de edad, no antes para que no extrañase a sus padres (como quiso santa Ana, según cuenta la tradición), María fue llevada por estos al templo de Jerusalén para consagrarla a la vida religiosa, cumpliendo las indicaciones del ángel del Señor.

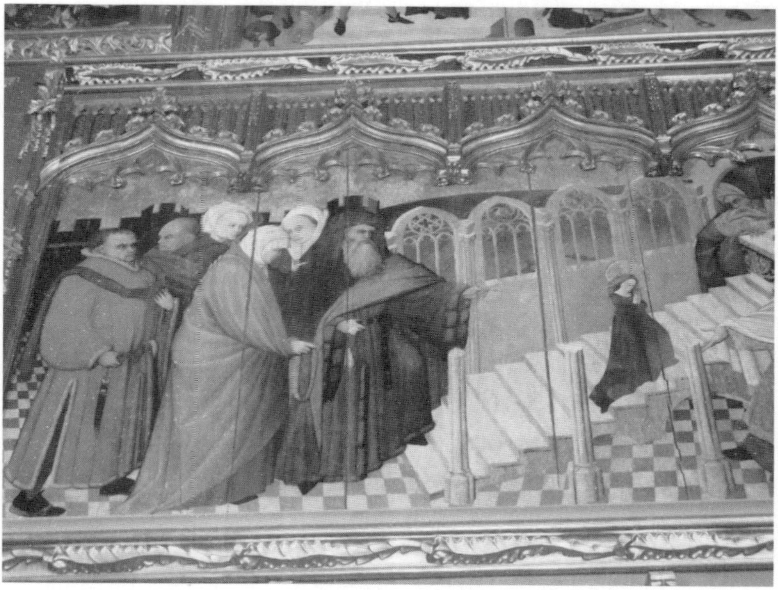

*Presentación de la Virgen en el templo* (h. 1434), por Nicolás Francés, tabla del antiguo retablo mayor de la catedral de León. A pesar de la perspectiva invertida, la escena desprende la gracia de la Virgen niña danzando mientras sube las escaleras.

Uno de los ejemplos más delicados a pesar de algunos arcaísmos como la evidente perspectiva invertida o el tamaño jerárquico, pero dotado de una gran carga narrativa, se encuentra en una de las tablas que se conservan del antiguo retablo de la catedral de León, pintado por Nicolás Francés. La pequeña sube graciosa, sin ayuda de nadie y danzando, las escaleras que la conducen a la entrada, donde la aguardan el sumo sacerdote y otros personajes. Fue realizado en 1434, si tomamos la fecha citada por María Elena Gómez Moreno en *La catedral de León* (1976); consta también en el manuscrito original del *Passo Honroso* («fecho de armas» protagonizado en dicho año por el caballero leonés don Suero de Quiñones), firmado por Pero Rodríguez Delena, escribano de Juan II de Castilla «é su notario público».

## DESPOSORIOS DE LA VIRGEN Y SAN JOSÉ

Cumplidos los catorce años, y habiendo tenido lugar el desarrollo natural de las adolescentes, llegaba para estas el momento de contraer matrimonio y abandonar la que había sido su casa durante una década, salvo para aquellas que se iban a dedicar a la vida religiosa, como según la tradición era el deseo de María.

No obstante, por designio divino, se convocó a todos los varones solteros de la casa de David y se les pidió que colocasen sus bastones sobre el arca del testimonio o arca de la alianza. El dueño de aquella que floreciese, cumpliéndose la profecía («Y saldrá una vara del tronco de Isaí, y un vástago retoñará de sus raíces. Y reposará sobre él el espíritu de Jehová» Is 11:1-2), sería el elegido para desposarse con María. Este fue José de Nazaret, quien, por tanto, cumplió el papel de padre terrenal de Jesús.

## LA ANUNCIACIÓN

A partir de este episodio, conocido también como *Salutación angélica*, María la Virgen comienza a aparecer en los textos evangélicos, ciñéndose mayormente a su papel como madre del Mesías, por lo que tiene una presencia frecuente durante el ciclo de la Infancia de Jesús, desdibujándose a partir del inicio de su vida pública (salvo en el milagro de las Bodas de Caná), para volver a aparecer de manera destacada durante el ciclo de la Pasión, Muerte y Resurrección.

La Anunciación a la Virgen María de la encarnación en su vientre del Hijo de Dios —que se produjo instantáneamente tras las palabras de aceptación de la joven doncella— está recogida en el Evangelio de san Lucas:

> A los seis meses, Dios envió al ángel Gabriel a Nazaret, pueblo de Galilea, a visitar a una joven virgen comprometida para casarse con un hombre que se llamaba José, descendiente de David. La virgen se llamaba María. El ángel se acercó a ella y le dijo: «¡Salve, María! El Señor está contigo. Bendita tú eres entre todas las mujeres». Ante estas palabras, María se perturbó, y se preguntaba qué podría significar este saludo. El ángel le dijo: «No tengas miedo, María; Dios te ha concedido su favor. Quedarás encinta y darás a luz un hijo, y le pondrás por nombre Jesús. Él será un gran hombre, y lo llamarán Hijo del Altísimo. Dios el Señor le dará el trono de su padre David, y reinará sobre el pueblo de Jacob para siempre. Su

reinado no tendrá fin». «¿Cómo podrá ser —preguntó María—, si no conozco varón?». «El Espíritu Santo vendrá sobre ti y el poder del Altísimo te cubrirá con su sombra. Así que al santo niño que va a nacer lo llamarán Hijo de Dios. Ahí tienes a tu parienta Isabel, que va a tener un hijo en su vejez, y la que decían que era estéril ya está en el sexto mes de gestación. Porque para Dios no hay nada imposible». «He aquí la sierva del Señor —contestó María—. Hágase en mí según tu palabra». Y, con esto, el ángel la dejó.

Lc 1: 26-38

En cuanto a la disposición de ambos personajes en las representaciones artísticas, aunque la *Leyenda Dorada* lo sitúa en la casa paterna de Nazaret, suele estar recreado en el interior de una iglesia o catedral (característico de la pintura flamenca), a veces separados ambos personajes en espacios compartimentados por una columna que simboliza la Iglesia y la Virgen, el pilar de Institución. El arcángel san Gabriel, mensajero de las buenas nuevas, aparece a la izquierda de la escena en pie o genuflexo en señal de sumisión, dentro de la práctica feudal, portando frecuentemente en la iconografía gótica un ramo de lirios que, según Salvador González de la Universidad Complutense de Madrid, lleva consigo un profundo simbolismo no solo cristológico, sino también mariológico, puesto que representa a un tiempo «la sobrenatural encarnación humana de Dios Hijo y la virginal maternidad divina de María», en consonancia con la vara de Aarón y la raíz del tallo de Jesé florecidas, citando, además de otros teólogos que vimos anteriormente en los epígrafes de Aarón y Jesé, a san Ambrosio de Milán en su *De Benedictionibus Patriarcharum*, recurriendo a la doble prefiguración cristológica y mariana del árbol de Jesé, pues «si la raíz de Jesé es la estirpe judía, el tallo es María, y la flor de María es Cristo».

La Virgen, situada a la derecha de la composición, frente o junto a la Biblia dispuesta sobre un atril o en su regazo, abierta en algunas versiones por el pasaje del *Libro de Isaías* que versa sobre una doncella encinta que dará a luz un hijo («He aquí que la virgen concebirá, y dará a luz un hijo, y llamará su nombre Emanuel» Is 7:14), con gesto turbado o con las manos unidas en actitud orante, si no con ambos brazos cruzados sobre el pecho en señal de aceptación. Al fondo, cuando se trata de un interior doméstico, puede hallarse el lecho parcialmente visible o bien un pequeño cuarto cerrado por una cortina corrida (*hortus conclusus*: «huerto cerrado») o anudada, que alude a su virginidad. Es frecuente, asimismo, la disposición en la escena de un jarrón con azucenas, lirios o rosas blancas, símbolos de pureza, y una rosa roja que alude a la futura Pasión de Cristo. Suele darse también la presencia de la paloma del Espíritu Santo y de Dios Padre en el ángulo superior izquierdo bendiciendo el acto, además de unos rayos de luz que se dirigen hacia María, simbolizando la concepción divina. En algunas versiones, una filacteria que surge del arcángel desenvolviéndose hacia la joven doncella lleva escrita la salutación angélica: *Ave Maria, gratia plena* («Dios te salve, María, llena eres de gracia»).

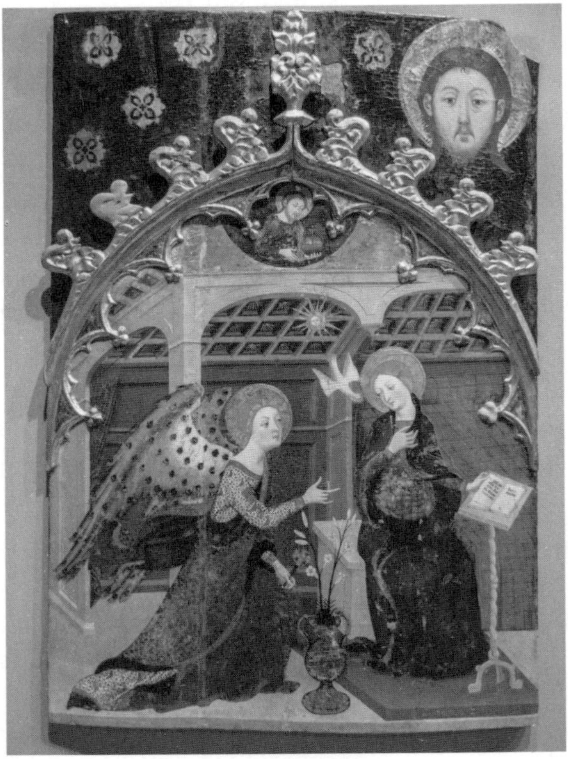

*Anunciación* (1362), por Jaume Serra, pintada para el retablo del monasterio del Santo Sepulcro de Zaragoza. Óleo sobre tabla. Museo de Zaragoza.

Este episodio figura abundantemente en la iconografía gótica, tanto en la pintura de retablos como en escultura adornando e ilustrando portadas como la del claustro de la catedral de Burgos (h. 1270), hoy desplazada de su lugar primitivo, o trasladado a interiores como en el trascoro de la catedral de Tarragona. En ocasiones, al lado de la Visitación (pórtico de la catedral de Reims). Acompañada del profeta Isaías y el rey David prefigura el nacimiento del Mesías, como consta en la portada del claustro de la catedral de Burgos.

En pintura hay que destacar la tabla de *La Anunciación,* pintada por Simone Martini en 1333 para la capilla de San Ansano del Duomo de Florencia, hoy en la Galería Uffizi, obra característica del *trecento* italiano. Bajo arquerías góticas, la luminosa silueta de María dibuja una «S» recortada en el misticismo del fondo dorado, propio de la *maniera sienesa* (escuela de Siena). Entre otras, hay que citar también la que pintó Pedro Berruguete para la cartuja de Miraflores (s. XV).

La *Anunciación* fue un tema muy tratado en los frontales de altar dedicados a la Virgen. Entre ellos, los de escuela catalana, como el *Frontal de Avià* (Museo Nacional de Arte de Cataluña), realizado en el siglo XIII; en este, como en el pórtico de la catedral de Reims, este episodio sagrado aparece junto a la Visitación formando parte del mismo espacio, pero separadas ambas escenas por una fina columnilla.

Prefiguraciones:

- La zarza ardiente que se quema, pero no se consume (Éx 3:2).
- El vellón de lana de Gedeón que absorbe el rocío del cielo, aludiendo a la fecundación de María por el Espíritu Santo (Ju 6:36-40).
- El anuncio por los ángeles a mujeres estériles o ancianas que van a ser madres: Sara, la esposa de Abraham (Gn 18:9-11), y la madre de Sansón (Ju 13:1-5).
- La puerta cerrada de la visión de Ezequiel (Ez 44:1-3).
- La tapa del foso de los leones donde fue arrojado Daniel, sellada por el rey Darío (Dn 6:17).

## VISITACIÓN

El episodio de la Visitación de la Virgen María a su prima Isabel, que se ha querido ver como una misión evangelizadora, pues la madre de Jesús porta en su interior la buena nueva del futuro Mesías, figura en el Evangelio de san Lucas:

> En aquellos días, levantándose María, fue de prisa a la montaña, a una ciudad de Judá, y entró en casa de Zacarías, y saludó a Isabel. Y aconteció que cuando oyó Isabel la salutación de María, la criatura saltó en su vientre, e Isabel fue llena del Espíritu Santo, y exclamó

a gran voz, y dijo: «Bendita tú entre las mujeres, y bendito el fruto de tu vientre». «¿Por qué se me concede esto a mí, que la madre de mi Señor venga a mí?» «Porque tan pronto como llegó la voz de tu salutación a mis oídos, la criatura saltó de alegría en mi vientre».

Lc 1:39-44

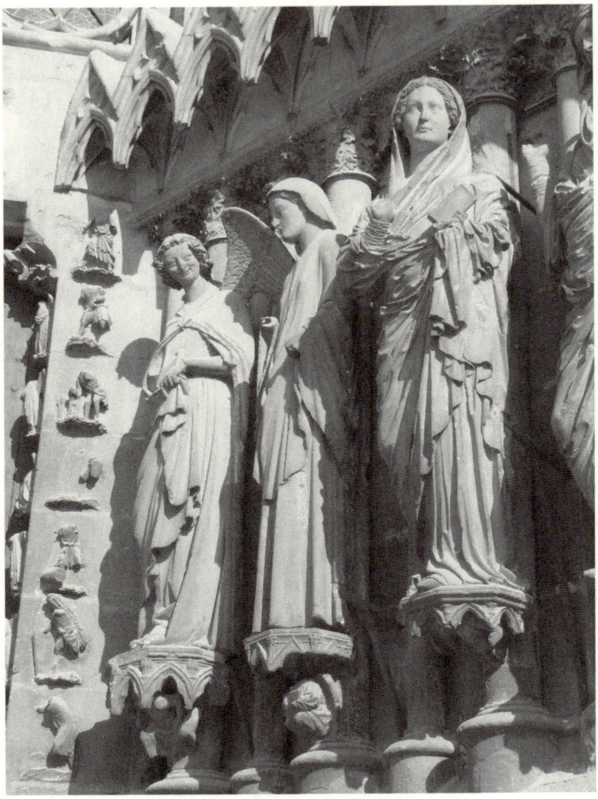

Grupos de la *Anunciación* y la *Visitación*, con el *Ángel de la sonrisa*, María y santa Isabel en primer término (s. XIII). Lado izquierdo del pórtico central de la catedral de Reims.

La prefiguración de este episodio se ha encuentra en las palabras del profeta Sofonías:

¡Lanza gritos de alegría, hija de Sión!
¡Da gritos de victoria, Israel!
¡Regocíjate y alégrate de todo corazón,
hija de Jerusalén!
El Señor te ha levantado el castigo;
ha puesto en retirada a tus enemigos.

El Señor, rey de Israel, está en medio de ti:
nunca más temerás mal alguno.
Aquel día dirán a Jerusalén:
No temas, Sión, ni te desanimes,
porque el Señor tu Dios, está en medio de ti
como poderoso guerrero que salva.
Se deleitará en ti con gozo,
te renovará con su amor,
se alegrará por ti con cantos.
Yo te libraré de las tristezas,
que son para ti una carga deshonrosa.

Sf 3:14-18

En cuanto a su representación artística, lo más habitual es que aparezcan las dos mujeres frente a frente dándose un abrazo, como se observa en el registro inferior del tímpano de la portada de san Juan de la catedral de León.

En las jambas del lado derecho de la portada principal de la catedral de Reims, donde como ya comentamos aparecen contiguos los grupos de la Anunciación y la Visitación, las figuras son de raigambre clásica, tanto en la serenidad de la pose como en el tratamiento de los plegados de las túnicas.

## ICONOGRAFÍA MARIANA ANTES Y DESPUÉS DE LA ASCENSIÓN DE JESÚS

Durante la vida pública de Jesús, la presencia de la Virgen en la iconografía es muy escasa; únicamente vuelve a hacerse presente en los episodios de la Pasión, particularmente al pie de la cruz, durante el Desenclavo y el Descendimiento y en la contemplación del cuerpo muerto de su hijo como Virgen de los Dolores y como Piedad con Él echado sobre el regazo.

Tras la Ascensión, María cobrará un gran protagonismo tanto como *mediatrix* en el Juicio Final, acompañando a los apóstoles durante la venida del Espíritu Santo el día de Pentecostés y, sobre todo, en los episodios que relatan su Dormición, Asunción y Coronación en el cielo.

## LA PIEDAD

La imagen de la Piedad, María con su hijo muerto tendido en el regazo, es un motivo iconográfico de procedencia renana, a principios del siglo XIV, basado en la pasión compartida (*passio duorum*) de madre e hijo. Desde Centroeuropa, la *imago-pietatis* se extendió rápidamente por toda Europa Occidental, alcanzando una gran proliferación no solo en la escultura exenta y la pintura (*Piedad de Aviñón*, por Enguerrand Quarton, 1455; *Piedad del canónigo Desplá*, por Bartolomé Bermejo, 1490), sus principales campos, sino también en el relieve ilustrando los tímpanos de las portadas, como el que lleva su nombre en la catedral de Barcelona, trabajado en madera con el fuerte dramatismo germánico del siglo XV y presencia del donante que, sin rubor, se fue imponiendo.

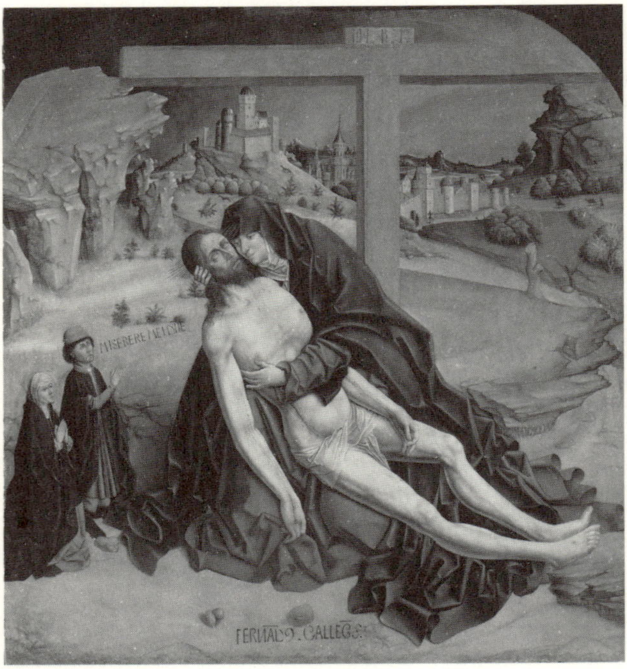

*Piedad* (c. 1370), por Fernando Gallego. Óleo sobre tabla. Museo del Prado. Madrid. La Virgen abraza el cuerpo de Jesucristo muerto delante de una cruz *commissa*. Al fondo, la ciudad de Jerusalén. A la izquierda, los donantes orando en tamaño jerárquico.

Al igual que el *Llanto sobre Cristo muerto*, que está en el origen, no se recoge en ningún documento, es decir, ninguno de esos episodios consta ni en los evangelios canónicos ni en los apócrifos. Hubo que esperar a las visiones de santas místicas como

Brígida de Suecia (s. XIV), que, en estado de trance, describen el Desenclavo y Descendimiento de la cruz del cuerpo de Cristo y su posterior colocación sobre las rodillas de la Virgen. Los primeros modelos centroeuropeos se conocen como *Vesperbilder* (literalmente, «imagen de víspera»), en alusión a la contemplación durante la víspera del Viernes Santo de las heridas de Cristo en el regazo de la *Mater Dolorosa*; costumbre que enlaza con el pésame y el velatorio del difunto la noche anterior a su entierro. Una de las primeras es la *Piedad de Roetgen* (h. 1300), terrible imagen sufriente con el rostro demudado de la Virgen y el cadáver esquelético de su hijo.

Posteriormente, más que el horror y la tragedia, las Vírgenes tienden a despertar un sentimiento de serena belleza en su rostro, que no disimula, sin embargo, el sufrimiento interior.

Socialmente, la imagen de la *Piedad* alcanzó una gran repercusión al coincidir cronológicamente con una época de grandes calamidades humanas: hambrunas periódicas, la peste bubónica y la guerra de los Cien Años, cuando era frecuente contemplar en vivo escenas cotidianas de madres sacando a la calle en brazos a sus hijos enfermos a punto de expirar o mostrando lastimosamente su cadáver, como en tiempos bíblicos: «Vosotros, todos los que pasáis por el camino. Mirad, y ved si hay dolor como mi dolor que me ha venido» (Jr. *Lamentaciones* 1:12).

## DORMICIÓN O TRÁNSITO DE MARÍA

Aunque en lenguaje procesional se distingue entre los dos términos, según la Virgen aparezca en su lecho tapada o no con ropa de cama, se conoce como Dormición o Tránsito de María la imagen en la que la madre de Jesús se halla en su lecho de muerte; no muerta, porque según la doctrina romana no muere y, apenas duerme, transita hacia su nueva vida eterna, tal como declara el dogma de fe pronunciado por Pío XII el 1 de noviembre de 1950 en la Constitución Apostólica *Munificentisimus Deus*: «Que la Inmaculada Madre de Dios, siempre Virgen María, cumplido el curso de su vida terrestre, fue asunta en cuerpo y alma a la gloria celestial».

No obstante, el hecho de haber sido representados los apóstoles compungidos alrededor de la cama donde yace el cuerpo inerte de María parece indicar que la iconografía medieval daba por cierto que el óbito había tenido lugar previamente a su asunción al cielo, término que se emplea para diferenciarla de la ascensión de Jesucristo, indicando una actitud pasiva, puesto que la Virgen fue llevada, mientras Jesús ascendió por sí mismo, aunque en alguna iconografía se le haya representado siendo impulsado por ángeles, como en el tímpano románico de la portada del Perdón de la basílica de San Isidoro de León (s. XII).

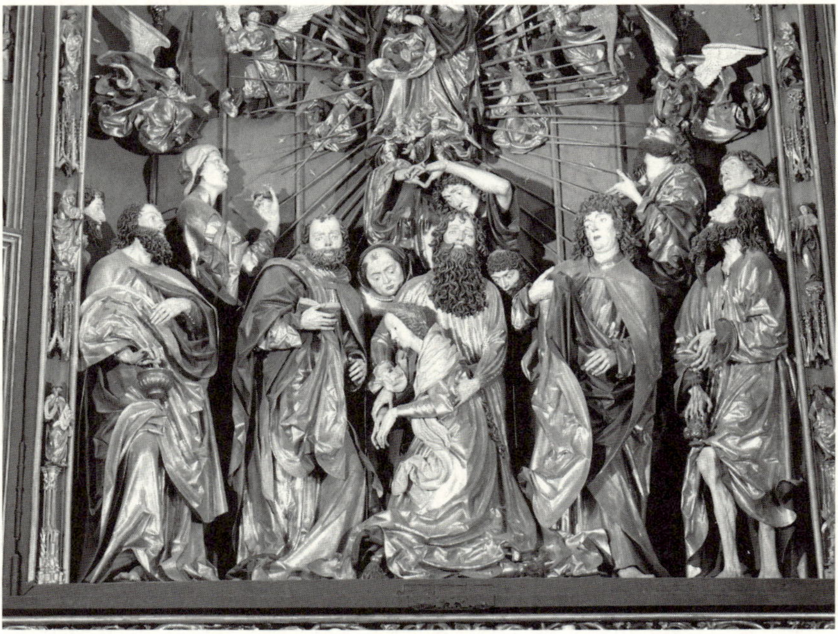

*Muerte de la Virgen* rodeada por los apóstoles, en el altar mayor de la iglesia de Santa María de Cracovia, obra de Veit Stoss entre 1477 y 1489. Madera de tilo policromada.

La principal fuente de información sobre el Tránsito de la Virgen (*Koimesis* en griego) se encuentra en los textos apócrifos asuncionistas. Los más conocidos son: el *Liber de Transitu Virginis Mariae*, atribuido al Pseudo Melitón de Sardes (s. V); una carta apócrifa atribuida a Dionisio el Areopagita: *De Obitu S. Dominae* (s. V); el *Libro de san Juan evangelista el Teólogo* (s. V), el *Libro de Juan*, arzobispo de Tesalónica (principios del s. VII) y el *Pseudo José de Arimatea* (ss. IX-X); refundidos por Jacobo de la Vorágine en la *Leyenda* Áurea, escrita hacia la segunda mitad del siglo XIII.

Todos ellos recogen tradiciones orales fantasiosas de especial candidez, como la venida de los apóstoles —excepto Santiago el Mayor, que había sufrido martirio, y Tomás, que se hallaba en la

India— sobre nubes conducidos por ángeles para asistir al momento en que se produce la Dormición. El primero en llegar fue san Juan, a quien María le mostró su mortaja antes de darle la palma del Paraíso recibida de un ángel para que la portara delante de su féretro; en todas las representaciones aparece el cuerpo de María yerto tendido en el lecho y los apóstoles afligidos rodeando la cabecera y los pies, mientras Cristo toma su alma en brazos para llevarla consigo a los cielos.

Recogen también el intento de profanación, castigo y conversión del judío Jefonías, relatando los deseos de los de su raza por quemar el cuerpo de María en represalia por haber acudido en vida diariamente a orar al sepulcro vacío de Jesús, que estaba prohibido. Ante esta situación, los apóstoles toman a la Virgen y se trasladan a Jerusalén en la misma nube que les había traído. En la ciudad santa, depositan el cuerpo de María en el valle del Cedrón, próximo al huerto de Getsemaní, donde oró su hijo la noche del Prendimiento. A los tres días, cuando Tomás, llegado con retraso, insistió en ver el cuerpo de la Virgen, encontraron la tumba vacía y, mientras se escuchaban cantos celestiales, cesó el intenso olor a perfume que salía del féretro y al abrirlo solo encontraron azucenas. La Madre de Dios, que desde el aire dejó caer la *Santa Cíngula* de su túnica, ya no estaba en su interior, había tenido lugar su asunción al cielo, término que comenzó a utilizarse en Occidente frente al de Dormición hacia finales del siglo VIII, como consta en el sacramentario (*Sacramentarium Gregorianum Hadrianum*) enviado por el papa Adriano I en el año 791 a Carlomagno, rey de los francos, proclamado emperador el día de Navidad del año 800.

La liturgia en la misa de la vigilia de la festividad del Tránsito, que opacando el ancestral culto pagano a la diosa Diana el día 13 (cuyo símbolo es también la media luna) se conmemora en la Iglesia romana el 15 de agosto (en la Iglesia Oriental todo el mes de agosto está dedicado a la Virgen), aclama a Nuestra Señora: «Gloriosa dicta sunt de te, Maria, quae hodie exaltata es super choros angelorum» («Bienaventurada eres, María, porque hoy fuiste elevada sobre los coros de los ángeles y, juntamente con Cristo, has alcanzado el triunfo eterno»).

En cuanto a las distintas representaciones artísticas de este episodio, la primera cronológicamente hablando se encuentra en el registro inferior del tímpano de la portada occidental de la catedral de Notre Dame de Senlis (consagrada h. 1190): los apóstoles introducen el cuerpo de María en el ataúd al tiempo que lo inciensan, mientras dos ángeles trasladan su alma al cielo. En la escena contigua, dos ángeles toman el cuerpo del sarcófago para llevarlo también a la gloria. A partir de esta, se pueden señalar las siguientes:

- El registro central del de la portada izquierda o de la Virgen del pórtico principal de Notre Dame de París.
- El tímpano de la portada del Juicio (izquierda según se mira), del pórtico sur de la catedral de Estrasburgo (h. 1235), bajo arquivoltas aún románicas, lugar donde el obispo tenía su tribunal.
- El tímpano de la portada del Perdón o de la Gloria de la catedral de Ciudad Rodrigo (Salamanca), muestra de la transición de las formas románicas a las góticas.

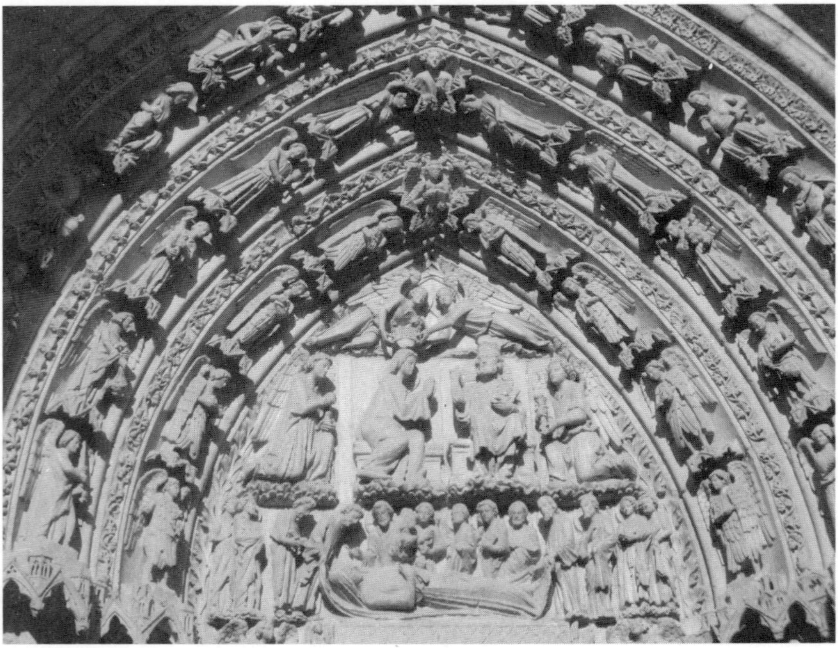

Tímpano de la portada de san Francisco de la catedral de León (mediados del s. XIII). *Dormición* y *Coronación de María*. En el primer registro, los apóstoles introducen el cuerpo de la Virgen en un ataúd. Encima, los ángeles la coronan como reina del Cielo con la bendición de su hijo Jesucristo.

- El registro inferior del tímpano de la portada de san Francisco de la catedral de León (mediados del s. XIII), derivado del citado modelo de la catedral de Notre Dame de París.

- El dintel de la portada principal de la catedral de Burgo de Osma (Soria), labrado h. 1285.
- El dintel de la portada de la Majestad en la colegiata de Toro (Zamora), h. 1290.
- El tímpano de la puerta del Amparo en el claustro de la catedral de Pamplona (h. 1350), que conserva su policromía original, una escena de gran dramatismo con tintes germánicos, fomentado por los ritmos curvos de los acusados pliegues de los ropajes de los apóstoles que envuelven el cuerpo de María, y especialmente visible en los personajes convulsos de gestos contorsionados y el amontonamiento de cabezas con rostros compungidos, que rodean el lecho de la Virgen, mientras Cristo desciende a tomar su alma en forma de pequeña figurilla orante para llevarla al cielo.
- Los tres registros inferiores del tímpano de la puerta Preciosa (finales del s. XIV) de la catedral de Pamplona, que comunica el claustro y el dormitorio de los canónigos, que le dieron nombre porque, al traspasarla, cantaban a la Virgen el salmo que comienza: «Pretiosa in conspectu Domini, mors sanctorum eius» («Es preciosa en la presencia del Señor la muerte de sus santos»), en alusión a que Dios acoge a sus fieles tras la muerte.
- La franja superior del tímpano de la puerta del Reloj de la catedral de Toledo, labrada a comienzos del XIV.
- La portada central del pórtico de la catedral de Santa María de Vitoria, obra también del s. XIV.

## ASUNCIÓN DE MARÍA

Este episodio y el siguiente constituyen un ciclo denominado Glorificación y Triunfo de la Virgen, muy representado a partir el pórtico de la catedral de Senlis.

Como dice san Buenaventura en *Sermo De assumptione B. Virginis Mariae*: «La persona no es el alma; es compuesta. Por ello fue necesario que ella estuviese allí como un ser compuesto, esto es, en cuerpo y alma. De otra manera no podría disfrutar plenamente del cielo».

En la representación de lo que se conoce como *Assumptio Beatae Mariae Virginis* (Asunción de la Bienaventurada Virgen María), la madre de Dios suele aparecer acompañada de ángeles que la elevan a los cielos, como se observa en la mitad derecha del primer registro del tímpano de la portada occidental de la catedral de Senlis, donde los mensajeros divinos toman el cuerpo del interior del sarcófago para transportarlo al cielo.

## CORONACIÓN COMO REINA DE LOS CIELOS

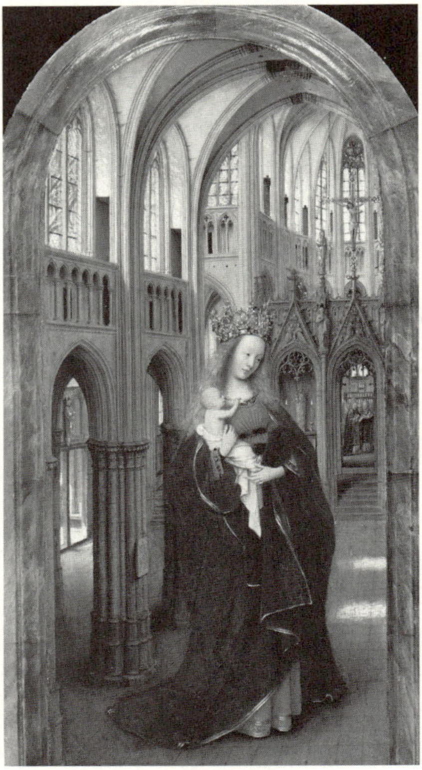

*Virgen coronada en la Iglesia* (c. 1438-1440), de Jan van Eyck Gemäldegalerie, Berlín.

La Coronación de la Virgen María como Reina de los Cielos, que tuvo lugar al ser asunta al cielo, tradición recogida en el cristianismo romano y ortodoxo, es un relato apócrifo atribuido a san Melitón, obispo de Sardes en el siglo II, divulgado en Occidente en el siglo VI por san Gregorio de Tours, y posteriormente por Jacobo de la Vorágine en su archiconocida *Leyenda dorada* del siglo XIII. Aparece también alguna parca mención en el tratado del *Teólogo* sobre la Dormición de la Virgen cuando Jesús le dice a su madre que «estará en los cielos entre los tesoros del Padre con un extraordinario resplandor» (cap. 39), si por este entendemos la corona de Reina de los Cielos.

Si bien en los textos sagrados no existen menciones expresas a estos hechos relacionados con el devenir de la Madre de Dios, el Libro del Apocalipsis deja entrever su final glorioso cuando habla de la aparición en el cielo de una mujer «coronada de doce estrellas» (Ap 12:1).

La representación artística de este episodio de la vida de María, que tiene su origen como ya hemos visto en las catedrales francesas de finales del siglo XII (catedral de Senlis), se extendió durante la centuria siguiente por el resto de Francia (tercer registro del tímpano de la portada de la Virgen de Notre Dame de París) y Europa Occidental.

En la península ibérica, principalmente, la portada de San Francisco de la catedral de León y el pórtico de la Majestad de la colegiata de Santa María la Mayor de Toro (Zamora), que conserva su policromía original, así como el registro superior del tímpano de la puerta Preciosa de la catedral de Pamplona, conocida con el mismo nombre que la puerta del claustro viejo del monasterio benedictino de Santa María la Real de Irache (Navarra), bajo la cual los canónigos cantaban a la Virgen el *Speciosa facta est* («Fue hecha hermosa»).

En León la escena de la Coronación se ubica a gran tamaño en el registro superior del tímpano, reservándose el inferior para la escena de la Dormición o Tránsito. La imagen más habitual, como se observa en el caso de León, presenta la figura de María sumisa, sedente en postura orante, en el momento de ser coronada por los ángeles en presencia de su Hijo Jesucristo, entronizado y en actitud de bendecir con la mano derecha mientras porta el Libro Sagrado en la izquierda, ambos flanqueados por ángeles ceroferarios; o bien siendo coronada por Él mismo, tal como figura en la colegiata de Toro o sobre el gablete que decora la portada principal de la catedral de Reims. Hay ejemplos en los que la Virgen es coronada por la Santísima Trinidad. A partir del siglo XIII tienden a desaparecer las coronas de madre e hijo. Las arquivoltas que enmarcan la escena suelen estar ocupadas por una corte de ángeles o bien por las vírgenes necias y prudentes, como ocurre en León, donde las jambas se reservan para las estatuas —se conservan seis de las probablemente doce tallas que albergó— del profeta Isaías, Juan el Bautista y la reina de Saba en el lado izquierdo; frente a ellas, en el lado contrario, el Salvador, la sibila Eritrea y el anciano Simeón, mostrando la incoherencia causada por los avatares históricos.

A la pareja coronada que aparece en los tímpanos de las portadas, Jesús y la Virgen, se han asimilado las parejas reales que figuran en algunas catedrales, por ejemplo, en el claustro de la de Burgos: Alfonso X y su esposa doña Violante, hija del rey Jaime I de Aragón (a veces interpretados como Fernando III el Santo ofreciendo el anillo de boda a Beatriz de Suabia), Enrique II el Santo de Alemania y Cunegunda de Luxemburgo en la portada oriental (llamada de Adán) de la catedral de Bamberg, Otón I y su esposa Adelheid (h. 1260) en el lado norte del coro de la catedral de Meissen; o el margrave Ekkhard II de Meissen y su esposa Uta de Ballenstedt, fundadores de la catedral de Naumburgo (Alemania), ya fallecidos cuando se ejecutó la obra.

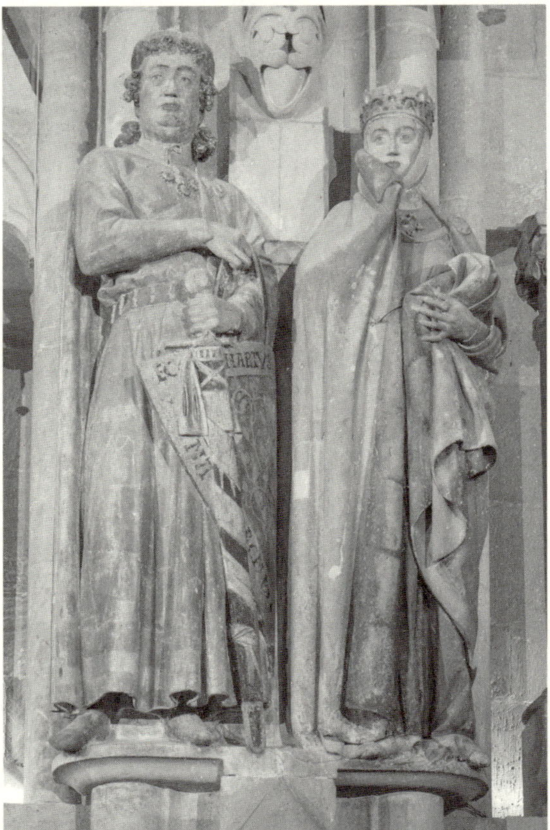

El margrave Ekkhard II y su esposa Uta de Ballenstedt (1243-1249), fundadores de la catedral de Naumburgo (Alemania), en el lado derecho del presbiterio.

Prefiguraciones:

- Salomón sienta a su diestra a su madre Betsabé (1 Rey 2:19).
- El rey Asuero corona como reina a Esther (Est 2:17).

# ICONOGRAFÍA DE LOS EVANGELISTAS

La representación simbólica de los cuatro evangelistas, conocida como tetramorfo (del griego *tetra*: «cuatro» y *morfé*: «forma»), está relacionada con los «cuatro vivientes con semejanza de hombre» de la visión del profeta Ezequiel («Y el aspecto de sus caras era cara de hombre, y cara de león al lado derecho de los cuatro, y cara de buey a la izquierda de los cuatro; asimismo había entre los cuatro cara de águila» Ez 1: 4 y ss.) y las palabras de san Juan en el Apocalipsis: «Y delante del trono había como un mar de vidrio semejante al cristal, y junto al trono, y alrededor del trono, cuatro seres vivientes llenos de ojos delante y detrás. El primer ser viviente era semejante a un león; el segundo era semejante a un becerro; el tercero tenía rostro como de hombre, y el cuarto era semejante a un águila volando. Los cuatro vivientes tenían cada uno de ellos seis alas» (Ap 4:6-8).

Las cuatro figuras fueron relacionadas por san Jerónimo en su *Comentario a Ezequiel* con los cuatro evangelistas canónicos: san Mateo, san Marcos, san Lucas y san Juan. San Mateo con el hombre, representando la encarnación del Hijo de Dios, pues su evangelio se inicia con la genealogía humana de Jesús. San Lucas con el ternero, aludiendo a la inmolación del Redentor, pues el buey, símbolo de las ofrendas bíblicas, simboliza la Pasión de Cristo sacrificado, y su evangelio comienza con el sacrificio ofrecido por Zacarías. San Marcos con el león porque su evangelio comienza invocando a Juan el Bautista, «la voz que clama en el desierto» (Is 40:3), y el león, un animal de desierto, alude a la Resurrección, pues según se decía duerme con los ojos abiertos y puede resucitar con el aliento a sus cachorros, como resucitó Cristo. Y san Juan con el águila, símbolo de la Ascensión del Señor, ya que para comprender la teología de su evangelio hay que elevar el espíritu hacia las alturas, ascendiendo mentalmente igual que asciende la reina de las aves, mirando de frente al Sol sin abrasarse, como Cristo resucitado.

Otra manera de representar al tetramorfo es en su forma humana como escribientes, cada uno en su pupitre acompañados de su símbolo respectivo, testificando su papel de transcriptores de la palabra divina al dictado de Cristo Doctor, sedente en su cátedra universal.

Para otros teólogos como san Ambrosio (s. IV), san Gregorio Magno (s. VI), Honorio de Autun (s. XII) o Pedro de Capua (s. XII-XIII), los cuatro evangelistas se pueden identificar con la representación de los *sacramenta*, es decir, los cuatro momentos esenciales de la vida de Jesucristo: nacimiento, muerte, resurrección y ascensión, pues «Christus erat homo nascendo, vitulus moriendo, leo resurgendo, aquila ascendendo» («Cristo fue hombre naciendo, becerro muriendo, león resurgiendo y águila ascendiendo»), en relación a la forma simbólica con la que se representa a cada uno de los cuatro evangelistas.

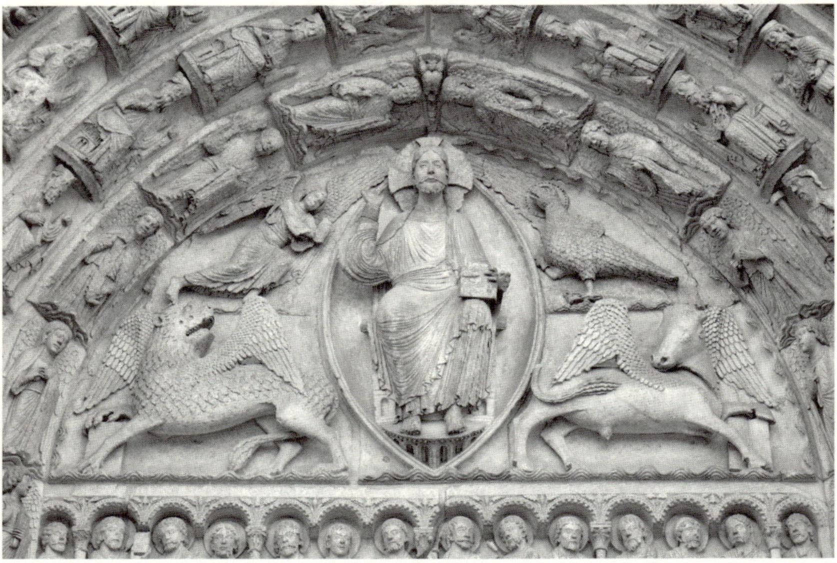

Tímpano de la portada central del pórtico real de la catedral de Chartres. La *Maiestas Christi* circundada por el tetramorfo.

Generalmente, los símbolos de san Mateo y san Juan ocupan los flancos superiores de la *Maiestas Christi* a derecha e izquierda respectivamente, y los de san Marcos y san Lucas los lados inferiores también a diestra y siniestra, como se observa en el tímpano del pórtico real de la fachada occidental de la catedral de Chartres y en las portadas del Sarmental y de la Revelación de las catedrales de Burgos y León.

## ICONOGRAFÍA DE LOS APÓSTOLES

La representación conjunta de los doce apóstoles (del griego *apostolos*: «enviado», «mensajero») se conoce como Colegio Apostólico o Apostolado. Respondiendo a la humanización característica del gótico, suelen estar sentados, conversando con naturalidad —incluso sobresaliendo del marco la planta de sus pies para aportar realismo, como se observa en la portada del Sarmental burgalesa—, o bien, como herencia de la plástica románica, dispuestos en friso bajo arquerías que simbolizan la Jerusalén Celestial; o también en grupos, dos a dos, en actitud dialogante, preludio del gótico (*Apostolado* de la Cámara Santa de la catedral de Oviedo, finales del s. XII), así como situados a ambos lados, seis a seis, de Cristo en Majestad, como en la portada del Perdón de la catedral de Toledo.

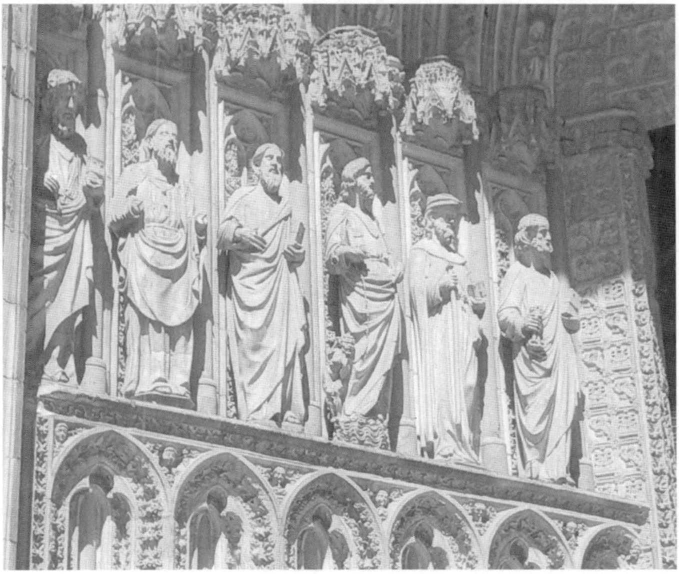

Apóstoles (s. XV) en las jambas de la portada del Perdón de la catedral de Toledo, encabezados a la derecha por san Pedro, portador de las llaves del cielo.

Como uno más, suele figurar también san Pablo, «el apóstol de los gentiles», nombre con el que se le conoce porque la mayor parte de su predicación o ministerio apostólico se desarrolló entre los pueblos que no eran judíos, a quienes se denominaba «gentiles»: «Entonces, oídas estas cosas, callaron, y glorificaron a Dios, diciendo: "¡De manera que también a los gentiles ha dado Dios arrepentimiento para vida!"» (Hch 11:18). No estuvo entre los doce elegidos por Jesús, sino que antes al contrario «fue el mayor enemigo que tuvo la Iglesia de Dios Nuestro Señor en su tiempo y el mayor defensor suyo que tendrá jamás: caballero andante por la vida y santo a pie quedo por la muerte, trabajador incansable en la viña del Señor, doctor de las gentes, a quien sirvieron de escuelas los cielos y de catedrático y maestro que le enseñase el mismo Jesucristo» (Quijote II, 58). Fue captado por el Maestro después de ascender a los cielos: «Y, por último, como a uno nacido fuera de tiempo, se me apareció también a mí» (1 Cor 15:8).

Al igual que los santos, los apóstoles se identifican por sus atributos. El más sencillo de reconocer es san Pedro, portador de las llaves del cielo. Sin embargo, cuando se representan exclusivamente como santos mártires, hay que reconocerles por los instrumentos de su martirio; por ejemplo, san Andrés aparece con la cruz en aspa en la que murió y san Pablo portando la espada con la que fue decapitado, privilegio otorgado en su condición de ciudadano romano (Saulo), que le libraba de la muerte en la cruz. En ocasiones, pueden aparecer —herencia románica— portando un libro en una mano (símbolo de la Palabra divina) y mostrando la palma de la otra en actitud de bendecir.

## ICONOGRAFÍA DE LOS SANTOS

Los santos son considerados intercesores del género humano ante Dios y protectores de los males de este mundo, así como patronos en diversos aspectos de la vida terrenal: ciudades, pueblos, profesiones, gremios y corporaciones, etc.

El culto a los santos procede de la veneración hacia los mártires, que con su muerte dieron testimonio de la fe en Cristo, propagándose a partir del siglo III, de manera exponencial después del reconocimiento del cristianismo por el Imperio romano no solo como culto no proscrito en el año 313 con el Edicto de Milán promulgado por el emperador Constantino, sino a partir del año 380 cuando Teodosio el Grande lo instaura como religión oficial del Imperio por el Edicto de Tesalónica.

En general, los santos se hicieron identificables de tres maneras: mediante atributos o símbolos, mediante pasajes de su vida o a través de inscripciones situadas junto o a sus pies, en las tapas de un libro que suelen portar o sobre una filacteria. No obstante, teniendo en cuenta que la gran mayoría de la población era analfabeta, este método surtió poco efecto.

Los atributos de cada santo suelen tener relación con los instrumentos con los que fue martirizado, aunque también pueden aludir a alguna otra faceta de su vida; por ejemplo, las llaves de san Pedro, la vieira de Santiago, la penitencia de san Jerónimo o la partición de la capa de san Martín de Tours con un mendigo.

## ICONOGRAFÍA DE LOS ÁNGELES

Ángel es una expresión procedente del latín *angelus* y esta del griego *aggelos,* que significa «mensajero»; por tanto, se consideran servidores de Dios y mensajeros para los hombres: «Bendecid a Jehová, vosotros sus ángeles, poderosos en fortaleza, que ejecutáis su palabra, obedeciendo a la voz de su precepto» (Sal 103:20). Ya lo dijo Jesús: «Sus ángeles en los cielos ven siempre el rostro de mi Padre que está en los cielos» (Mt 18:10).

No existe ningún pasaje en el libro del Génesis que refiera la creación de las criaturas angélicas. La primera vez que se les menciona es tras la expulsión de Adán y Eva del Paraíso: «Echó, pues, fuera al hombre y puso al oriente del huerto del Edén querubines» (Gn 3:24). No obstante, aparecen citados en los textos bíblicos en varias ocasiones: Isaías 6:1-2; Ezequiel 1:14-24, 1:15-21, 10:4-22 y 10:12; las epístolas de san Pablo a los Efesios («Por encima de todo principado, potestad, poder y dominación y de todo cuanto tiene nombre, no solo en este siglo, sino también en el venidero» 1:21) y a los Colosenses: «Porque en Él fueron creadas todas las cosas del cielo y de la tierra, las visibles y las invisibles; los tronos, las dominaciones, los principados, las potestades; todo fue creado por Él y para Él» (1:16).

Para san Agustín «el nombre de ángel indica su oficio, no su naturaleza. Si preguntas por su naturaleza, te diré que es un espíritu; si preguntas por lo que hace, te diré que es un ángel».

La Iglesia los reitera en la profesión de fe del IV Concilio de Letrán (1215): «Al comienzo del tiempo, creó a la vez de la nada una y otra criatura, la espiritual y la corporal, es decir, la angélica y la mundana; luego, la criatura humana, que participa de las dos realidades, pues está compuesta de espíritu y de cuerpo».

Las fuentes literarias que sirvieron de inspiración a los artistas cristianos para representar los ángeles fueron, además de los escritos bíblicos, los textos apócrifos. No se tiene constancia de la influencia de fuentes no escritas (liturgia, tradiciones corales, prácticas religiosas populares, etc.) en la iconografía angelical.

En cuanto a la literatura comparada, hay que señalar, además del *Pseudo Dionisio Areopagita* (del que hablaremos a continuación), la *Homiliae in Evangelia* de san Gregorio Magno (papa 590-604) y el *Paraíso*, tercer canto de la *Divina Comedia*, de Dante Alighieri (siglo XIV).

En la iconografía, los ángeles presentan siempre aspecto masculino: donceles imberbes de rubia cabellera, probablemente por influencia del Libro apócrifo de Enoch («Ellos [los ángeles malditos] han ido hacia las hijas de los hombres y se han acostado con ellas y se han profanado a sí mismos descubriéndoles todo pecado». 9:8), un texto bien valorado por los primeros cristianos, como lo atestiguan las epístolas canónicas de Judas (6 y 14-16) y Pedro (2:4), así como los escritos de Justino Mártir (100-165), Atenágoras (170); Tatiano (110-172); Irineo, obispo de Lyon (115-185); Clemente de Alejandría (150-220); Tertuliano (160-230); Lactancio (260-325) y otros.

Se representan alados en contraposición a las formas judaicas, probablemente por reminiscencias veterotestamentarias, como los serafines de seis alas («Cada uno tenía seis alas: con dos cubrían sus rostros, con dos cubrían sus pies y con dos volaban». Is 6:2). Por su condición de mensajeros divinos, guardan relación con seres de la mitología pagana como el dios Hermes (el Mercurio romano, mensajero de los dioses), también alado en su sombrero Petaso y sus sandalias Talaria, las *nikés* griegas o victorias aladas, y los erotes, cupidos, *puttis* y amorcillos, todo provistos de alas.

Según el teólogo bizantino *Pseudo Dionisio Areopagita* (siglos V-VI), en su tratado *De coelesti hierarchia* («Sobre la jerarquía celestial»), existen tres órdenes de criaturas angélicas en las cuales se agrupan nueve jerarquías:

1. Consejeros, cercanos a Dios, que vigilan su trono y le cantan alabanzas:
   - Tronos: sostienen como ángeles tenantes el trono de Dios, el crismón, la mandorla o el *Agnus Dei* y trasmiten la voluntad divina.

- Querubines: guardianes de la gloria de Dios, vigilan su trono. Tienen dos pares de alas y están asociados al color azul. Protegen el camino al Árbol de la Vida del Paraíso Terrenal con una espada encendida (Gn i3:24). Según el profeta Ezequiel, «todo su cuerpo, todo en derredor llenos de ojos» (Ez 10:12). Tallados por Salomón siguiendo el mandato divino, custodian el arca de la alianza: «Hizo también en el lugar santísimo dos querubines de madera de olivo, cada uno de diez codos de altura» (1 Re 6:23).
- Serafines: rodean el trono divino cantándole en continua alabanza. No están hechos a imagen y semejanza de Dios, sino que son parte de su esencia. Se asocian al fuego y al color rojo y poseen seis alas cubiertas de ojos: «Vi yo al Señor sentado sobre un trono alto y sublime, y sus faldas llenaban el templo. Por encima de él había serafines; cada uno tenía seis alas; con dos cubrían sus rostros, con dos cubrían sus pies y con dos volaban» (Is 6:1-2).

2. Gobernadores del cielo, relacionados con el Intelecto:
- Dominaciones (o Dominios): responsables del orden del universo. Están relacionados con la salud, por lo que suelen ser invocados en caso de enfermedad.
- Potestades (o Poderes): velan en el límite entre el mundo terrenal y el espiritual manteniendo las leyes cósmicas. Son los ángeles que sostienen las mandorlas en las que ascienden al cielo las almas de los difuntos (representadas como infantes desnudos) simbolizando la esperanza de la salvación.
- Principados: encargados de mostrar el dominio de Dios sobre la naturaleza, abren las nubes para dejar al descubierto la *Dextera Domini*.

3. Ministros o mensajeros divinos, relacionados con los seres humanos:
- Virtudes: ayudan al ser humano a acercarse a Dios. Se manifiestan como rayos de luz que inspiran a la humanidad.
- Arcángeles o ángeles superiores. Son siete: Miguel («¿Quién como Dios?»), que figura en el Libro del Apocalipsis como capitán de las milicias celestiales: «Después hubo una gran batalla en el cielo: Miguel y sus ángeles luchaban contra el dragón» (Ap 12:7). Gabriel («Fortaleza de Dios»), citado en el Evangelio de san Lucas como mensajero: «Yo soy Gabriel, que

estoy delante de Dios, y he sido enviado a hablarte, y darte estas buenas nuevas» (Lc 1:19). Rafael («El que sana»), que aparece en el Libro de Tobías como protector de los viajeros y la salud: «Entonces Dios me envió a sanarte, y también me envió a sanar a tu nuera. Mi verdadero nombre es Rafael, y soy uno de los siete ángeles que sirven al Dios todopoderoso y siempre están en su presencia» (Tob 12:14-15). Uriel («Luz de Dios»), que aparece en el Libro apócrifo de Enoch y el IV Libro de Esdrás. Completan el número simbólico Sealtiel, Baraquiel y Jehudiel.

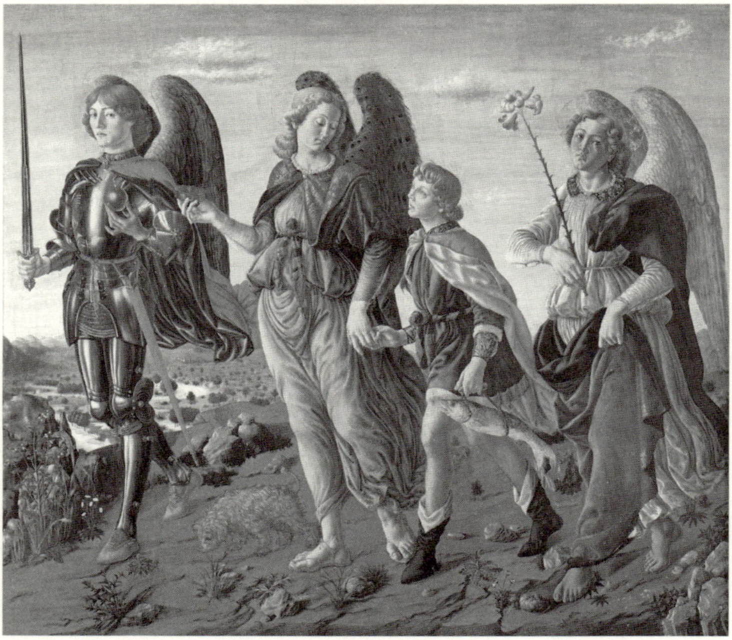

*Los tres arcángeles y Tobías* (h. 1470), por Francesco Botticini. Temple sobre tabla. Galería Uffizi. Florencia.

Ante el carácter apócrifo de algunos textos, el IV Concilio de Letrán (746) limitó el culto a los arcángeles, en la Iglesia de Occidente, a los tres primeros: Miguel, Gabriel y Rafael, considerados en la liturgia intercesores de los moribundos. En Bizancio y en la iglesia etíope, sin embargo, se dio especial culto también a Uriel, formando, de esta manera, un cuarteto de fácil encaje en las pechinas de las cúpulas, aludiendo a los cuatro puntos cardinales y cumpliendo la misma función de alabanza al Pantocrátor que el tetramorfos, como ocurre en la iglesia de la Martorana de Palermo, Italia (mediados del XII), donde se prestan a confusión con los evangelistas.

Según san Jerónimo, «cada una de ellas [las almas], desde el momento de nacer, tiene un ángel destinado para su custodia». En estas palabras se incardina la figura del ángel de la guarda, un ángel personal que vela por cada ser humano. En la misma línea, las corporaciones y gremios medievales se pusieron bajo la protección de un ángel custodio. La iconografía muestra un ejemplo en el tímpano de la portada de la Lonja de Mar de Palma de Mallorca, presidida por el ángel custodio «defenedor (defensor) de la mercadería».

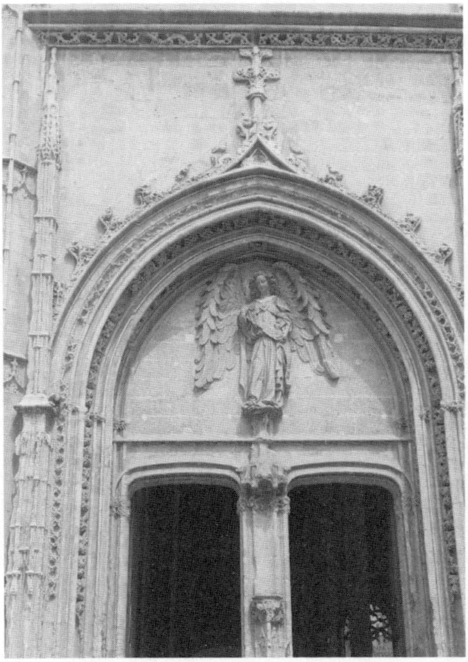

El ángel custodio *defenedor* (defensor) de la mercadería preside en solitario el tímpano de la portada de la Lonja de Mar en Palma de Mallorca (s. XV).

## ICONOGRAFÍA DEL DIABLO

En los libros apócrifos como el de Enoch (hacia el siglo II a. C.), se describe al diablo como ser malvado, envidioso de Adán, el primer hombre, creado por Dios a su imagen y semejanza.

El mejor relato bíblico sobre la figura diabólica se halla en el Libro de Job, relacionado con la infernal bestia Leviatán:

¿Pescarás con anzuelo a Leviatán?
¿O con cuerda que le eches en su lengua?
[...]
Tu esperanza sería ilusoria,
pues solo su vista aterra.
[...]
De su boca salen hachones de fuego;
Centellas de fuego proceden.
De sus narices sale humo,
Como de una olla o caldero que hierve.
Su aliento enciende los carbones,
Y de su boca sale llama.

Job 41:1, 9, 19-21

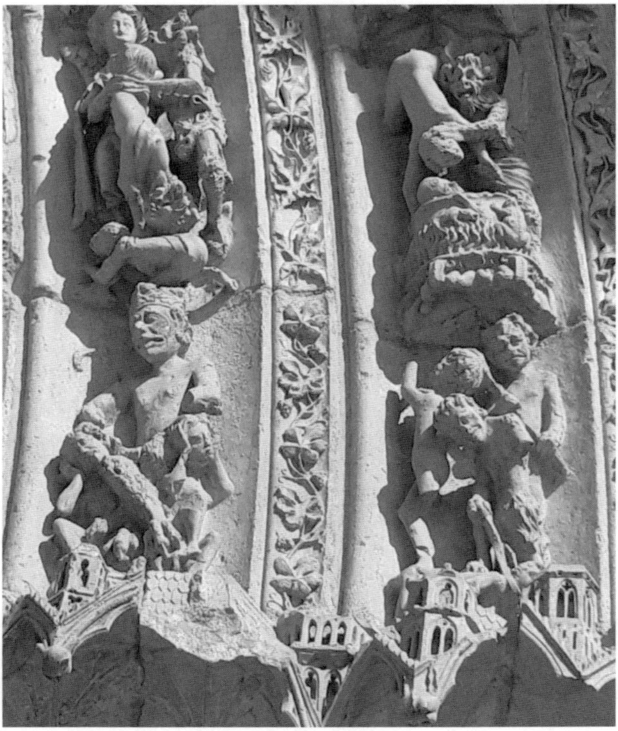

Figuras diabólicas ensañándose con los condenados (mediados del s. XIII); arquivoltas del pórtico del Juicio Final de la catedral de León.

No obstante, la terrorífica figura demoniaca, con patas y cuernos de macho cabrío, frecuentemente dotada de alas para recordar que es un ángel caído, fue perdiendo su horripilante aspecto a medida que avanzaba el gótico para irse transformando, no sin la presencia de su anterior imagen durante el siglo XIV —en la idea de que la perversidad implica deformación—, en un ser humano que, con carácter engañoso, puede aparecer en diversos hábitos, entre ellos el de peregrino o ermitaño, y formas distintas a fin de enfatizar su naturaleza falsa y traidora («El diablo es el señor de la palabra doble, la mentira», decía Tertuliano en el s. III), sin que falten imágenes en las que presenta rostro con ojos abiertos en otras partes del cuerpo además de la cabeza, como el abdomen, las rodillas e incluso en las nalgas.

Si bien en la Anástasis, con el propósito de exaltar el vencimiento en su propio territorio, no se prescinde de exhibir su monstruosa fisonomía animalesca, sobrecogedora, de carácter híbrido antropozoomorfo, su imagen como dragón pisoteado por María y el arcángel san Miguel, o encadenado por san Bartolomé, no dejará de hacerse presente como un rostro humano que, habiendo perdido sus rasgos simiescos y sus cabellos que imitan las llamas del infierno, solo se identifica con Satán por los cuernos de su frente, el rabo o las garras y pezuñas de sus extremidades.

Antes de la rebelión en los cielos y su caída al abismo, su nombre más utilizado era Lucifer. Posteriormente, comenzó a emplearse Satán («adversario», «enemigo»), encarnando la cólera de los vencidos. Entre otros nombres que también se aplican al diablo destacan Belcebú (Mt 12:24; Mc 3:22 y Lc 13:15), Belfegor, Astarot o *Baphomet*, un término de controvertida etimología representado como una cabeza cornuda a la que se atribuyó adoración por los monjes templarios; un pretexto para suspender *sine die* la Orden por el papa Clemente V, y utilizado también por Felipe IV de Francia para llevar a la hoguera al gran maestre Jacques de Molay, en 1314, tras haber confiscado todos sus bienes.

Los mejores ejemplos de figuración diabólica en territorio hispano, casi siempre en revuelto grupo frente a la armonía reinante entre las figuras angelicales, corresponden al primer gótico, en concreto, a las dovelas de la puerta del Juicio de la catedral de Tudela y a los capiteles del claustro de la catedral de Pamplona, perdurando a lo largo del siglo XIII, principalmente, en la *Pulchra leonina*.

La figura diabólica ocupó también espacio en las vidrieras, como se observa en una de ellas procedente de la Santa Capilla de París.

# ICONOGRAFÍA FUNERARIA

La iconografía funeraria alcanzó un gran desarrollo a lo largo de las distintas fases del gótico, al calor de la difusión de los sepulcros y enterramientos por toda Europa a causa del interés de los personajes relevantes (rey, nobleza y alto clero) en ser enterrados junto a los cuerpos de los santos más venerados, en un deseo de pervivencia después de la muerte, así como para que sirviera de demostración patente del prestigio social que habían ostentado en vida. Unos y otros hacen hincapié, particularmente en los territorios de la Corona castellana, en la representación de las exequias u honras fúnebres, que recogen las oraciones y oficio de difuntos, el cortejo luctuoso desde la casa mortuoria hasta el templo (con la presencia de las dolientes o plañideras, mal vistas por sus exageradas actitudes, que incluían teatrales gestos y autolesiones), personajes habituales ya en tiempos de Cristo («Al entrar Jesús en la casa del principal, viendo a los que tocaban flautas, y la gente que hacía alboroto» Mt 9:23), y el posterior sepelio y enterramiento mientras los escuderos batían los blasones del finado hasta partirlos; sin que pudiera faltar la *pitança de los aniversarios*, es decir, la provisión alimenticia a los oficiantes de la liturgia.

Predomina el carácter narrativo de los hechos relevantes de su existencia (no siempre, por modestia, hechos de armas) e incluso de la forma en que alcanzaron la muerte de una manera heroica quienes fueron representantes de los estamentos políticos y militares. En este caso, los caballeros muertos, ataviados con su atuendo militar, portan sobre el *lit de parade* («lecho mortuorio») la espada entrambas manos o bien sujeta con la izquierda mientras cruzan la derecha sobre el pecho, símbolo de su fe en el más allá. El arma expresa las virtudes de la Caballería que le acompañaron en vida, adornada en ocasiones con la inscripción «Ave María», alusiva al patronazgo de la Virgen. También se pueden encontrar presentes otras iconografías de raíz esotérica como el nudo de Salomón o la estrella de David, protectores respectivamente, según se creía, contra los temblores de tierra y la muerte accidental.

En cuanto a los sepulcros de los dignatarios eclesiásticos como obispos y abades, junto a la imprescindible *elevatio animae* o elevación del alma del finado al paraíso por medio de criaturas angélicas, predominan las escenas religiosas y la representación de las obras pías que llevó a cabo en vida el personaje fallecido, como el reparto del pan nuestro de cada día a pobres y peregrinos, tal como figura, con las escenas invertidas, en los sepulcros de los obispos Rodrigo Álvarez (†1232) y Martín Rodríguez «el Zamorano» (†1242), en la catedral de León.

Los episodios evangélicos más frecuentes en la iconografía sepulcral son la Visitación, la Anunciación y la Pasión de Cristo, haciendo alusión al principio y final de la redención de los hombres. En ocasiones, derivado de la escultura monumental, se introducen personajes del Antiguo Testamento que constituyen *typos* o prefiguraciones cristológicas. En otras, raramente en España, como expresa Franco Mata en su estudio citado en la bibliografía, aparecen componiendo la iconografía, provenientes del cincel de Giovanni Pisano, las siete virtudes: las tres teologales (Fe, Esperanza y Caridad) y las cuatro cardinales (Prudencia, Justicia, Fortaleza y Templanza) sustentando el sepulcro de Margarita de Brabante en San Francisco de Génova.

La tipología del *gisant* («recostado», en francés), es decir, la estatua yacente del difunto sobre el sarcófago, se estableció a lo largo del siglo XIII, creándose una escenografía en torno al personaje a medida que avanza el estilo en medio de una ornamentación cada vez más abundante a base de distintos elementos decorativos. Son habituales leones a los pies masculinos, símbolos de valor y realeza; en otros casos, suelen figurar perros, lebreles y galgos simbolizando la fidelidad y aludiendo como el halcón, también frecuente, a la cetrería (actividad favorita de monarcas y nobles cuando no la guerra), mientras para prelados y damas los canes de compañía constituyen símbolos únicamente de la primera cualidad. Junto al león como símbolo ambivalente de fortaleza, pero también de maldad, pueden acompañar los pies del yacente animales fantásticos de carácter maligno como el dragón y el basilisco, evocando el mensaje bíblico que anuncia el triunfo sobre el mal y la muerte: «Sobre el león y el basilisco pisarás; hollarás al cachorro del león y al dragón» (Sal 91:90).

Escudos y símbolos heráldicos están presentes en la iconografía de los sepulcros; enmarcan a modo de cenefas las exequias en los frentes de los sarcófagos pétreos con restos de policromía del infante don Felipe y su segunda esposa, doña Inés de Guevara, en la iglesia de Santa María la Blanca de Villalcázar de Sirga (Palencia).

Por influencia francesa, la estatua del finado suele ir acompañada de angelitos, habitualmente, en la cabecera, sosteniendo las puntas del sudario, como en el sepulcro del obispo Arnaldo Barbazán en la capilla de su nombre de la catedral de Pamplona, datable en el último cuarto del siglo XIV.

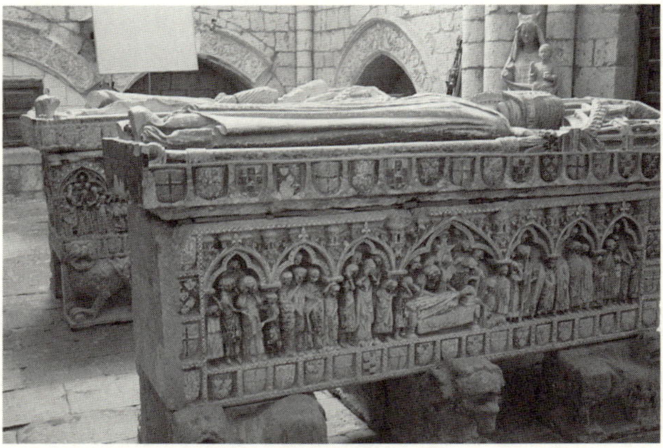

Sepulcros del infante don Felipe de Castilla y su segunda esposa doña Inés de Guevara (s. XIII). Capilla de Santiago de la iglesia de Santa María la Blanca de Villalcázar de Sirga (Palencia).

Generalmente, los prelados, si no están actitud orante con las palmas de las manos unidas (Alonso Cartagena en la catedral de Burgos, tallado en alabastro con fino realismo en el último tercio del s. XV), pueden portar entre ellas un libro, casi siempre cerrado, el báculo (Barbazán) o bien un cáliz, aunque con carácter excepcional, en alusión al objeto litúrgico en el que oficiaron en vida, considerado ya en el siglo VI, y al menos hasta el XV, preceptivo para acompañarlo en el féretro, como consta en el testimonio de Ambrosio de Morales en su *Viage santo* (1572) haciendo referencia al cáliz de doña Urraca que se conserva en el Museo de San Isidoro de León: «Dicen es el conque decía Misa S. Isidoro», lo que indica que los ministros de Dios eran enterrados con él, normalmente obrado en plomo o estaño o bien en una aleación de ambos que se denomina peltre, si bien en este caso se trata de una pieza de ágata.

El lugar elegido por los obispos para su sepultura solía ser el coro, donde se halla el altar, o bien mirando al mismo, por ser el lugar donde diariamente se elevan las oraciones. Las dignidades eclesiásticas inferiores, como deanes y arcedianos, era común que fuesen sepultadas en el claustro o bien en las capillas del interior del templo.

Reyes y nobles yacentes —a veces cruzando las piernas al modo inglés, generalmente la derecha sobre la izquierda, postura tildada de arrogancia que permaneció hasta mediados del XIV y bisoñamente se ha relacionado con los caballeros cruzados— suelen llevar entre sus manos el cetro, atributo de poder —solo los monarcas—, o la espada envainada, que identifica a ambos como hombres de armas, mientras reinas y damas leen un libro o parecen aún desgranar las cuentas del rosario que con vivo realismo discurren entre sus dedos: sepulcro de los condestables de Castilla en la capilla del mismo nombre de la catedral de Burgos (Felipe Vigarny, h. 1492). En otros casos (sepulcro de Carlos III el Noble y su esposa Leonor de Trastamara, 1416-1419, en la catedral de Pamplona), ambos yacentes juntan las palmas de sus manos en actitud orante.

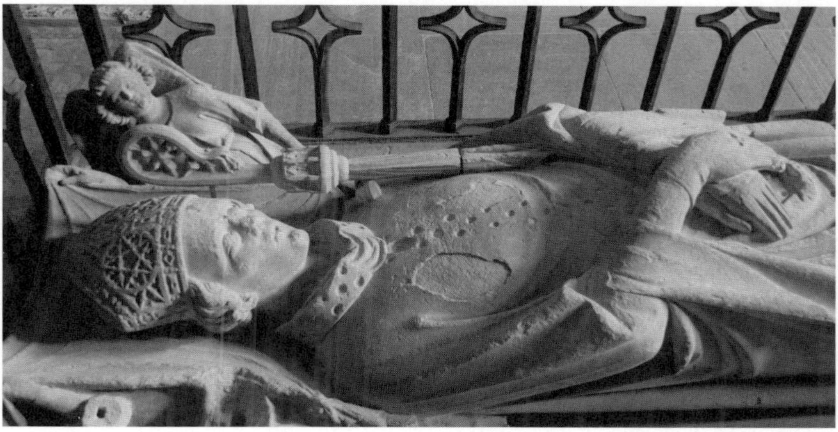

Sepulcro del obispo Barbazán (último cuarto del siglo XIV), en la capilla de su nombre de la catedral de Pamplona.

Mientras los monarcas para su descanso eterno contaban con sitio de honor en la catedral, la nobleza solía escoger para su sepultura las iglesias de los monasterios que habían fundado o beneficiado en vida.

Existió en territorio hispano una tendencia venida del exterior (Francia, Alemania) que impuso la repartición del cadáver entre dos o más sepulcros (Alfonso X el Sabio llegó a disponer que se le enterrase en tres sepulturas) situados en distintos templos, uno de los sarcófagos para contener las vísceras y otro el resto del cuerpo, hasta que fue prohibida por el papa Bonifacio VIII (1294-1303).

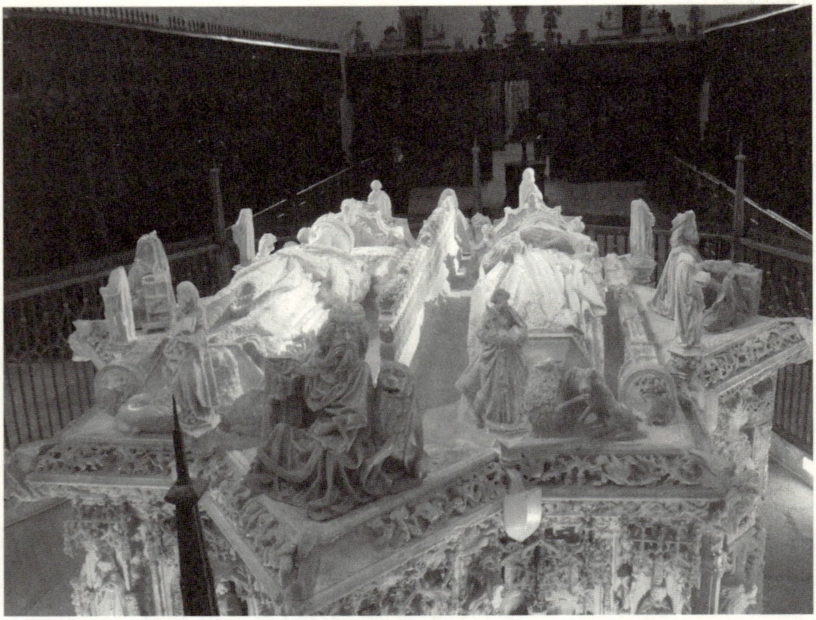

Sepulcro de Juan II de Castilla e Isabel de Portugal en forma de estrella de ocho puntas, en la Cartuja de Miraflores (Burgos); obra de Gil de Siloé entre 1489 y 1493.

Los sepulcros presentan una de las dos siguientes variantes:

- Exentos, situados en medio del templo o las capillas, cubiertos o no con baldaquino como los de Pedro el Grande (1291) y su esposa Constanza de Sicilia y Jaume II y su esposa Blanca de Anjou (1316) en el monasterio de Santes Creus (Tarragona). En general, tienen forma prismática con las cuatro caras decoradas a base de relieves en los que se representan escenas fúnebres con cortejos de plañideras, sustituidas a partir del siglo XIV en detrimento de escudos heráldicos y decoración vegetal. En la parte superior o tapa, en recuerdo del sarcófago romano, el difunto o difuntos —si se trata de un matrimonio, dos hermanos, padre e hijo o el mismo finado con hábitos distintos, casos frecuentes en Francia y España— se representan sobre el *lit parade* («lecho mortuorio») durmiendo (característico del siglo XIII), con la cabeza reposando sobre un cojín (dos e incluso tres para reyes y papas a partir del siglo XIV, con el fin de expresar mayor nivel social), sosteniendo el cetro real o leyendo (Juan II y su esposa doña Isabel de Portugal en la Cartuja de Miraflores, finales del siglo XV), y el semblante sereno expresando paz en espera de la salvación eterna, dotado de un primer idealismo en los rostros que derivó en un ligero realismo individualista con alguna tendencia hacia el retrato a partir del siglo XIV; o bien el finado siendo llevado por un cortejo fúnebre como en la tétrica tumba del gran senescal de Borgoña Philippe Pot (finales del s. XV), sostenido a hombros de ocho porteadores del féretro vestidos con hábitos negros de capucha que les cubre también el rostro en patética señal de duelo.

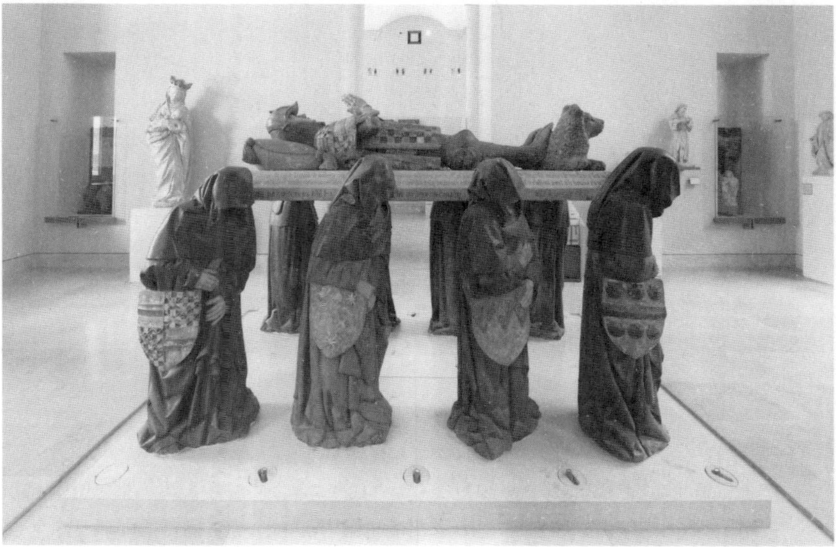

Tumba de Philippe Pot, yacente sobre el lecho fúnebre con un león a sus pies, siendo llevado por cuatro porteadores enlutados. Museo del Louvre.

- Parietales, adosados a la pared, cobijados en un arcosolio o lucillo abierto bajo arco de medio punto (principios del XIII), apuntado o conopial (a medida que avanza el estilo), en cuyo tímpano dividido en registros se representan distintas escenas —o bien la evocación de la edificación del templo promovida por el finado: sepulcro del obispo Martín Fernández (†1289) en la sede legionense—, con la estatua del difunto yacente en el sueño eterno (el rey Ordoño II en el trasaltar de la *Pulchra leonina*, labrado a finales del XIII), recostado leyendo (Martín Vázquez de Arce, *El doncel de Sigüenza*, en la catedral seguntina, labrado en piedra caliza con la estatua en alabastro a finales del s. XV dentro del gótico tardío) o arrodillado en actitud orante sobre el sepulcro: infante don Alonso, hijo de los Reyes Católicos, en la Cartuja de Miraflores, obra en alabastro de Gil de Siloé a finales del s. XV en estilo gótico-isabelino. No hay que olvidar la tipología de carácter macabro; los yacentes se representan en estado de descomposición, iconografía que cobrará auge en el Barroco a través de la pintura *de vanitas*.

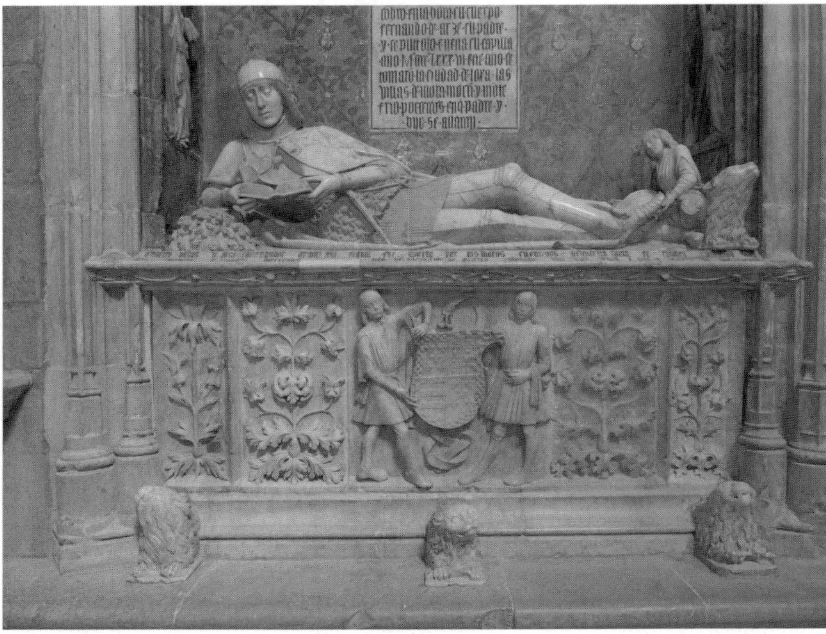

Sepulcro de don Martín Vázquez de Arce, *El doncel de Sigüenza*, atribuido a Sebastián de Almonacid entre 1486 y 1504, en la capilla de San Juan y Santa Catalina de la catedral de esta localidad guadalajareña.

En cuanto a materiales, predomina la piedra caliza, seguida del mármol, el alabastro generalmente para los sepulcros reales y, en menor medida, el bronce, y la madera, considerada material noble en algunos países como Inglaterra; enchapada en cobre esmaltado para labrar el último continente del obispo don Mauricio (s. XIII), hoy en el coro de la catedral de Burgos, traído a mediados del XVI desde la capilla mayor.

# IGLESIA Y SINAGOGA

Las figuras alegóricas de la Iglesia y la Sinagoga, que representan la fe de los creyentes, no sus templos respectivos, enfrentadas o contrapuestas, aluden al triunfo de la Nueva sobre la Vieja Ley, aunque también se han interpretado como la continuidad entre ambos Testamentos, lo que se conoce como *concordia testamentorum*.

Ambas figuras femeninas suelen aparecer portando, cada una, los símbolos respectivos de su credo: la Iglesia, en actitud erguida, serena, se presenta con la cruz y el cáliz, aludiendo a la redención por la muerte de Cristo. La Sinagoga, generalmente en actitud decaída, el cabello revuelto y los ojos vendados (signo de oscuridad, pues no reconoce la revelación implícita en el Antiguo Testamento), en consonancia con las palabras del evangelista: «Dejadlos; son ciegos guías de ciegos, y si el ciego guiare al ciego, ambos caerán en el hoyo» (Mt 15:14); o bien, como en la catedral leonesa, un dragón —símbolo del Mal— cubre sus ojos. Suele llevar el rollo de la Torá, roto su estandarte, y, en ocasiones, el cuchillo del rito de la circuncisión, mientras deja caer las Tablas de la Antigua Ley.

Así y todo, hay figuras de la Sinagoga que se presentan con la venda caída de los ojos (Sinagoga desvelada) aludiendo a su conversión y reconciliación con la fe de Cristo, como se aprecia en unas vidrieras de la iglesia abacial de Saint-Denis.

Ambas imágenes, frecuentes en las artes suntuarias —especialmente en la miniatura: *Hortus deliciarum*— aparecen igualmente en los pórticos de varias catedrales francesas como las de Reims y Estrasburgo, españolas como la de León o alemanas como la de Bamberg; así como en vidrieras (Bourges), pintura mural o sobre tabla y en las sillerías de coro.

Hay otros ejemplos (*La Fuente de la Gracia o el Triunfo de la Iglesia sobre la Sinagoga*, de la escuela de los hermanos flamencos Van Eyck, h. 1440-45) en los que ambas alegorías no están representadas por figuras femeninas, sino por el papa, prelados y teólogos acompañados de reyes y nobles frente a los rabinos judíos de la Torá hebrea, que mantienen un azaroso debate ante la falta de la luz divina, que ilumina a la Iglesia triunfante. En este caso, el sumo sacerdote hebreo aparece con un velo tapándole los ojos.

Se dan también casos, más frecuentes en Inglaterra y Alemania, en los que ambas imágenes están presentes en la escena de la crucifixión flanqueando a derecha e izquierda a Cristo, quien con su muerte da vida a la Iglesia y acaba con la Sinagoga.

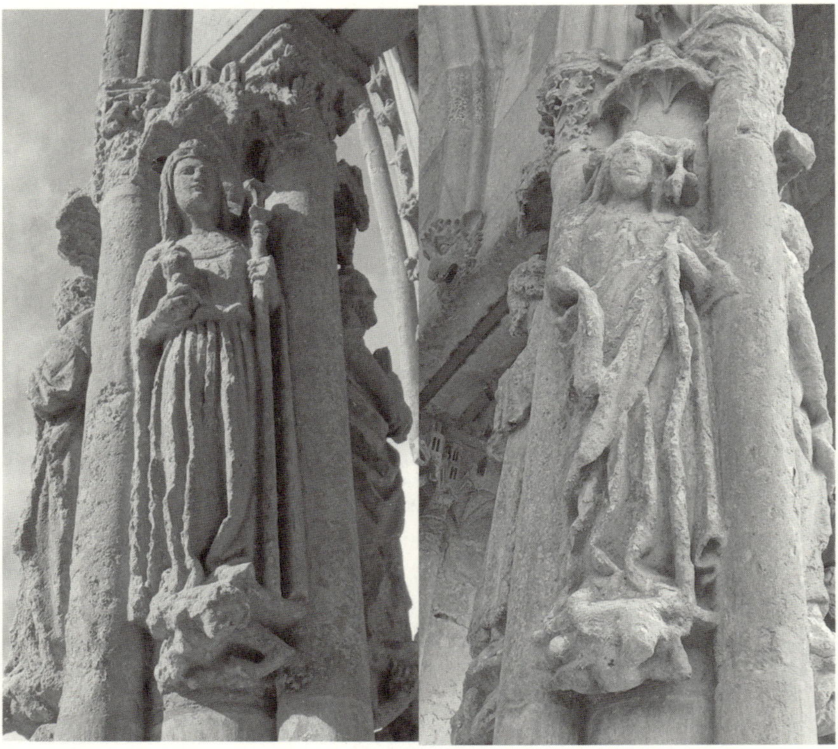

Alegorías de la Iglesia y la Sinagoga, adosadas a los pilares del pórtico occidental de la catedral de León.

La contraposición entre ambas creencias se representa también por un árbol frutal (la Iglesia) y un árbol seco (la Sinagoga), coincidiendo con el testimonio evangélico: «Así, todo buen árbol da buenos frutos, pero el árbol malo da frutos malos» (Mt 7:17).

Por último, es fácil de reconocer la similitud de la parábola de las vírgenes prudentes y las vírgenes necias con ambas alegorías.

# *Iconografía profana*

La iconografía profana, compartiendo espacio con la religiosa en no pocas ocasiones y, como ha dicho Yarza Luaces, actuando como contrapunto o desarrollando un mundo paralelo —casi siempre con una finalidad didáctica, moralizante o burlesca—, engloba una temática muy variada, que constituye el mejor testimonio visual y gráfico de la sociedad y el pensamiento de una época en la que se iba imponiendo el individualismo, preludio de la cultura humanista del Renacimiento, que situará el antropocentrismo, en sustitución del teocentrismo medieval, en el núcleo del pensamiento.

Continuando la tradición románica, la iconografía profana se deja ver en claustros (ménsulas, capiteles) y fachadas, y encuentra un nuevo campo de acción en los relieves que ornamentan los sarcófagos, sin que falte en las enjutas y lugares recónditos tanto del exterior como del interior de iglesias y catedrales. Las artes suntuarias y decorativas constituyen también uno de sus campos favoritos.

## ALEGORÍAS Y ELEMENTOS SIMBÓLICOS

Las alegorías en el arte se representan como figuras femeninas acompañadas de sus correspondientes atributos, que simbolizan ideas o conceptos abstractos. En el estilo gótico podemos destacar las artes liberales, la Muerte, la Justicia, la Paz, el Buen y el Mal Gobierno.

Las artes liberales tienen su mejor espacio en las artes suntuarias y decorativas. En miniatura, uno de los principales ejemplos en los albores del gótico es el *Hortus deliciarum* («Jardín de los deleites»), un manuscrito iluminado entre 1167 y 1185 por la monja alsaciana Herrada de Lansberg, que contiene poemas, música e ilustraciones sobre temas teológicos y literarios, destinados a las novicias; reproduce las siete artes con sus respectivos atributos y proverbios rodeando un núcleo dividido en dos mitades: en la superior, la Filosofía entronizada sostiene una larga filacteria que dice: «Todo conocimiento procede de Dios»; en la mitad inferior, Sócrates y Platón escriben en sus pupitres.

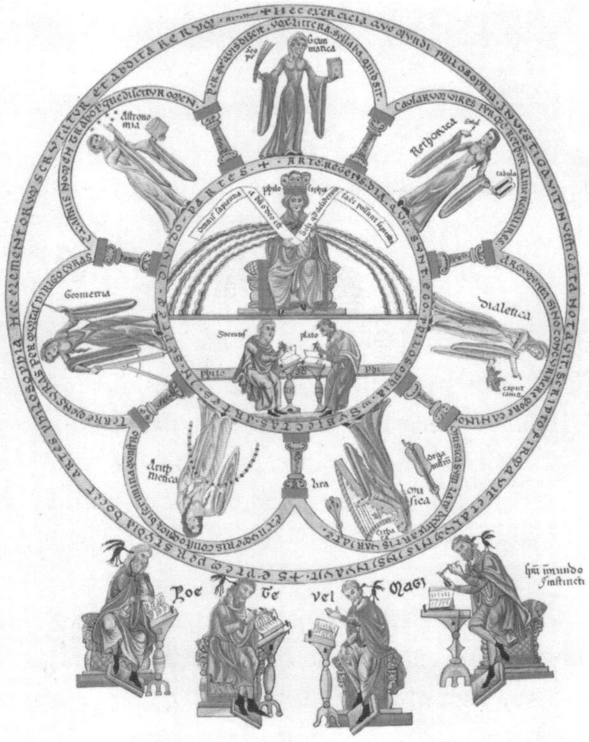

*Hortus deliciarum* («Jardín de los deleites»), la Filosofía y las siete artes liberales, manuscrito iluminado por Herrada de Lansberg.

En escultura, también se pueden citar ejemplos en las arquivoltas de la portada derecha del pórtico occidental de la catedral de Chartres junto a los filósofos clásicos. También las pequeñas tallas de piedra policromada emplazadas a la entrada a la catedral de Friburgo (a los pies de su altísima torre de 116 m), que representan con sus respectivos atributos la Filosofía y el *Trivium*: la Gramática portando una vara y acompañada de sus discípulos; la Dialéctica efectuando gestos que enfatizan el habla; la Retórica lanzando monedas con las manos, dando a entender la riqueza que regala a los amantes del buen saber.

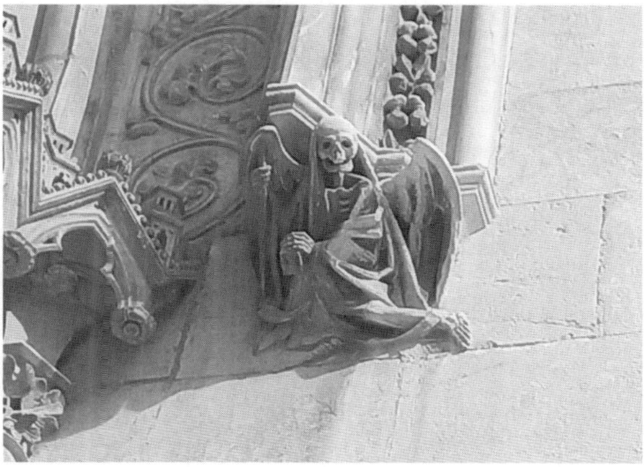

El esqueleto alado de la Muerte, semicubierto por su tétrico manto, con una guadaña y un reloj de arena que desgrana el tiempo de la vida, aguarda agazapado en una ménsula de la portada de su nombre, en la fachada sur de la catedral de León.

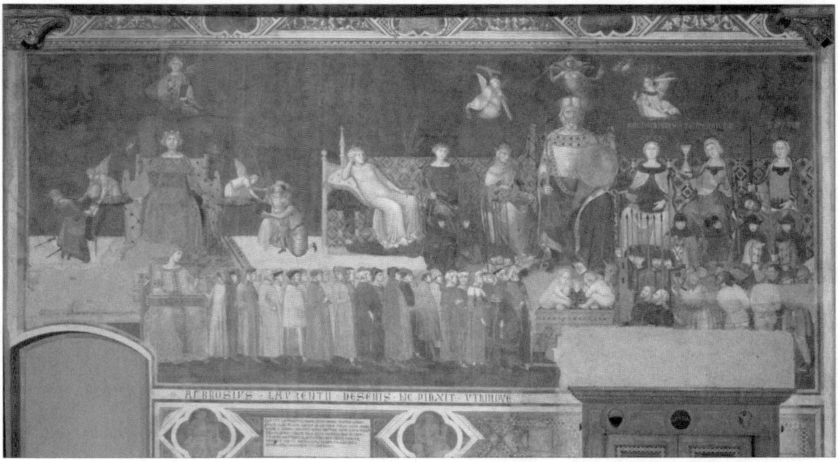

*Alegoría del Buen Gobierno* (1339), por los hermanos Lorenzetti. Una figura barbada en su trono, a la que acompañan las alegorías de las cuatro virtudes cardinales: Prudencia, Justicia, Fortaleza y Templanza, con la Paz y la Magnanimidad. Sala de los Nueve del palacio Comunal. Siena (Italia).

En cuanto a las vidrieras, tenemos ejemplos en las catedrales francesas de Ruán y Chartres y en España en las de Toledo y León, en esta, concretamente, en la que se conoce como *La cacería*, emplazada en el lado norte de la nave central; si bien, figuran solamente la Gramática, la Dialéctica y la Aritmética, tal vez porque las restantes se deterioraron o perdieron durante el traslado desde su emplazamiento anterior, ya que este vitral fue elaborado con diferentes paneles que antes formaron parte de otras composiciones. La muerte, omnipresente en la sociedad medieval, cuando la vida no valía nada, inmersa en constantes calamidades como guerras, hambrunas y epidemias que la diezmaban periódicamente —a mediados del siglo XIV la peste negra o bubónica arrastró a la tumba más de la mitad de la población europea—, ocupó un macabro lugar en la mano de los artistas, quienes, con un punto de sarcasmo ante lo irremediable, plasmaron su alegórica figura de esqueleto, a veces en acción y otras agazapado en el exterior de los templos, donde se llevaban a cabo las macabras «Danzas de la muerte», siempre acechando para llevarse a la humanidad consigo, como se puede observar en una ménsula de la portada de su nombre en la fachada sur de la catedral de León.

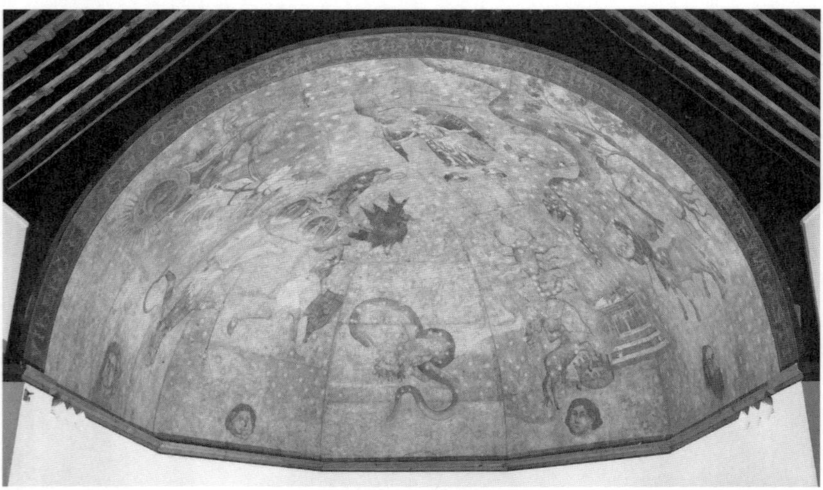

*El cielo de Salamanca*, por Fernando Gallego, pintura mural sobre bóveda de horno, que contiene la simbología de las artes liberales, las constelaciones, el Sol, Mercurio y los cuatro vientos.

La alegoría de la Justicia, espada en mano, estaba situada en las jambas del lado derecho de la portada de San Juan de la catedral leonesa, junto al sabio Salomón (émulo de la misma), dos de las veintitrés estatuas que estaban adosadas a las jambas del pórtico occidental, retiradas en 2009 para protegerlas de las inclemencias del tiempo; pero, después de quince años, salvo tres en el interior del templo, el resto, por falta de presupuesto bien empleado, no han hallado acomodo más que en las naves del claustro, también a expensas de la meteorología.

En las paredes de la Sala de los Nueve del palacio Comunal de Siena (Italia), centro neurálgico del poder de la ciudad, los hermanos Lorenzetti plasmaron al fresco las alegorías del Buen y el Mal Gobierno, una propaganda política respecto a las consecuencias de una buena o mala gestión pública y la conveniencia de que el bien común nunca esté por debajo de los intereses privados, una utopía aún en nuestros días que choca con el egoísmo de los gobernantes.

En cuanto a elementos simbólicos, las constelaciones (Leo, Virgo, Libra, Escorpión, Sagitario, el Boyero, Hércules, la Hidra, el Centauro, la Crátera, el Cuervo, la Corona y la Serpiente), la cuadriga del Sol tirada por cuatro caballos, el carro del dios Mercurio tirado por dos águilas y los cuatro vientos simbolizados por cuatro cabezas, figuran en *El cielo de Salamanca* (h. 1480), restos de la pintura mural de Fernando Gallego que decoraba la bóveda de la antigua biblioteca de la Universidad de Salamanca; pintura inspirada en el *Poeticum Astronomicum* de Hyginio (s. I a. C., publicado en Venecia en 1482), aunque recientemente se ha citado como fuente el *Tetrabiblos* de Claudio Ptolomeo (s. II d. C.). Las obras de reconstrucción, tras un incendio sufrido a mediados del siglo XVIII, perdieron tres cuartas partes de la obra y ocultaron la que se conserva. Redescubiertas las pinturas en 1901, a mediados de siglo fueron traspasadas al lienzo y trasladadas al museo universitario, en el patio de las Escuelas Menores.

## EL RETRATO

Prácticamente abandonado desde la Antigüedad romana, el retrato, símbolo por excelencia de individualismo, vuelve a cobrar un evidente protagonismo, especialmente, en la última fase del gótico.

En ocasiones, algunos personajes han pasado a la posteridad por su apodo más que por su nombre, ya que el artista no dejó constancia del mismo; entre ellos, el *Caballero de Bamberg*, que data de 1230 aprox., pero se cree que representa a monarcas fallecidos tiempo atrás: san Enrique Emperador (973-1024), Conrado III de Suabia (1093-1152) e incluso el emperador Constantino (c. 270-337).

Durante los siglos XIII y XIV, la persona retratada que había encargado y, por tanto, financiado la obra (generalmente, religiosa), es decir, el donante, aparecía casi siempre de perfil y arrodillada contemplando la escena en actitud orante.

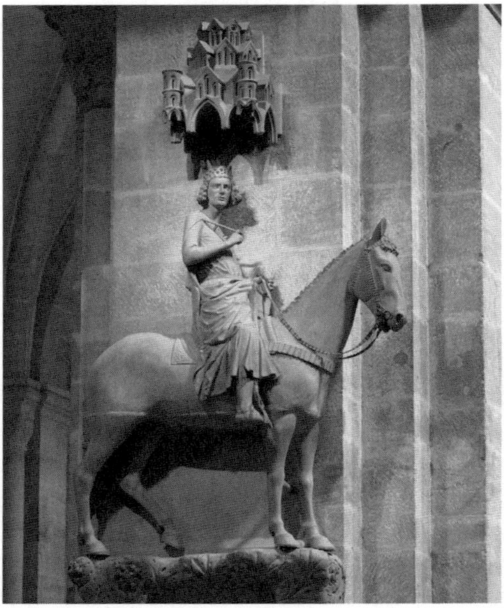

*El Caballero de Bamberg* (h. 1230), escultura ecuestre de identidad desconocida, en el interior de esta catedral alemana.

En el siglo XV, los pintores flamencos procedieron a sustituir el retrato o autorretrato de perfil por el retrato frontal o levemente girado en tres cuartos, un modelo que ha continuado en uso hasta los tiempos actuales.

## EL ÉXITO

La representación del éxito se inicia en el siglo XV, época en la que el próspero desarrollo económico que comenzaba a extenderse por Europa, favorecido por la expansión de las rutas mercantiles, los mercados y ferias urbanas, trajo consigo una efervescencia de las reuniones sociales, los festines y la ostentación, centrada en la exhibición de una elegancia de la que no solo hacía gala la nobleza tradicional, sino con tanto y mayor énfasis los nuevos ricos, los burgueses que capitalizaban los negocios y obtenían los pingües beneficios que estos generaban.

Un buen ejemplo de estas prácticas sociales se encuentra en las ilustraciones de uno de los más conocidos libros de horas u *horarium*, manuscritos muy comunes entre la nobleza en la Edad Media, que enseñaban las oraciones de las horas, días y meses acercando la liturgia cristiana a la vida cotidiana. Ilustrando el mes de enero, se representa un banquete, una exitosa reunión social organizada por el comitente para agasajar a sus invitados, conforme a las prácticas sociales.

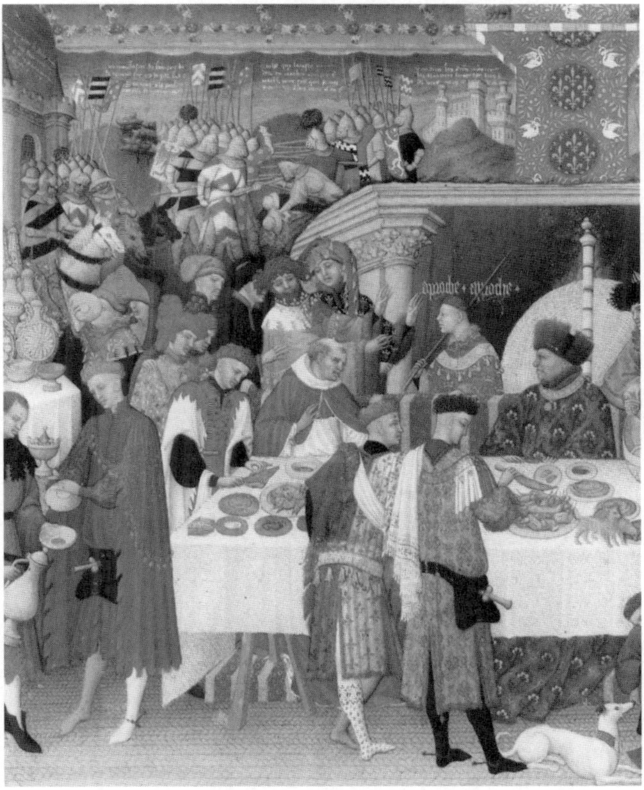

Banquete que ilustra el mes de enero en *Las muy ricas horas del duque de Berry* (h. 1411), manuscrito iluminado por los hermanos Limbourg. Museo Condé, ubicado en el castillo de Chantilly, al norte de París.

En el ámbito de las escenas de carácter popular, no faltaron todo tipo de acontecimientos sociales, como torneos y combates, cacerías, labores agrícolas, actividades musicales, celebraciones cortesanas, representaciones juglarescas y el *roman courtois*, escenas de damas y caballeros, que se pueden ver, por ejemplo, en los capiteles de temática profana del claustro de la catedral de Pamplona y en las ménsulas de la capilla de santa Catalina de la catedral de Burgos.

Además de la miniatura, otras actividades dentro de las artes aplicadas, suntuarias y decorativas en las que se manifestaron con cierta profusión estos motivos fueron la vidriera y los tapices.

## TEMÁTICA SATÍRICO-MORALIZANTE Y FANTÁSTICA

Entre la iconografía profana derivada de narraciones literarias con carácter satírico-moralizante se encuentran los *Marginalia*. En la temática de raíz fantástica, la pintura del Bosco.

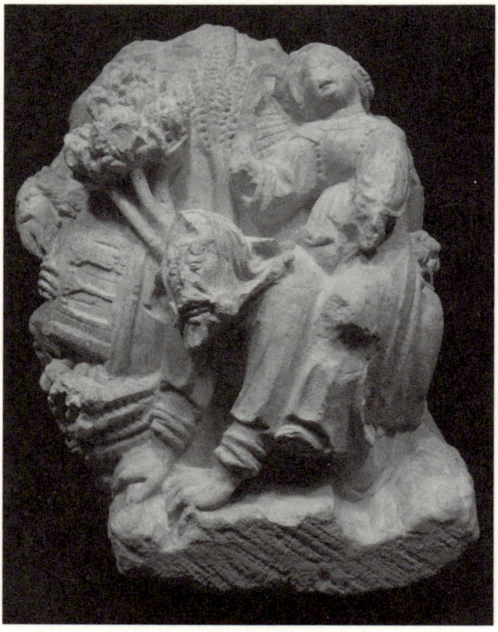

Ménsula con el mito de Filis y Aristóteles (s. XIV), procedente del edificio de la Pía Almoina. Museo de Historia de Valencia.

Figuración marginal o *marginalia* es un término de época moderna sobre las *curiositates*, *drôleries*, *grotesque*, *vignete* o *babuini*, como por la frecuente presencia de simios se denominaba en el siglo XIV a las representaciones de carácter jocoso en los márgenes o puntos secundarios de los manuscritos iluminados, si bien aparecen desde finales del siglo XII y principios del XIII en obras arquitectónicas, escultóricas o pictóricas. Estaban inspiradas en el imaginario popular (proverbios y refranes), en los *exempla* («ejemplos»), cuentos moralizantes basados en fuentes antiguas, en boca de las órdenes religiosas para explicar pasajes sagrados de forma comprensible, y los *fabliaux* («habillas»), relatos cómico-burlescos transmitidos por los juglares, que contenían críticas al clero y la nobleza, también con sentido moralizante.

Entre estos relatos literarios que circularon en la época inspirando a los artistas destacan las narraciones que, por su inversión del orden lógico a través de un *adynaton* o recurso retórico a lo ficticio e imposible, se conocen genéricamente como *Le mondo renversé* («El mundo revuelto» o «al revés»), una inversión respecto al orden natural de las cosas, entre las que encuentran las mujeres dominantes (*Filis y Aristóteles*) y el cazador cazado (*Roman de Renard*), temas que cuestionan los valores tradicionales.

El primero representa un ejemplo misógino acerca del dominio de la mujer seductora sobre el intelecto del hombre más superior, inspirado en un relato oriental de carácter erótico contenido en el *Pantchatantra* hindú (compuesto entre los siglos III a. C. y III d. C.), así como en una versión árabe que lleva por título *El visir ensillado y embridado*. Fue introducido a modo de *exemplum* por el francés Jacques de Vitry y readaptado a finales del siglo XII por el canónigo de la catedral de Notre Dame de Ruán, Henri d'Andeli en su *Lai d'Aristote*, un *flabliau* o cuento con moraleja que versa sobre la seductora Filis dominando a Aristóteles. El filósofo había recriminado a su pupilo Alejandro Magno por desatender los asuntos de Estado —en una versión, su campaña militar en la India— distrayéndose con las cortesanas. Una de ellas se venga seduciendo al viejo sabio, al que ofrece sus favores si la pasea por el jardín a lomos de sí mismo, como si fuera un caballo (símbolo sexual). Filis, látigo en mano y tirándole del cabello, aparece montada a horcajadas sobre el filósofo —sin que este se dé cuenta— a los ojos de Alejandro, y descendiendo de su cabalgadura consumado el dominio. El discípulo se ríe del maestro por haber caído en los lazos de Eros y Aristóteles admite el poder de la pasión sobre la razón: «Desconfiad del amor, que, si de un viejo filósofo puede hacer un loco, a qué extremos no puede conducir a un joven príncipe».

El tema se repite en portadas, claustros y sillerías de coro. En Francia, entre otros, figura en la portada occidental de la catedral de Auxerre, en el pórtico de la Calenda de Notre Dame de Ruán y en la fachada de San Juan de Lyon. En Alemania se puede citar un capitel del claustro de la iglesia de los carmelitas de Bamberg (finales del s. XIV). En España, los claustros de las catedrales de León (el ejemplo más antiguo, h. 1290-1315), Oviedo y Pamplona (s. XIV), en el capitel derecho de la portada de acceso a la Cámara Santa de la *Sancta Ovetensis* (s. XV) y en una ménsula procedente de la Almoina de Valencia (s. XIV), hoy en el museo de historia de la ciudad. Respecto a las sillerías corales, a nivel europeo, se encuentran varios ejemplos en Flandes, los Países Bajos, Inglaterra o Alemania; en la península ibérica aparece en las de Oviedo, Zamora (donde también orna el sepulcro del doctor Grado), Toledo, Plasencia y Sevilla.

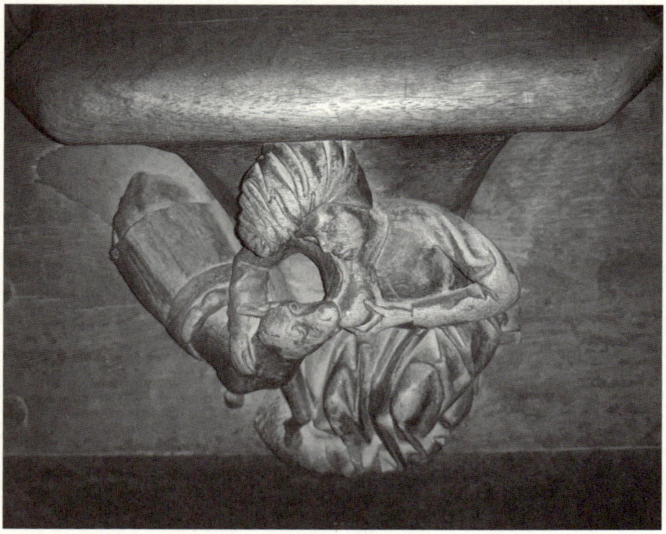

«El mundo al revés»: una mujer dando el pecho a una cabra, en una misericordia de la sillería de coro de la catedral de León.

El otro ejemplo de «El mundo al revés», el *Roman de Renard*, es una fábula animal creada hacia 1175 por Pierre de Saint-Cloud, en la que se narran las fracasadas aventuras con final feliz (consigue salvar el pellejo) del zorro Renard, inspirado en otro relato algo anterior (h. 1150), que tiene como protagonista al lobo Ysengrimus, en el que también aparece un zorro llamado Reinardus, aunque como personaje secundario. No obstante, la inspiración última procede, como es frecuente, de fuentes clásicas y orientales. El relato fue continuado por otros autores a lo largo de los siglos siguientes y se extendió por toda Europa, especialmente en Inglaterra, Francia, Alemania y Países Bajos, a través de medios cortesanos y monásticos.

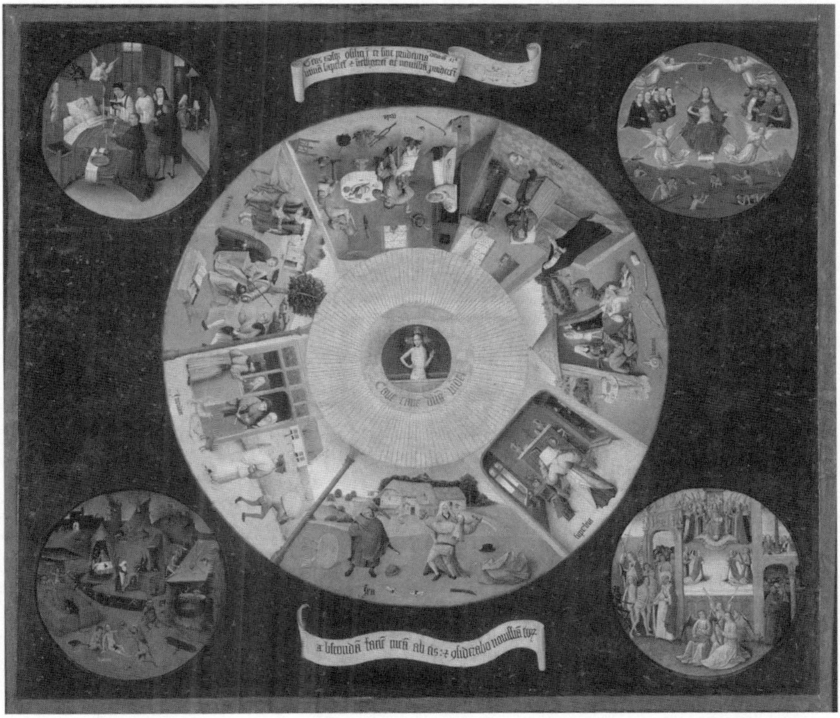

*La mesa de los pecados capitales* (c. 1505), por el Bosco.
Óleo sobre tabla. Museo del Prado. Madrid.

Presentes desde el siglo XIII en la miniatura, donde tuvieron su mayor campo de acción distribuidos, frecuentemente, entre motivos vegetales en las orlas que enmarcan la escena principal —aunque su intención no era llamar la atención sobre la misma, sino sobre aspectos secundarios—, fue a partir de la centuria siguiente, y especialmente en los tiempos finales del gótico (preludio del Renacimiento, donde camparán a sus anchas), cuando alcanzaron un mayor desarrollo en las artes figurativas salvo la escultura exenta, es decir, además de la iluminación de manuscritos, en relieves funerarios, sillerías de coro, orfebrería y arte textil, principalmente. Partiendo del norte de Francia, Flandes, los Países Bajos y Alemania, alcanzaron una gran repercusión en España donde, al contrario de otros lugares en

Centroeuropa, gozaron de la permisividad de la Iglesia en el interior de los recintos sagrados, por lo que, en general, se han conservado prácticamente intactos en enjutas, capiteles, ménsulas y, especialmente, en las sillerías de coro, en cuyas misericordias, pomos o apoyabrazos se explayaron en buena medida. Muestran una clara relación con la vida social, con escenas influidas por las fábulas y coplas de la época, los *exempla* y «el mundo al revés»; por ejemplo, una mujer dando el pecho a una cabra en una misericordia de la sillería coral de León; u otra mujer que se jacta de llevar la voz cantante en su casa levantando las faldas para que se vea que viste debajo las calzas del hombre, mientras muestra una rueca a su marido, que es el que hace labores de hilado en la misericordia contigua. El carácter jocoso-burlesco está siempre presente; así, se ve a un zorro ahorcado por los pájaros o dispuesto en un asador en la sillería de coro de la catedral de Oviedo, o predicando a las gallinas en la de Plasencia (Cáceres), una acerada crítica respecto a los frailes mendicantes.

En cuanto a la temática fantástica de matiz satírico-moralizante, con tintes presurrealistas, su mejor representante es la pintura del Bosco, apodo con el que se conoció en España al pintor neerlandés Hieronymus van Aeken Bosch (c. 1450-1516), quien plasmó lo efímero de los placeres mundanos y los castigos del infierno para los lujuriosos en los trípticos de *El Jardín de las Delicias, El Juicio Final* y *La carreta de heno*. El simbolismo se explaya también en *La mesa de los pecados capitales*, un gran tondo en cuyo núcleo, que hace de pupila (el «Ojo que todo lo ve»), Cristo sale del sepulcro. En torno, siete escenas cotidianas que representan a los siete pecados capitales: la lujuria, la gula, la avaricia, la pereza, la ira, la envidia y la soberbia, dispuestas como para componer el tablero de una mesa. La rodean otros círculos de pequeño tamaño que aluden a las postrimerías: la muerte, el juicio, el infierno y la gloria.

## EL ESOTERISMO

El gótico, inmerso en la época medieval dominada por las supersticiones, se ha prestado a las interpretaciones de raíz esotérica, carentes de rigor científico, pero que han prendido hondamente en la fantasía de las gentes, tanto en aquel mundo dominado por la ignorancia como en el actual, pasto de la propaganda mediática para un público fatuo ajeno al rigor y la documentación.

Para el esoterismo, el rosetón de una catedral, que en el cristianismo alude en su doble simbología al Sol (Cristo) y a la Rosa (María), representa el fuego: sus radios son como las llamas que actúan sobre la materia produciendo vibraciones. El mejor ejemplo es el *Fenestral de fuego*, el gran rosetón que ilumina el brazo norte del crucero de la catedral de Amiens, un símbolo esotérico desarrollado a partir de una estrella flamígera de cinco puntas o pentalfa, formada por cinco alfas mayúsculas unidas.

La cumbre de las interpretaciones esotéricas se halla en *El misterio de las catedrales* (1926), publicado bajo el seudónimo de Fulcanelli, un personaje de quien no quedó clara su identidad. Para este enigmático autor, la planta de cruz latina se asemeja al crisol alquímico u hornillo de atanor, que se relaciona con el cuerpo humano porque en su interior se producen transformaciones como las que experimenta el espíritu de una persona cuando penetra en una catedral: «La cruz es el jeroglífico alquímico del crisol (...). Efectivamente, es en el crisol donde la materia prima, como el propio Cristo, sufre su Pasión; es en el crisol donde muere para resucitar después, purificada, espiritualizada, transformada».

El ábside semicircular que remata en la cabecera la planta de cruz está inspirado en la imagen de la Cruz de la Eternidad (cuya parte superior es semicircular) que llevan en su mano los dioses egipcios para indicar su carácter inmortal, el mismo que adquiere el cristiano que penetra en los misterios del Verbo.

Otros símbolos iconográficos de carácter esotérico muy presentes en las artes góticas son el nudo de Salomón y la estrella de David, que se consideraban protectores respectivamente, como ya hemos visto, contra los temblores de tierra y la muerte accidental.

La catedral de Chartres concentra numerosos motivos esotéricos y enigmáticos. En su pórtico norte o de «los Iniciados» figura en relieve el arca de la alianza transportada en una carreta de bueyes y un hombre cubriéndola con un velo, recogiendo la leyenda de los caballeros templarios llamados por Bernardo de Claraval, que a su regreso de Tierra Santa trajeron consigo el tesoro sagrado del pueblo hebreo, como en su tiempo el rey David: «Pusieron el arca de Dios sobre un carro nuevo, y la llevaron» (2 Sa 3:6). El arca les revelaría la ciencia de los números sagrados, como la divina proporción (1,618…) y los secretos de la arquitectura gótica, que solo los *magister* iniciados dominaban.

## PERSONAJES REALES Y ENIGMÁTICOS

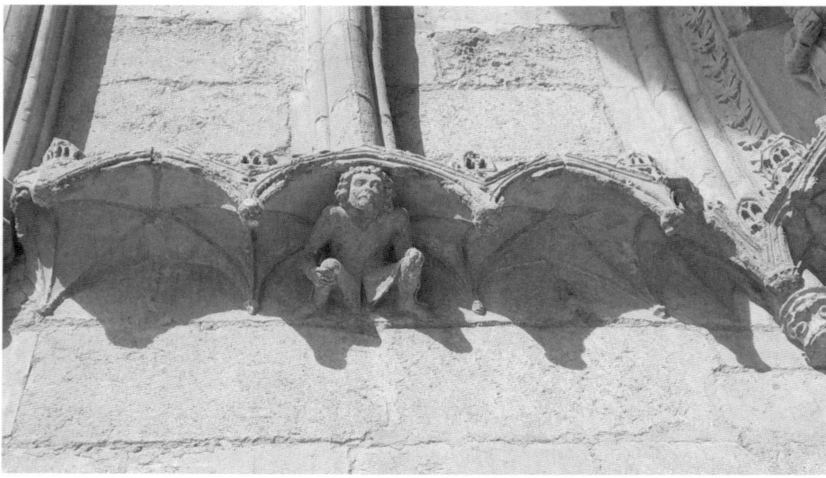

Un misterioso personaje como en cuclillas, situado bajo una bovedita.
Pórtico occidental de la catedral de León.

Los distintos personajes que pululaban por el medio rural y urbano, pertenecientes a todos los estamentos (monárquico, nobiliario, militar, eclesiástico y civil) que componían la sociedad de la Baja Edad Media, no pudieron escapar de la iconografía gótica: reyes, príncipes, condes, marqueses y señores feudales, labradores, artesanos, peregrinos, juglares y titiriteros, pícaros, estudiantes giróvagos, clérigos goliardos y monjes, magos y alquimistas campan en los paneles de las vidrieras cuando no en los relieves de carácter narrativo, ornamental, simbólico, etc.

Entre los citados en último lugar, además de un colega en Amiens, se encuentra un tal Simón el Mago, un líder religioso samaritano que afirmaba ser el verdadero mesías, haciéndose valer del «arte» de la magia. Se cita en la Biblia como un convertido por Felipe el Evangelista después de haber ofrecido dinero a Pedro y a Juan cuando fueron a predicar a Samaria a cambio de que le otorgaran el don de transmitir el Espíritu Santo, siendo reprendido duramente por el primero (Hch 8:9-25). Figura también en distintas fuentes apócrifas como el Evangelio de Pedro o el Apocalipsis de Esteban, en los escritos de san Justino Mártir y san Ireneo, obispo de Lyon, quienes relatan que se hacía acompañar de una prostituta arrepentida llamada Helena, como si se tratasen de Jesucristo y la Magdalena. Está presente en tres paneles de la vidriera de la capilla de Santiago de la sede leonesa.

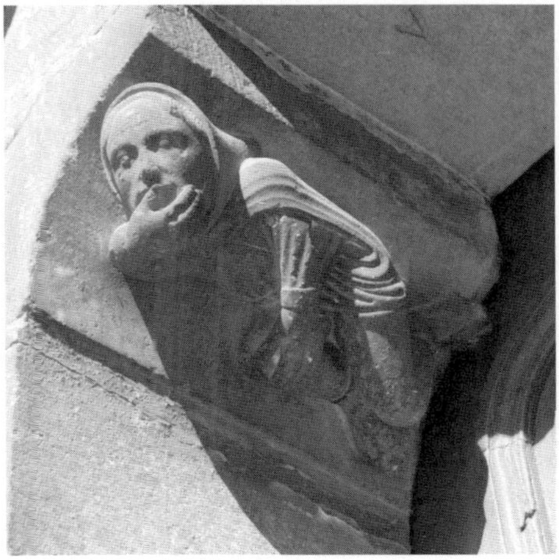

Hombre pidiendo silencio. Catedral de Senlis.

Las figuras enigmáticas abundan tanto en el exterior como en el interior de los templos. Pequeños personajes como en cuclillas bajo bovedillas, presentes en el pórtico principal de la catedral de León, que alguna explicación los relaciona con el esfuerzo que precisa alcanzar la sabiduría. En el mismo emplazamiento, rostros mascarones de grandes ojos sin pupila, tallados en la línea de impostas de las arcadas centrales, catalogados por Ángela Franco como «graciosas cabecitas... de matiz simpático», sin mayor trascendencia, pero sabemos que, en el simbolismo medieval, los rostros mascarones cumplían una función apotropaica, es decir, protectora. Y que, en aquel mundo infestado de supersticiones, los artistas no daban puntada sin hilo.

Un personaje que descubre la rodilla en la catedral de Chartres ha sido relacionado con la tradición masónica, sin mayores fundamentos que la especulación. En otros casos, como en Senlis, pide silencio, se supone que a los fieles que se adentran en el templo.

En cuanto al interior de los templos, en las enjutas de las capillas absidales de la *Pulchra leonina*, emparentadas con la catedral de Poitiers, existe todo un despliegue figurativo —tanto ángeles como figuras infernales del bestiario— que, para el estudioso de este tema, García Álvarez de la Universidad de León, constituyen «un laberinto de imágenes para la meditación», un camino a la salvación eterna tras la muerte y el paso por el purgatorio. Sin embargo, la existencia del mismo no fue establecida como dogma hasta el concilio de Florencia (1439), siglo y medio aproximadamente después de estas tallas, aunque las «penas purgatorias» ya fueron mencionadas en el II Concilio de Lyon (1274), en el cual se concedieron indulgencias por contribuir a la edificación del templo mayor leonés.

## EL «SALVAJE»

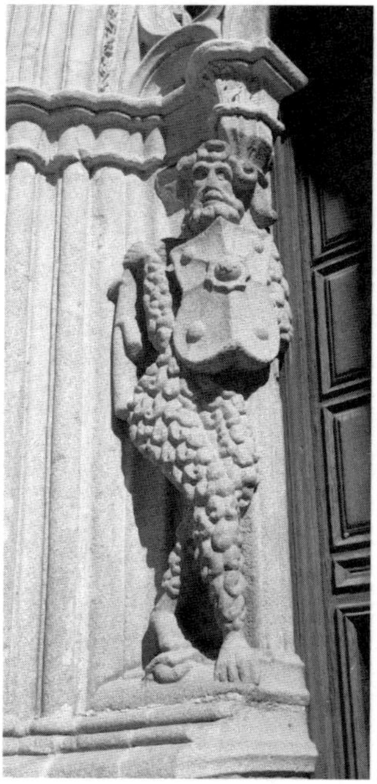

«Salvaje» en la portada principal de la catedral de Ávila.

Se ha dado el nombre de «salvajes» a figuras humanas de cuerpo entero recubiertas de vegetación frondosa, que representaban escuderos disfrazados recibiendo a la entrada de las fiestas cortesanas. Por tanto, no deben confundirse con el «Hombre Verde» que veremos a continuación. Existen otras interpretaciones que les identifican con míticos hombres puros en estado natural o, simplemente, guardianes del acceso; figuras, en todo caso, de influencia nórdica, que por entonces (a partir de la segunda mitad del siglo XV), estaba muy patente en España.

Se pueden encontrar ejemplos en la portada de la catedral de Ávila o en la portada del convento gótico isabelino de San Gregorio de Valladolid.

De todos los personajes enigmáticos, el mejor estudiado es el *Green Man*, el «Hombre Verde», presente en catedrales, iglesias y también en algunos edificios civiles de varios países europeos.

## EL «HOMBRE VERDE»

Se conoce como «Hombre Verde» u «Hombre de la Primavera» una cabeza humana que mira de frente rodeada de follaje y tallos vegetales que brotan de sus cabellos y surgen de su boca, nariz, ojos y orejas, con una gran variedad de modelos. Aunque la mayoría representan varones, existe también alguna máscara o cabeza foliada de mujer —*Green Woman*—; en este caso, la vegetación está relacionada con el principio de fertilidad.

La denominación *Green Man* fue propuesta por la investigadora inglesa *lady* Raglan en los años 30 del siglo XX. Se le conoce también con otros nombres: *Wild Man* («Hombre Salvaje») en Inglaterra, *le Feuillou* («el Frondoso») en Francia, *Blattqesicht* («Vestido de hoja») en Alemania.

El «Hombre Verde» es un espíritu pagano de la naturaleza que simboliza su regeneración cíclica en consonancia con el ser humano, y en la confianza de una fuerza subyacente. Una figura que ha aparecido a lo largo de la historia en diversas culturas, desde la hindú a la mitología céltica, donde está personificada por el dios Cernunno, representado con cuernos y el cabello semejando hojas en el *Caldero de Gundenstrup* (Dinamarca), una pieza de plata fechable h. 100 d. C. Está presente también en la mitología clásica, en paralelo con el dios Pan o los cultos a Dionisos (el Baco latino), así como con Silvano, la divinidad romana de los bosques. Se pueden apreciar también relaciones con Osiris, el dios egipcio de la agricultura y de la resurrección, o con el sumerio Tammuz y el babilonio Dimuzzi.

Hay otra versión en la que a los «hombres verdes» se les considera hijos de Lilit, la primera mujer de Adán según una tradición hebrea basada en la afirmación del Génesis 1:27: «Y los creó macho y hembra», antes de producirse el episodio del sueño y la costilla, cuando tiene lugar la creación de Eva, ya en Génesis 2:21-22: «Y de la costilla que del hombre tomara, formó Yavé Dios a la mujer, y se la presentó al hombre». Pero Lilith se quejó a Adán por forzarla a permanecer siempre debajo de él durante el coito siendo su igual, lo abandonó y se dio a la lujuria con los demonios, uno de cuyos vástagos sería el «Hombre Verde».

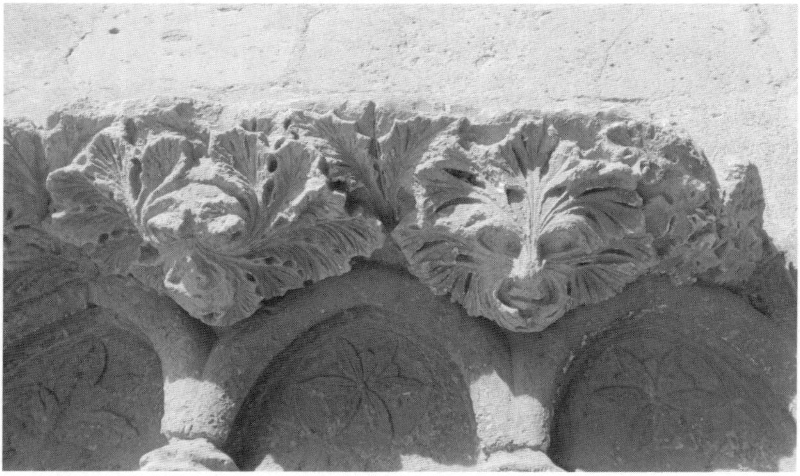

El «Hombre verde» (*Green Man*) por partida doble en las enjutas de la portada de san Juan del pórtico principal de la catedral de León.

Este personaje mitológico aparece tanto en el exterior como en el interior de algunas catedrales: Chartres, Poitiers (enjutas de la sillería del coro) o León (enjutas de la portada de San Juan por partida doble).

La llegada del cristianismo cambió la concepción de este personaje. Para los primeros cristianos significaba el aliento vivificante del Espíritu Santo, si bien nunca llegó a plantearse que esa figura pudiera representar la Tercera Persona de la Santísima Trinidad.

Sin embargo, para Rábano Mauro, teólogo del siglo VIII, el «Hombre Verde» simboliza los pecados de la carne, recordando que los lujuriosos están abocados a la condenación eterna. Según algún teólogo moderno como Richard Thomas, existen paralelismos evidentes entre Jesucristo y el «Hombre Verde»: «Él [Jesús] fue, y es, el Arquetípico Hombre Verde, sacado de la tierra, nacido de la unión de espíritu y materia, dando vida a quienes conoce».

En definitiva, el *Green Man* constituye para el cristianismo un ejemplo de simbología doble, tanto del bien como del mal, contradicciones teológicas o dualismos interpretativos como el de la figura del león, que representa el mal, pero también puede ser Cristo: «El león fuerte de Judá, la raíz de David» (Ap 5:5), dualismos abundantes en una religión monoteísta que surgió en un mundo rodeado de paganismo politeísta, en cuyos símbolos, sin embargo, abrevaron los artistas en los primeros compases de la nueva fe.

## CELEBRACIONES POPULARES

Tiempo medido en siglos costó a la Iglesia erradicar las celebraciones, festejos y actividades lúdicas que se celebraban en el interior de los magnos templos catedralicios, en parte, porque constituían el único espacio de grandes dimensiones a cubierto en los tiempos medievales. Las naves servían de dormitorio de peregrinos y hospital de enfermos y tullidos, quienes, sin saberlo, se beneficiaban de las propiedades curativas del sol filtrado por los vitrales, que no dejan pasar los perniciosos rayos ultravioleta.

El claustro y el atrio eran lugar de afluencia urbana donde se comerciaba, se comía y se juzgaba a la vista del público, como consta en la catedral de León, donde aún sigue en pie el pilar del *Locus apellationis* —«Lugar de apelación»—, ante el que se impartía justicia conforme a la legislación del Fuero Juzgo de Recesvinto, del Fuero de León otorgado por Alfonso V en 1017 y de los *Decreta* de Alfonso IX en 1188. Encima, bajo la arcada que separa las portadas de San Juan y del Juicio Final, preside el monarca entronizado portando el cetro (símbolo de la justicia de Dios), en alusión a Alfonso X el Sabio, patrocinador del templo, en similitud con el sabio Salomón.

También la catedral era el lugar donde se practicaban los juegos de azar: el alquerque, los naipes y los dados, contra los que hubieron de legislar los reyes (Alfonso X en 1273, Pedro I el Cruel en 1352, Juan I en 1387, Fernando V en 1476) estableciendo normas y prohibiendo bajo severas penas las malas prácticas para que «se escusen las muertes, e las peleas» en los frecuentísimos altercados entre los jugadores empedernidos.

La catedral fue espacio de sorna y regocijo popular, rozando muchas veces lo grosero y estrambótico en actos lúdicos desenfrenados como la Fiesta del Asno, que se celebraba en París el día de san Esteban (26 de diciembre) y consistía en introducir por la portada principal del templo a un personaje bufón («el obispillo») a lomos de un borrico, en torno al cual danzaban grotescos personajes completamente ebrios. O la Fiesta de los Locos, que tenía lugar también en torno a esas fechas y en la que, tras una celebración eucarística, se daba lugar al desenfreno satirizando el *statu quo* social de la época.

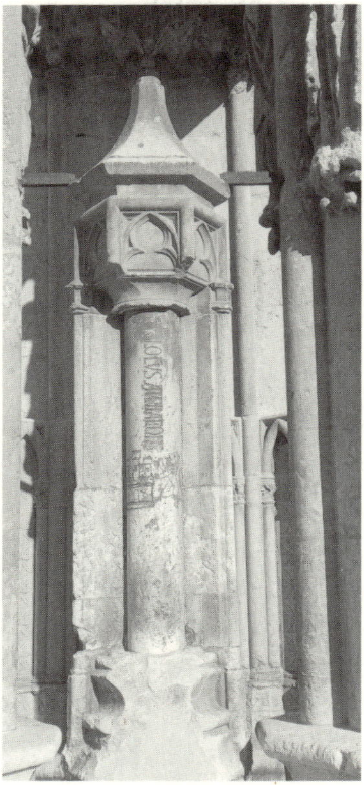

Pilar del *Locus apellationis* ante el que se celebraban los juicios a la vista del pueblo. Pórtico occidental de la catedral de León.

Espectáculos que terminaron en tragedia como el «Baile de los Ardientes» o de «los Salvajes», que tuvo lugar en París el 28 de enero de 1393, un baile de disfraces en el que participaron el rey Carlos VI y cinco nobles, cuatro de los cuales perdieron la vida en el incendio que se propagó a partir de la antorcha del duque de Orleans, que asistía como espectador.

# *Figuración geométrica*

La geometría y el álgebra de diseño (conocimientos de raíz hindú transmitidos por los árabes a Occidente) fueron la base de la esbelta e innovadora arquitectura gótica que, como los modernos rascacielos, descarga el peso de la cubierta sobre los pilares del edificio. Las proporciones geométricas están basadas en el círculo, el triángulo y el cuadrado y sus rotaciones. Entre ellas, una de las más usadas, como indica el historiador José Luis Corral, era la equivalente al radio desde el lado de un cuadrado a su diagonal, es decir, 1:1,41. También se utilizaba el radio áureo (1:1,62), derivado del cuadrado; o respecto al triángulo, la relación entre la mitad de la longitud de un lado y su altura (1:1,73).

La estructura de los templos responde a dos modelos:

- *Ad quadratum*, cuando la anchura del edificio equivale a la altura de la nave central, con lo que el conjunto se puede inscribir en un cuadrado. Característico de las catedrales italianas y del reino de Aragón.
- *Ad triangulum*, cuando la altura de la nave central es superior a la anchura del templo, por lo que este puede inscribirse en un triángulo. Fue un diseño utilizado en Castilla, Francia, Inglaterra, Alemania y, excepcionalmente en Italia, en Milán.

En la iconografía gótica las figuras geométricas poseen un evidente simbolismo. Los cuerpos básicos son el triángulo, el círculo y el cuadrado. El primero, como ya vimos, es un símbolo abstracto trinitario y anicónico de Dios Padre. El círculo, como es habitual en muchas culturas, alude al ser supremo porque, como él, no tiene principio ni fin. Y el cuadrado a la Tierra, considerada entonces no esférica, sino plana, por lo que cada uno de sus lados representa uno de los cuatro puntos cardinales (norte, sur, este y oeste) y uno de los cuatro elementos primigenios: aire, agua, tierra y fuego.

Surgen, además, nuevos diseños como los laberintos y las ruedas.

## LOS LABERINTOS

Los laberintos son figuras geométricas a base de trazos en espiral marcados sobre el pavimento de la nave principal de algunas catedrales góticas.

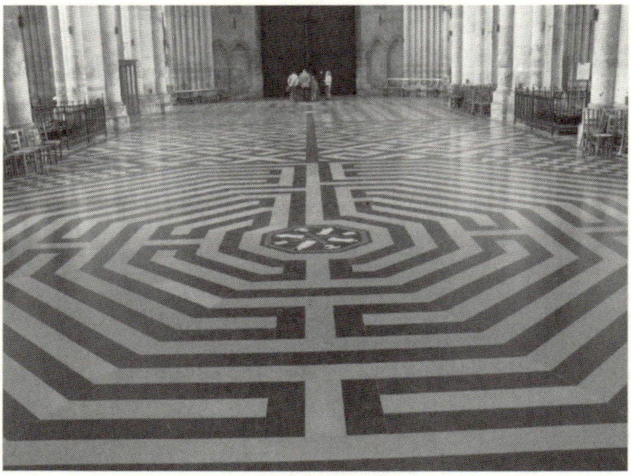

Laberinto de la catedral de Amiens.

Originarios de las iglesias y catedrales italianas del siglo XII, se extendieron hacia Francia a finales de esta y principios de la centuria siguiente, pasando posteriormente a otros lugares de Europa central y septentrional, como la catedral de Colonia.

La mayor parte fueron borrados o destruidos en el siglo XVIII, dentro de la vorágine de un racionalismo laicista. La única catedral que conserva el laberinto original se dice que es la de Chartres. Grabado sobre 11 anillos de baldosas negras, en su recorrido de 264 m, con un diámetro de 16 m (el mismo que tiene el rosetón del transepto oriental), consta de 35 giros, según los cálculos de John James, que no coinciden con otras mediciones. En su centro, rodeado por un trébol de 6 hojas, existió una placa que, según una descripción de hacia 1640, contenía la representación del combate entre Teseo y el Minotauro según el mito helénico sobre el laberinto de la isla de Creta, donde la liberación fue posible gracias al ovillo de Ariadna, cuyo hilo fue devanando el héroe a medida que se internaba para encontrar la salida en dirección inversa a la hora del regreso. En el mundo cristiano, Cristo, Liberador del género humano, es quien hace las veces de Teseo. Y los fieles deben encontrar también la salida del laberinto para transmitir al exterior la experiencia vivida en el camino a la verdad. Por ello, en relación a la *Domus Dei* o «Casa de Dios» (la catedral que los alberga), los laberintos eran conocidos como *Daedali Domus* («Casa de Dédalo»), en recuerdo del mítico arquitecto que lo había diseñado en Creta.

En 1792, en pleno proceso revolucionario, con el pretexto de utilizar el metal para la fundición de cañones, la placa central fue requisada. A partir del siglo XVIII, el laberinto se empezó a conocer con el nombre de *La Lieu* («la Liga»), unidad de medida gala que equivalía a 1500 pasos, los que se necesitan para recorrerlo. Desde el siglo XIX el laberinto comenzó a ser denominado *Chemin de Jerusalén* («Camino a Jerusalén»), en relación al simbolismo con respecto a la Ciudad Santa, que se afirmaba descendía en este punto a la Tierra.

En Francia, se conservan parcialmente los de las catedrales de Poitiers, Auxerre y Bayeu. De otros, como los de Sens o Reims, se conocen las trazas gracias al álbum del maestro Villard de Honnecourt (activo entre 1220-1240), sabemos que en su centro estaban escritos los nombres de los promotores, del maestro y otros artífices, como se contempla en el restaurado de Amiens. Este, con un recorrido de 234 metros, posee en su centro octogonal una cruz con la orientación de los cuatro puntos cardinales, en cuyos ángulos se encuentran las figuras de los tres *magister* de la catedral (Robert de Luzarches, Thomas y Renaud de Cormont) y la del obispo Ëvrard de Fouilloy. Los peregrinos que se acercaban a venerar las supuestas reliquias de la cabeza de san Juan Bautista (traídas en 1206 por el canónigo Vallon de Sarton), con el propósito de ganar las indulgencias y obtener el perdón de los pecados, debían seguir las trazas de rodillas como un vía crucis expiatorio.

Los laberintos simbolizaban la peregrinación. El peregrino lograba las mismas indulgencias viajando a Tierra Santa que recorriendo descalzo o de rodillas el laberinto de una catedral, un rito para llegar al centro, que supone alcanzar la salvación.

Se consideraban la piedra angular sobre la que se colocaba toda la estructura de la catedral, en paralelo a las palabras de Cristo: «Tú eres Pedro y sobre esta piedra edificaré mi Iglesia» (Mt 16:18). En ese punto, considerado el lugar donde convergen las fuerzas telúricas que los constructores buscaban para la edificación de una catedral, el maestro clavaba su bastón e iniciaba el trazado de la planta. Por ello, los visitantes penetraban en el interior del laberinto y efectuaban los sucesivos recorridos a fin de empaparse de la energía procedente del subsuelo.

Desde el punto de vista esotérico, existía la creencia de que contenían un mensaje críptico o una clave secreta para descifrar misterios ocultos. Su centro equivalía a la piedra filosofal, el principio básico para lograr la conversión de metales vulgares en oro, de acuerdo a las enseñanzas traídas a Europa por los filósofos herméticos.

## LAS RUEDAS

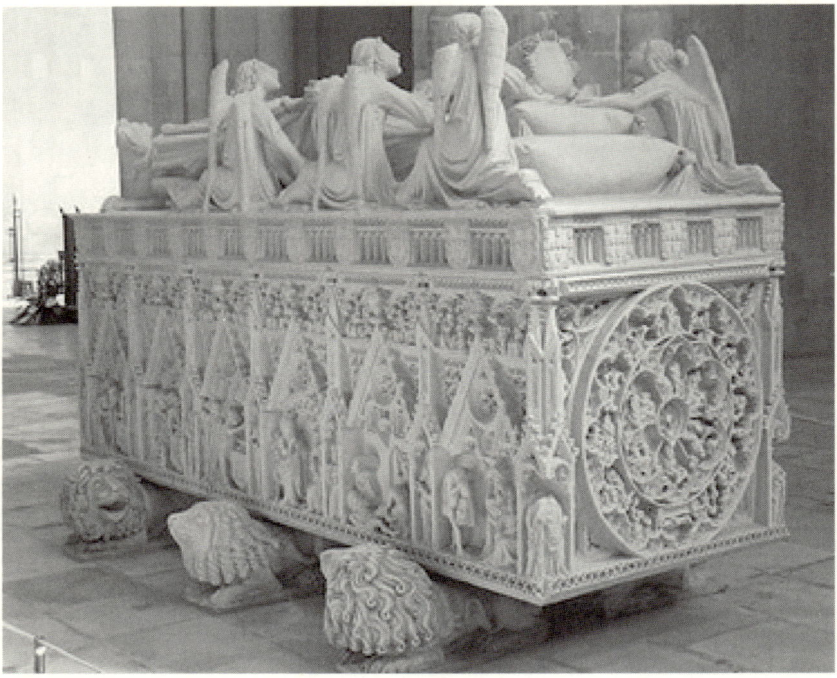

La *Rueda de la Vida* en la cabecera del sepulcro del rey don Pedro I de Portugal. Monasterio de Alcobaça.

Con el nombre de ruedas se conocen una serie de composiciones con escenas en ritmo circular. La Rueda de la Vida está formada por dos círculos concéntricos en los que el devenir se plasma como una rueda donde se glosan las aventuras y desventuras de la existencia humana. El interior se conoce como Rueda de la Fortuna.

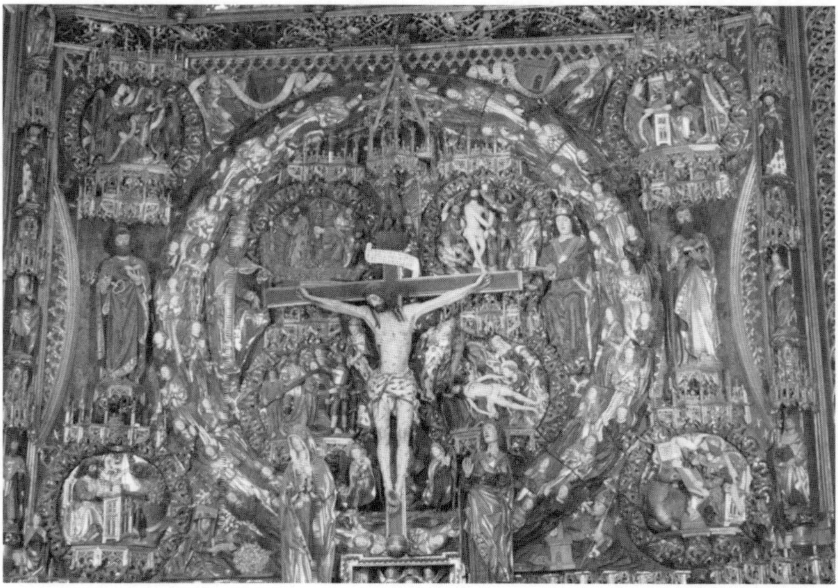

Rueda de ángeles rodeando a Cristo crucificado en el centro del retablo mayor de la cartuja de Miraflores (Burgos), obra de Gil de Siloé (s. XV).

Este motivo iconográfico figura en la cabecera del sepulcro del rey don Pedro I de Portugal (1357-1367), ubicado desde 1957 en la iglesia del monasterio de Alcobaça, dispuesto frente a frente, tocándose por los pies, con el de su amada doña Inés de Castro, en la espera de que, como reza la inscripción («Hasta el fin del mundo»), se vean cara a cara el día del juicio al incorporarse. De izquierda a derecha, en dirección ascendente, figuran pasajes de momentos alegres de la existencia del difunto y doña Inés (con sus hijos, jugando al ajedrez), coronados en la parte superior por el monarca entronizado. En dirección contraria, se hallan las escenas trágicas de su vida (el asesinato de ella), que concluyen con el cadáver yacente del rey envuelto en la mortaja.

La *Rueda de las diez edades de la vida,* que contiene en su centro el «Ojo que todo lo ve», figura en el *Salterio* de Robert de Lisle, manuscrito ilustrado que lleva el nombre de su mecenas. Contiene el *Libro de los salmos* y fue realizado con sentido moralizante en la abadía de Westminster hacia 1310-1320. Los rayos que emana recuerdan los radios de un rosetón; los sectores en los que queda dividido el círculo se pueden asimilar a los paños de una bóveda de crucería divididos por los nervios que soportan los plementos.

El ritmo circular está presente en la rueda de ángeles que rodea a Cristo crucificado en el centro del retablo mayor de la cartuja de Miraflores (Burgos), tallado en madera dorada y policromada por Gil de Siloé en el siglo XV.

# *Zodiaco y mensario*

La representación de los signos del zodiaco, los meses del año (el mensario) y su correspondencia con las faenas agrarias fue habitual en el Medievo.

En *Las muy ricas horas del duque de Berry,* aparece el *Homo signorum*, *Hombre anatómico* u *Hombre zodiacal*, que representa en lugar de Cristo el cuerpo humano como centro del universo, una curiosa figura con los signos del zodiaco de la cabeza a los pies en orden cronológico, desde Aries hasta Piscis, situados en las zonas del cuerpo donde más influyen, según la medicina de la época. A lo largo del óvalo que forma la mandorla discurren de izquierda a derecha sobre un fondo azul lapislázuli.

El mensario fue también muy representado. En el interior del baptisterio de Parma se conservan una serie de figuras en altorrelieve, concebidas para el pórtico de la fachada principal, que representan un ciclo de los meses y las estaciones del año, incompleto por la muerte de su autor, Benedetto Antelami.

En el mensario tallado en las claves de bóveda de las crujías del claustro de la catedral de Pamplona, en enero, que toma el nombre del dios Jano, aparece este con sus dos cabezas sosteniendo una gran llave en la mano. En febrero, un hombre calentándose al fuego. En marzo, el campesino poda las viñas. En abril, lleva un ramo en cada mano. En mayo va de caza montado en su cabalgadura con un halcón posado en su mano. Junio carece de representación artística, fue destruida durante la guerra realista de 1822-23. En julio, el labriego siega la mies con una hoz. En agosto está trillando con dos equinos. En septiembre provee la cuba de vino. En octubre ara los campos mientras otro labriego siembra. En noviembre lleva a cabo la matanza del cerdo. El mes de diciembre está representado por una pareja siendo servida mientras está sentada a la mesa, época de los banquetes producto de la matanza y la caza.

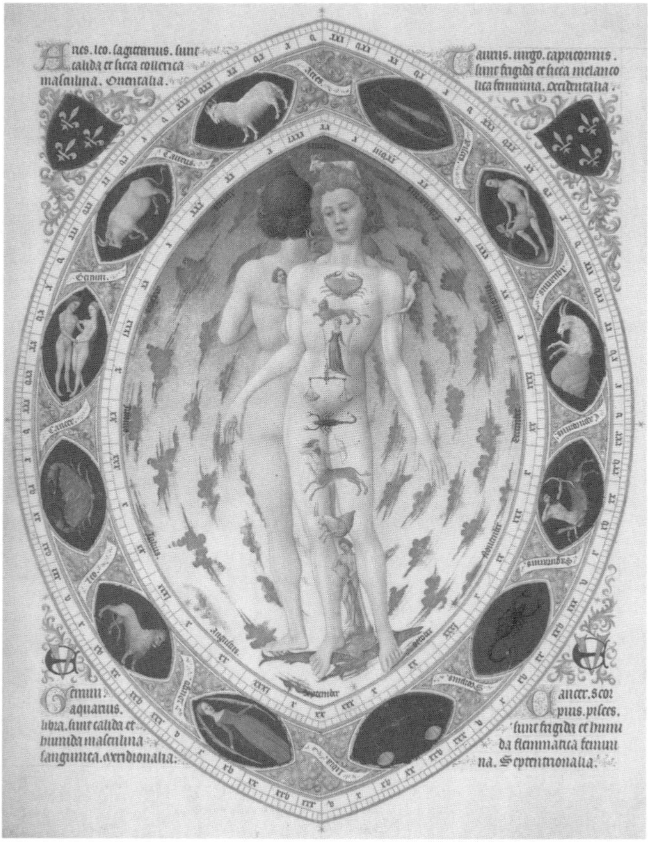

El *Hombre anatómico* u *Hombre zodiacal*, en *Las muy ricas horas del duque de Berry*. Temple sobre pergamino. Museo Condé. Chantilly (Francia).

*Las muy ricas horas del duque de Berry* presentan en la parte superior de cada una de las hojas del calendario un semicírculo que contiene datos astronómicos en referencia a las fases de la luna, además de los correspondientes signos del zodiaco.

Atendiendo a las faenas agrícolas, como era frecuente, existen ejemplos en las catedrales de Chartres (portada norte del pórtico real) y Amiens (portal de San Fermín 1220-1230), donde una serie de relieves en friso a derecha e izquierda, inscritos en medallones tetralobulados, plasman la relación entre los signos zodiacales y el trabajo del campo, componiendo, así, un calendario agrario, con el comienzo del año en el mes de junio.

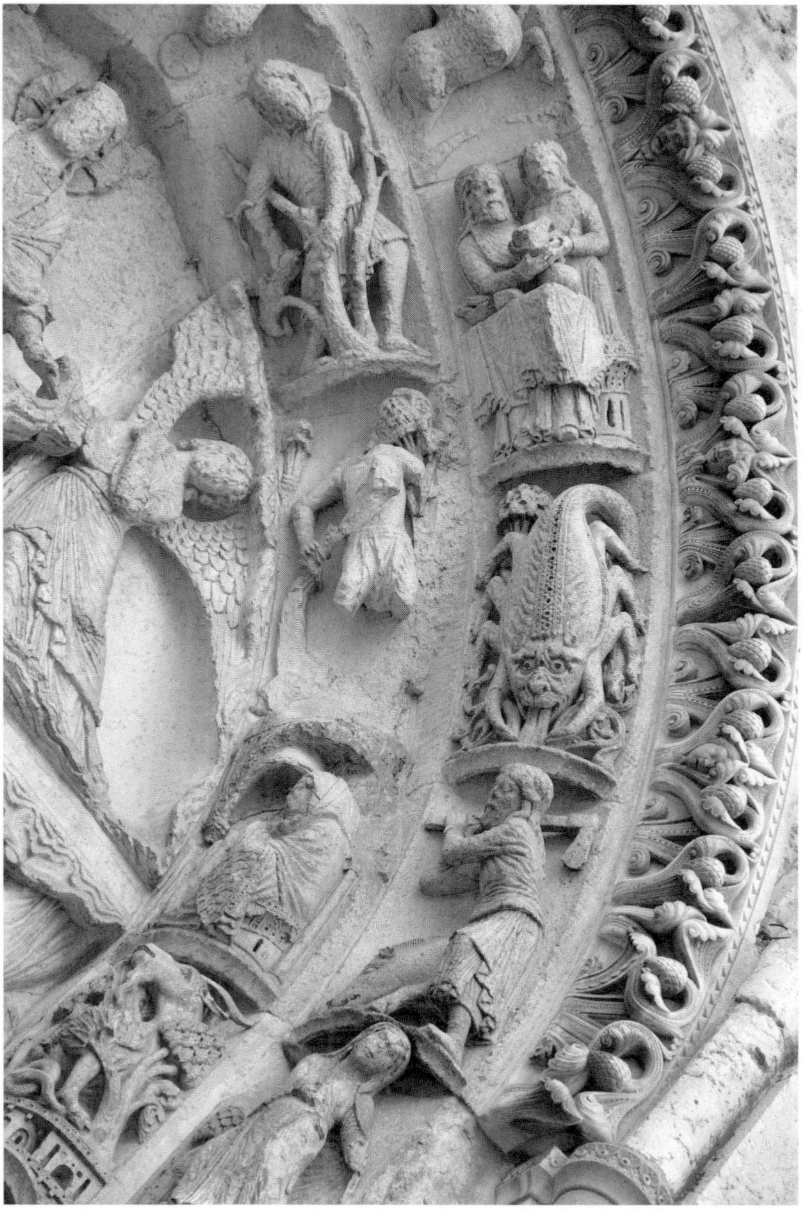

Signos del zodiaco (Escorpión, Acuario) y labores agrícolas en las arquivoltas del portal norte del pórtico real de la catedral de Chartres.

# *Figuración vegetal o fitomorfa*

En la iconografía gótica la decoración vegetal o fitomorfa (del griego *phytón*: «vegetal» y *morfé:* «forma») presenta una gran variedad de plantas, cuyas hojas y ramas componen decoraciones entretejidas (*crochets*: «ganchos», en francés) con distintas connotaciones simbólicas:

- De vid, relacionadas con Dionisos (Baco) en la mitología grecolatina, en el mundo cristiano constituyen una clara alusión al vino de la Eucaristía, es decir, a la sangre de Jesucristo. Situadas en la entrada del templo simbolizan el acceso al Reino de los Cielos.
- De hiedra y roble, en alusión a la inmortalidad.
- De acanto, aludiendo también a la inmortalidad ya desde los tiempos clásicos —según una leyenda que hablaba del sepulcro de una joven en el que brotaron las hojas y tallos de esta planta—, así como al desarraigo de los vicios antes de que se apoderen de la voluntad del ser humano.
- De cardo, símbolo del sufrimiento de Cristo y del pecado; representa también la austeridad y el sentimiento vengativo.
- De higuera, relacionadas con las parábolas que aluden a la entrada en el Reino de los Cielos por medio de la fe (Mt 21:18-22; Mc 11:12-14, 20-24).
- De helechos y palmas del martirio, portadas por los santos mártires; como todas las plantas perennifolias, simbolizan la inmortalidad, la resurrección y la vida eterna.

- Del granado, en alusión al árbol de la Sabiduría o al de la Ciencia del Bien y del Mal.
- De espino, símbolo de fertilidad y regeneración.

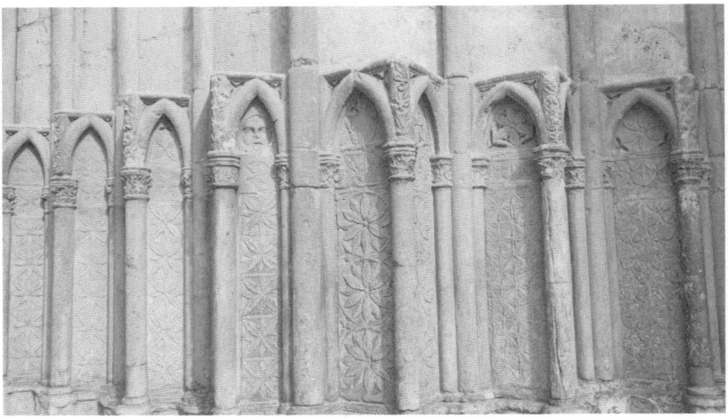

Iconografía vegetal en el pórtico principal de la catedral de León.

La blancura de algunas flores, como el lirio y la azucena, simbolizan la virginidad de María y la pureza inmaculada de su concepción:

Como el lirio entre los espinos,
así es mi amada entre las doncellas.

*Cant* 2:2

La rosa blanca constituye otra metáfora de la pureza de la Virgen María: «Rosa das rosas e Fror das frores» (Alfonso X el Sabio, *Cantiga* X), «La rosa en que encarnó el Verbo divino» (Dante Alighieri, *Divina Comedia*). También los radios de un rosetón abierto en la fachada aluden a los pétalos de una rosa, símbolo de María.

Como las flores, también las frutas, especialmente la manzana, constituyen un símbolo de María, la nueva Eva que porta en su mano no ya el fruto del pecado, sino el de la salvación, pues si por una mujer entró el pecado en el mundo, otra lo rescató para la salvación eterna.

Las representaciones de vegetales en las que aparecen variedad de semillas o frutos agrupados, como la piña y la granada —tomada esta de la mitología griega, donde aludía a la abundancia—, fueron adoptadas por la Iglesia porque simbolizan la unidad de los fieles. Ambos frutos suelen estar presentes en la liturgia de los triduos en honor a María Santísima.

Las frutas con una apariencia excesivamente carnosa aluden a las tentaciones que acosan al cristiano. Los pares de bellotas y bayas se consideran símbolos de vigor sexual.

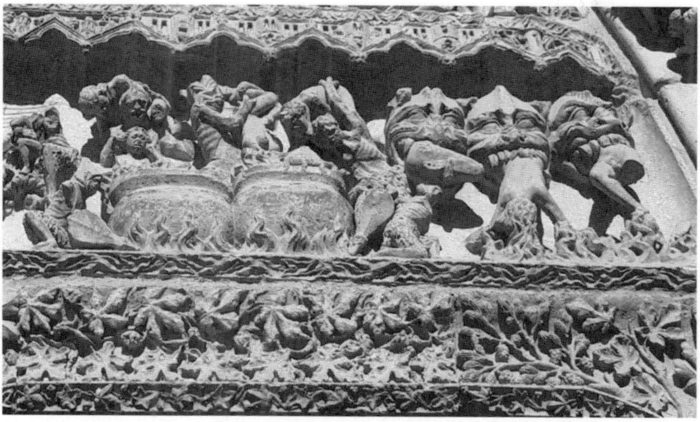

La decoración vegetal recorre los dinteles, como vemos en esta escalofriante escena de las torturas infernales que se anuncian para los condenados en el pórtico del Juicio Final de la catedral de León.

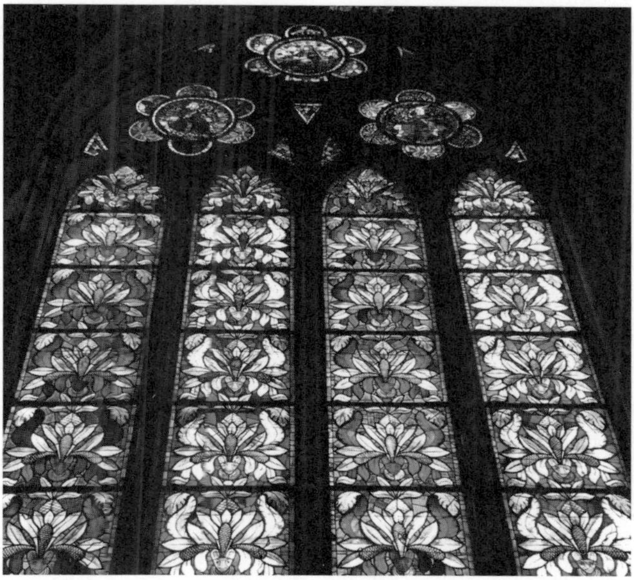

La vegetación autóctona leonesa está representada en los vitrales del piso bajo de la nave de la epístola de la *Pulchra leonina*.

Los fondos vegetales o paisajísticos enmarcando escenas, preludio del Renacimiento, comienzan a aparecer en el siglo XIV en los relieves de la puerta sur del baptisterio de Florencia, labrados en bronce por Andrea Pisano.

# *Heráldica*

Los escudos de armas y los blasones surgieron a partir de la primera mitad del siglo XII en los territorios situados entre el Loira y el Rin, desde donde se difundieron por el resto de Europa. Según algunos estudiosos, los primeros fueron más propios de personajes nobles que los segundos, que tuvieron mayor difusión social. Se cree que su adopción en Europa está relacionada con la llegada de costumbres musulmanas a través de Bizancio a partir de la primera cruzada. En realidad, se trataba de identificar al personaje que lo portaba, oculto su rostro tras el yelmo de la armadura que por completo lo vestía. Los primeros adornos geométricos y florales alcanzaron una gran complejidad iconográfica hacia mediados del siglo XIV, combinando figuras geométricas, zoomorfas y decoración vegetal.

En cuanto a los colores, existían dos grandes grupos: blanco y amarillo, por un lado, y rojo, azul, negro y verde, por el otro.

A partir del siglo XIV se subdividieron en cuarteles al objeto de incorporar otros escudos de armas unidos por vía matrimonial. Finalmente, se añadieron las divisas escritas para completar la identificación del caballero: *Il faut délibérer* («Es necesario liberarse»), lema del caballero leonés Suero de Quiñones en su empresa del *Passo Honroso* (1434). Con los cambios operados en el arte de la guerra a partir de dicha centuria, los emblemas heráldicos se ciñeron sobre todo a los torneos, representando, estuviese o no presente, a su titular.

La iconografía heráldica se manifestó en varios campos del arte. En la decoración arquitectónica podemos citar la portada de la Muerte, como se conoce a la puerta izquierda de la fachada sur de la catedral de León, cuyas arquivoltas se hallan decoradas con cuartelado de León y Castilla y flores de lis francesas, probable alusión al matrimonio en 1269 del infante Fernando de la Cerda con Blanca de Francia, hija del rey Luis IX el Santo. La misma decoración con los blasones invertidos (Castilla y León) adorna el frontal del sepulcro del infante en el monasterio de las Huelgas Reales de Burgos, así como el birrete que forma parte de su mortaja, conservado en el Museo de Telas Medievales situado en el mismo monasterio de la ciudad castellana.

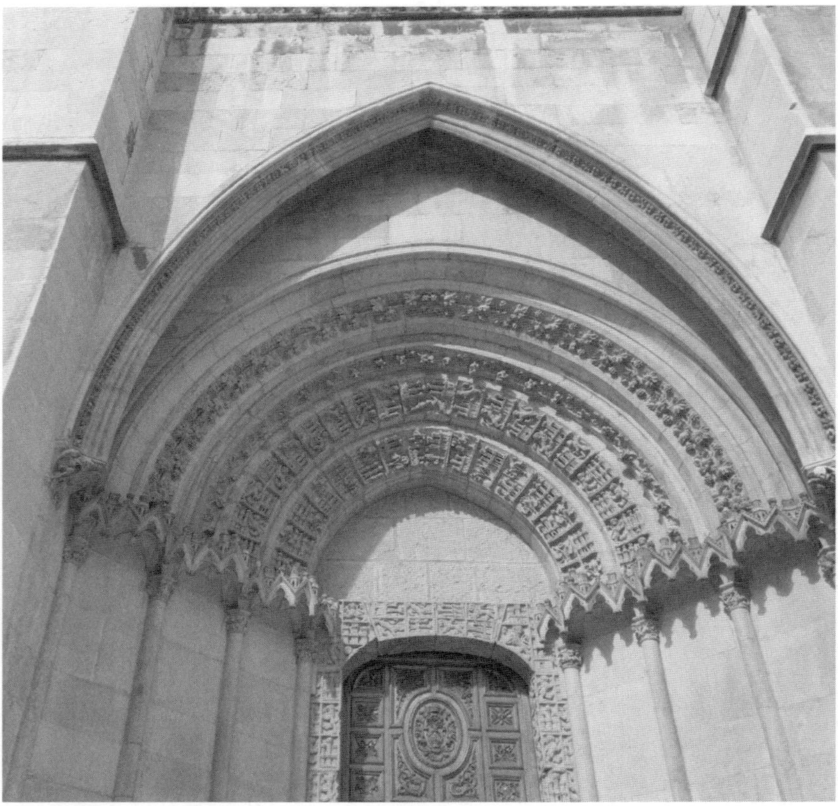

La decoración heráldica (escudos de León y Castilla) se extiende por las arquivoltas de la portada de la Muerte, situada en la fachada sur de la catedral leonesa.

En la arquitectura civil, la heráldica alcanzó una gran expansión a partir del siglo XIV y especialmente en el XV con la construcción de numerosos palacios nobiliarios, en cuyas fachadas campan las armas del linaje de sus titulares.

En la iconografía funeraria la heráldica se empleó como ornamento y signo de identificación y prestigio, tal como consta en los sarcófagos de los infantes don Fernando de la Cerda, antes citado, don Felipe (hijo de Fernando III el Santo) y de su esposa doña Inés de Guevara (situados junto al de un caballero santiaguista del siglo XIV), en la iglesia de Santa María la Blanca de Villalcázar de Sirga (Palencia).

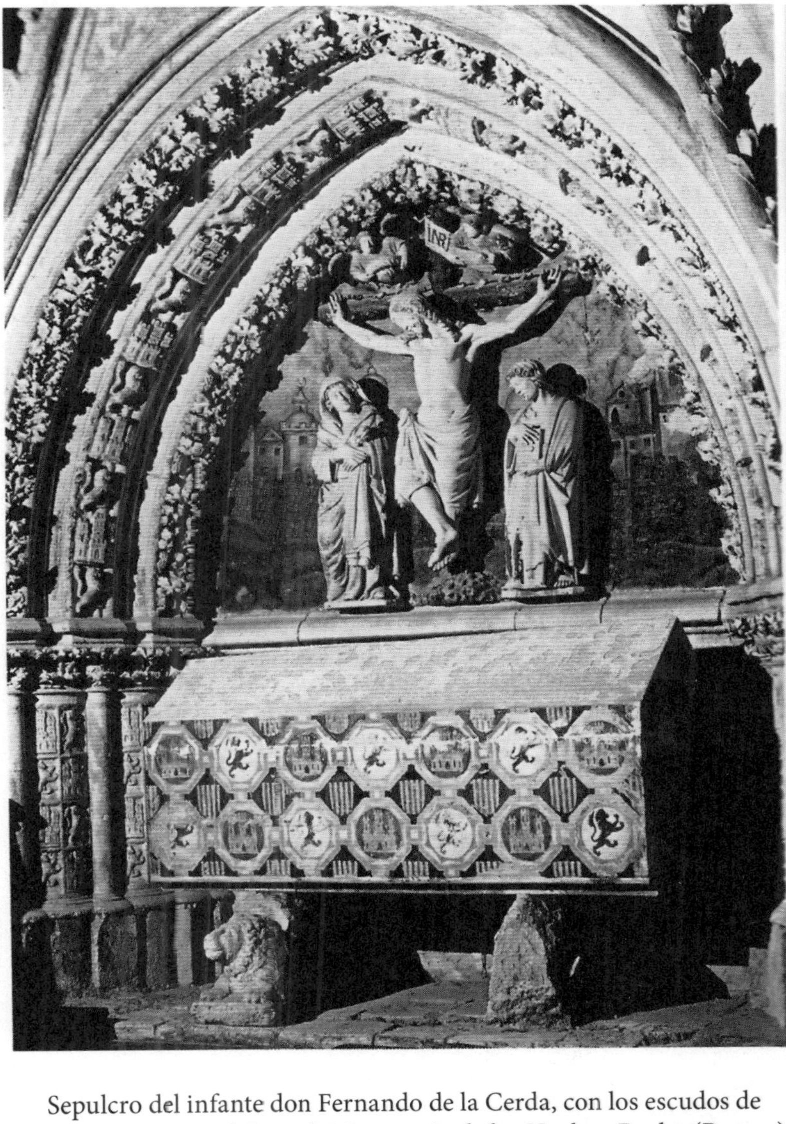


Sepulcro del infante don Fernando de la Cerda, con los escudos de Castilla y León en el frontal. Monasterio de las Huelgas Reales (Burgos).

# *Inscripciones y marcas de cantero*

Aunque no se trata de un motivo iconográfico, traemos también a colación las marcas de cantero, porque además de representar la firma o autenticación del acabado de la talla de un sillar, y de tratarse de líneas que indicaban su posición en la hilada y en algún caso estaban relacionadas con los artífices, como es el caso de una ménsula interior de la torre del Reloj de la catedral de León, donde queda una marca de cantero del maestro Jusquín de Utrecht —activo entre 1441 y 1485— grabada en el entrecejo de un rostro que podría ser su autorretrato. A su izquierda aparece, también en bajorrelieve, la figura de una mujer portando un huso de hilar, quizá la esposa leonesa con la que contrajo matrimonio dicho maestro.

A pesar de que la erosión de la piedra ha ido desvirtuando los signos y muchos de ellos están muy deteriorados o han desaparecido, en la catedral de Friburgo hay marcas en el exterior de la torre que revelan las medidas oficiales del pan y de otros productos básicos.

Otras veces parecen representar herramientas como la escuadra, la maza, el compás y la escoda. Algunas se asemejan a símbolos solares, como la esvástica aria o el asterisco (¿una estrella?), o bien a letras que indicarían las iniciales del maestro cantero: «W» (William, Walter), «R» (Robert, Richard, Roger), es decir, la firma o signatura que certificaría su ejecución a fin de proceder al cobro del trabajo terminado. Esta firma constituía, igualmente, el sello de garantía del cantero, recibido tras un arduo aprendizaje en el gremio, uno de los más elitistas de la Edad Media, que se consideraba heredero de los grandes constructores de la Antigüedad, cuyos miembros, regidos por los correspondientes estatutos, habían venido manteniendo en secreto sus conocimientos para transmitirlos de generación en generación.

De ahí que, en algunos sillares, sea frecuente la aparición de más de una marca de cantero, probablemente realizada bien por el maestro y el aprendiz, o bien por dos maestros o gremios distintos que hubiesen trabajado en la misma obra.

El ocultismo atribuye a las marcas de cantero un sentido apotropaico, es decir, protector, ahuyentador del mal. Por ello, se piensa que su localización en un lugar concreto obedecía a la intención de proteger el edificio de los espíritus negativos que lo rondaban.

# *El bestiario*

Un bestiario, del latín *bestiarium*, es un texto ilustrado que contiene recopilaciones de animales reales o fabulosos, de acuerdo a la definición del Diccionario de la Real Academia de la Lengua Española: «En la literatura medieval, colección de relatos, descripciones e imágenes de animales reales o fantásticos».

Por bestiario realista se entiende el conjunto de animales que habitan en la Tierra. El bestiario fantástico se refiere a las criaturas surgidas de la imaginación fabulosa del ser humano antiguo y medieval, cuya mentalidad estaba mediatizada por el conocimiento parcial del planeta, las descripciones supersticiosas y la ignorancia. No estaba definida la diferencia entre ambos, pues aquellos que quedaban fuera de su alcance, porque habitaban en zonas del planeta que no conocía, eran considerados irreales cuando se trataba de animales exóticos.

Los orígenes del bestiario se hallan en las fábulas de autores griegos como Esopo (s. VI a. C.) y romanos como Fedro (ss. I a. C.-I d. C.), en la *Physica* del Pseudo Salomón y en la *Historia Animalium* de Aristóteles, así como en la *Naturalis Historia* («Historia Natural»), escrita en treinta y siete libros entre los años 77 y 79 por Plinio el Viejo (c. 23-79), que dedicó a la zoología o mundo animal los libros VIII al XI, ambos inclusive.

No obstante, la principal obra de referencia fue el *Physiologus* («Fisiólogo»), escrito anónimo de los siglos II-III d. C., redactado en primera versión en lengua griega, probablemente en Alejandría, y traducido a diversos idiomas: sirio, armenio, etíope, árabe...

En cuanto a sus autores, se vienen citando varios, entre ellos, eminentes padres y eruditos de la Iglesia, como san Ambrosio, san Juan Crisóstomo, san Gregorio Nacianceno, san Basilio, san Jerónimo, Orígenes de Alejandría o Epifanio.

Además de numerosas descripciones no solo de animales, sino también de plantas y rocas (por lo que se puede hablar de bestiario, herbario y lapidario), contienen sentencias moralizantes y anécdotas —al uso de la Antigüedad— de la vida de cada animal descrito. Su celebridad llegó a tal punto que un autor de prestigio como san Isidoro de Sevilla recoge diversos comentarios en su monumental obra *Las etimologías.*

A finales del siglo IV fue traducido al latín, coincidiendo con la publicación del *Hexamerón* de san Ambrosio, que consiste en un comentario de los seis días bíblicos de la creación, recogiendo distintas variedades de peces, aves y animales terrestres, seguidas de comentarios, en la seguridad de que, como afirmaba su autor, «los ejemplos persuaden más que las palabras».

Otras obras en la misma línea, publicadas ya en tiempos medievales acompañadas de ilustraciones para mayor difusión entre los iletrados, fueron *De universo* (siglo IX), de Rábano Mauro; el *Speculum Ecclesiae* («Espejo de la Iglesia», siglo XII), de Honorio de Autun; el *Aviarium,* («Sobre las aves», siglo XII), de Hugo de Saint-Victor, y la *Disciplina clericalis,* una colección de *exempla* o cuentos ejemplarizantes escrita por Pedro Alfonso de Huesca a comienzos del siglo XII, asignando a cada animal cualidades positivas y negativas, que contribuyeron al surgimiento del simbolismo zoológico en una época en la que las bestias se consideraban modelo de comportamiento para los hombres, como más adelante veremos. Del mismo contenido es el *Bestiario de Aberdeen*, manuscrito iluminado publicado en Inglaterra también en lengua latina en el siglo XII. *De proprietatibus rerum* («Sobre las propiedades de las cosas»), del franciscano Bartolomeo Anglico (Bartolomé el Inglés), salió hacia mediados del siglo XIII como manual para estudiantes, y es considerado uno de los grandes precursores de la famosa *Enciclopedia* dirigida por Diderot y D'Alembert, publicada en Francia en tiempos de la Ilustración a partir de 1751. En su penúltimo libro, el XVIII, titulado *De animalibus* («Sobre los animales»), lleva a cabo una completa descripción y estudio de los integrantes del primer reino de la naturaleza.

No obstante, la primera clasificación zoológica —de carácter gastronómico, podríamos decir— se encuentra en el Antiguo Testamento, distinguiendo entre cuadrúpedos, volátiles, peces y reptiles a la hora de permitir o prohibir su consumo como alimento para el ser humano, diferenciando, así, entre animales limpios e inmundos (Lv 11; Dt 14:3-21).

Las imágenes del bestiario, que se habían explayado por los frisos, parteluces y tímpanos de las portadas, capiteles, canecillos, modillones, ménsulas, enjutas de los arcos, etc. durante el románico, no abandonaron los templos una vez pasado este estilo, sino que en el gótico siguieron recreándose en los paneles de vidriera, capiteles, sepulcros, artes suntuarias y decorativas, sillerías de coro —especialmente en las misericordias y apoyabrazos— y otros emplazamientos en claustros, iglesias, catedrales y edificios civiles.

Su representación, generalmente, adquiere un doble sentido: moralizante o ejemplarizante y apotropaico, es decir, protector del recinto sagrado; o bien de las figuras sagradas cuando estas reposan en pie sobre sus cabezas, salvando el simbolismo del dominio del bien sobre el mal, y teniendo en cuenta, además, que los animales, tanto reales como fantásticos, eran considerados modelo y ejemplos de virtudes y vicios, es decir, del bien y el mal,

El rico bestiario fantástico del románico a base de monstruos y seres teriomorfos se centra durante el gótico en las figuras infernales, adquiriendo, incluso, un fuerte impulso con la incorporación de nuevas fuentes de inspiración basadas en las noticias que llegan de tierras asiáticas a partir de los relatos de viajeros como Marco Polo y Benjamín de Tudela, que hablan de humanos deformes, con varios brazos, provistos de un solo pie de gran tamaño que les sirve de sombrilla (esciápodos), sin cuello y con la cabeza situada en el tronco (blemios). Se representan nuevos animales fantásticos como las gárgolas, que aparecieron por primera vez hacia 1220 en Francia, concretamente en la catedral de Laon, a modo de desagües para conducir la lluvia al pavimento, lo más lejos posible del edificio. Alcanzaron una notable expansión, llegando pronto a España a través del Camino de Santiago.

La labra de las gárgolas fue evolucionando; de los primeros cánones anchos y compactos se fue pasando a líneas esbeltas, componiendo feroces figuras con cabeza de león y cuerpo alado y escamado, es decir, con el aspecto del mítico dragón de acuerdo a la leyenda que en su país de origen retrotrae el surgimiento de estos seres fantásticos a la caza y posterior quema en la hoguera del monstruo *Gargouille* («Gargantona», por la voracidad de su garganta), que tenía aterrorizado al pueblo. Una vez capturado, las llamas a las que había sido condenado hicieron presa en todo su cuerpo excepto en la garganta, por estar hecha a exhalar llamaradas. En memoria del vencimiento de aquella maléfica fiera, se acordó situar los restos ignífugos sobre la fachada de la casa consistorial de la villa a modo de trofeo. Y de ahí quedó la instalación de estos monstruos en el exterior de los edificios, no solo religiosos, sino también civiles, incluyendo personajes burlescos (fraile socarrón sujetando una rana en la Lonja de la Seda de Valencia, flautista demoniaco en la seo Vieja de Lérida), ejerciendo una función práctica además de protectora de los mismos; cuestión que pervivió con posterioridad al gótico y se mantuvo en los edificios civiles.

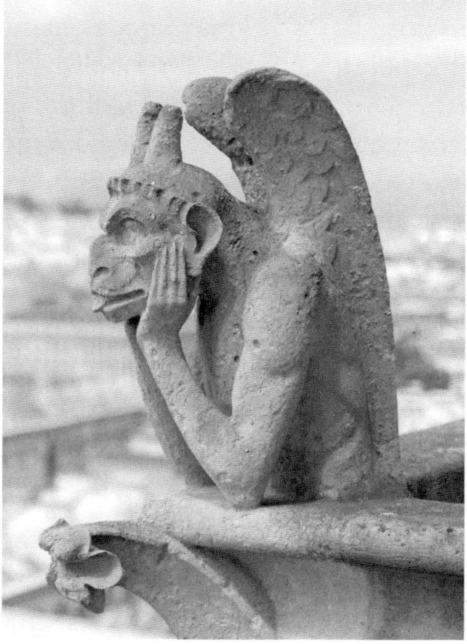

Gárgola en la catedral de París.

Además de las gárgolas, en el bestiario fantástico gótico siguen destacando, como en el románico, los dragones, a veces alados, identificados con el diablo, desde que san Jerónimo transcribió «serpiente» por *draco* al traducir la Biblia del griego y del hebreo al latín (*Vulgata*). Lo combaten valientes caballeros como san Jorge, siguiendo la leyenda en la que este santo guerrero capadocio termina con él y libera a la princesa que iba a devorar el monstruo.

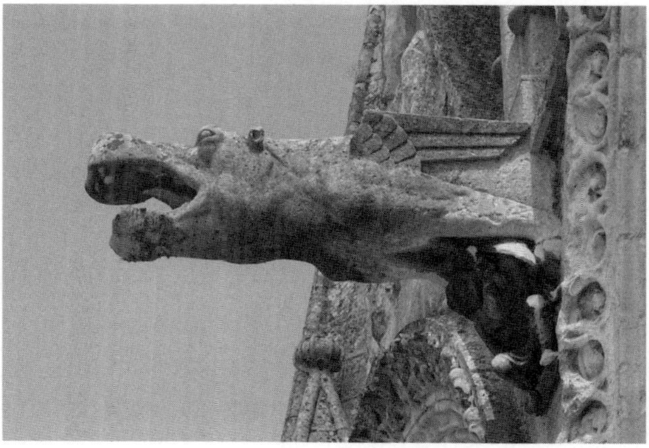

Monstruo diabólico en la catedral de París.

Continúan presentes criaturas como el basilisco (gallo con cola de serpiente), el grifo (*gryphus* en griego: «grito», aludiendo, según algunas versiones, al espanto que produce su presencia), con su cuerpo de león, cabeza de águila, patas delanteras de ave rapaz y traseras en forma de pezuña. El centauro hombre y mujer (la centáuride). El unicornio, considerado de carácter malvado («Sálvame de la boca del león, y de los cuernos de los unicornios líbrame» Sal 22-21), pero en ese dualismo presente en el mundo bíblico, identificado también con Cristo: «Y el Amado será como el hijo del unicornio» (Sal 29:6); «Dios los ha sacado de Egipto; tiene fuerzas como de unicornio» (Nm 23-22).

Teólogos como san Bernardo, en su severo ascetismo, estuvieron frontalmente en contra de la representación de todo tipo de seres fantásticos en los claustros de los monasterios cistercienses, como consta en su meritada epístola al abad Guillermo:

> Pero en los claustros, donde los hermanos practican su lectura, ¿qué razón de ser tienen tantos monstruos ridículos, tanta admirable belleza deforme y tanta bella deformidad? ¿Qué hacen allí los monos inmundos? ¿Qué los fieros leones? ¿Qué los monstruosos centauros? ¿Qué los semihombres híbridos? ¿Qué los tigres maculados? ¿Qué los guerreros en combate? ¿Qué

> los cazadores con bocinas? Podrás también encontrar muchos cuerpos humanos bajo una sola cabeza y un solo tronco del que surgen varias cabezas. Se discierne aquí un cuadrúpedo con cola de serpiente, allí un pez con cabeza de cuadrúpedo. Más allá una bestia con cuartos delanteros de caballo y los traseros de cabra montaraz. O aquella otra criatura con cuernos en la cabeza y forma equina en la mitad posterior de su cuerpo. Por todas partes aparece tan grande y prodigiosa variedad de los más diversos caprichos, que a los monjes más les agrada leer en los mármoles que en los códices, y pasarse todo el día admirando tanto detalle en lugar de meditar sobre la ley de Dios.

La mayor proliferación del bestiario fantástico durante el gótico tuvo lugar en las escenas del Juicio Final que ilustran las portadas de las grandes iglesias y catedrales, donde se multiplican las figuras alusivas a las criaturas infernales, así como en las misericordias o paciencias de las sillerías de coro, paradójicamente en el interior del recinto sagrado, en un *totum revolutum* con personajes de la vida o de la literatura popular y animales cotidianos o fantásticos, dentro de un espíritu satírico-burlesco de afán moralizante *ad doctrinam*, es decir, para el adoctrinamiento de los fieles, a fin de criticar los vicios de todos los ámbitos de la sociedad, incluido el eclesiástico, advirtiendo a los cristianos que en el camino opuesto está la virtud que conduce a la salvación eterna, pues, como decía san Anselmo, «los ejemplos persuaden más que las palabras».

# *Bibliografía*


ALVARADO PLANAS, Javier. *Heráldica, simbolismo y usos tradicionales de las corporaciones de Oficio; las marcas de canteros.* Hidalguía, Madrid, 2009.

ARA GIL, Julia. «Escultura», en *Historia del arte de Castilla y León*, t. III Arte gótico. Ámbito, Valladolid, 1994.

DE PAMPLONA, Germán (OFM). *Iconografía de la Santísima Trinidad en el arte medieval español.* Consejo Superior de Investigaciones Científicas, Madrid, 1970.

FRANCO MATA, María Ángela. *Escultura gótica en León y provincia (1230-1530).* León, 1998.

—. «Iconografía funeraria gótica en Castilla y León (siglos XIII y XIV)», en *De arte: revista de historia del arte*, n.º 2, pp. 47-86. Universidad de León, 2003.

GARCÍA GARCÍA, Francisco de Asís. «La Anástasis-Descenso a los infiernos», en *Revista Digital de Iconografía Medieval*, vol. III, n.º 6, pp. 1-17. Universidad Complutense de Madrid, 2011.

GARCÍA MAHIQUES, Rafael. «Los tipos iconográficos de la tradición cristiana», en *NORBA, Revista de Arte*, vol. XL. Universidad de Extremadura, 2020.

GÓMEZ-CHACÓN LUCÍA, Diana. «Arma Christi», en *Base de datos digital de iconografía medieval.* Universidad Complutense de Madrid, 2017

GÓMEZ RASCÓN, Máximo. *Theotokos. Vírgenes medievales de la diócesis de León.* Edilesa. León, 1996.

—. *Pantocrátor y siervo*. Edilesa. León, 2003.

MARTÍ BONET, José M.ª y MONASTERIO SÁNCHEZ, Joaquín. *Iconografía cristiana*, tomos *I Antiguo Testamento* y *II Nuevo Testamento*. Bubok Publishing. Madrid, 2018, 2020.

MARTÍNEZ DE LA TORRE, Cruz *et al*. *Mitología clásica e iconografía cristiana*. Editorial Universitaria Ramón Areces. Madrid, 2010.

MONREAL Y TEJADA, Luis. *Iconografía del cristianismo*. Acantilado. Barcelona, 2000.

PANOFSKY, Erwin. *El significado de las artes visuales*. Alianza, Madrid, 1980.

PASCUAL ÁLVAREZ, Irene. «Iconografía del Juicio Final en las portadas góticas hispánicas», en *Revista Digital de Iconografía Medieval*, vol. XI, n.º 21, pp.: 157-187. Universidad Complutense de Madrid, 2019.

PEINADO GUZMÁN, José A. «Simbología inmaculista, letanías lauretanas e iconografía», en *Archivo Teológico Granadino*, n.º 75, pp. 167-190. Universidad Loyola, 2012.

RÉAU, Louis. *Iconografía del arte cristiano. Iconografía de la Biblia. Antiguo Testamento*, tomo 1 / vol. 1. Ediciones del Serbal, Barcelona, 1996.

—. *Iconografía del arte cristiano. Introducción general*. Serbal, Barcelona, 2000.

SALVADOR GONZÁLEZ, José María. «In virga Aaron Maria ostendebatur. "Nueva interpretación del ramo de lirios en La Anunciación gótica española a la luz de fuentes patrísticas y teológicas"», en *Anales de Historia del Arte*, vol. 24, pp. 37-60. Universidad Complutense de Madrid, 2014.

TARANILLA DE LA VARGA, Carlos Javier. *Breve historia del gótico*. Nowtilus, Madrid, 2016.

TEIJERIA PABLOS, M.ª Dolores. *La iconografía marginal en la transición del Gótico al Renacimiento*. IX Congreso Español de Historia del Arte: «El arte español en la transición». Parte I, 29 septiembre-2 de octubre, León, 1992.

# *Índice onomástico*

(En cursiva, personajes bíblicos y apócrifos)

# *Índice toponímico*

# *Glosario*

A

*Abilletado:* adornado con billetes.

*Abocinado:* hueco o vano (puertas, ventanas) que disminuye hacia el interior.

*Abovedado*: techo cubierto con bóveda.

Ábside: zona sobresaliente de planta semicircular, poligonal o cuadrada en la planta de un templo, normalmente en la cabecera, aunque hay ejemplos de doble ábside, en los que también existe a los pies del edificio, e incluso en los brazos del crucero.

*Absidiola* u *absidiolo*: ábside de menor tamaño, que flanquea al principal.

*Afrontado*: figura o elemento dispuesto frente a frente o contrapuesto.

*Agua*: vertiente de un tejado.

*Ajedrezado*: adorno que recorre una pared o un vano por su parte superior, elaborado a base de pequeñas molduras cuadradas entrantes y salientes alternativamente, similar al tablero de ajedrez, dispuestas en friso. Ajedrezado. Taqueado.

*Alfiz*: moldura rectangular que enmarca un vano con carácter decorativo. Originario del arte islámico.

*Altorrelieve:* composición esculpida en un muro que sobresale del fondo más de la mitad de su bulto.

*Alzado*: vista o proyección plana en vertical de los elementos que integran la fachada de un edificio.

*Antropomorfo*: de forma humana.

*Antropozoomorfo*: de forma humano-animal.

*Apostolado*: término que designa la representación conjunta del Colegio Apostólico, formado por los doce apóstoles, que acompañan a Cristo en Majestad.

*Arcada*: serie de arcos sobre pilares o columnas.

*Arco*: elemento arquitectónico que cierra un vano entre dos puntos. En el románico el arco más utilizado es el de medio punto o semicircular de un solo centro.

*Arcosolio*: arco ciego abierto en una pared para cobijar, generalmente, el sepulcro de una persona de especial dignidad.

*Arma Christi*: instrumentos de la Pasión convertidos en emblemas heráldicos con los que Cristo venció al demonio y la muerte, recibiendo por ello el nombre de *Scutum Salvationes* («Escudo de Salvación»). En el siglo XIII incluían la corona de espinas, la columna, las varas de la Flagelación, la cruz, los clavos, el *titulus crucis* (INRI), las cinco llagas, la esponja y la lanza. Posteriormente, durante los siglos XIV y XV, se fueron añadiendo, entre otros, como cita Lucía Gómez Chacón, «los treinta denarios, la linterna de Malco y su oreja pegada a la espada o machete de san Pedro, las lámparas de la noche del Prendimiento, el gallo de la Negación (*gallus cantans*) y la columna ante la que lloró san Pedro, una cabeza que escupe a Cristo (*sputum in facie Christi*), la venda de los ojos, la mano que abofeteó a Cristo (*manus dans alapas*), la pierna del sayón que le propinó una patada; el aguamanil, la jofaina y el paño del Lavatorio de manos de Pilato, la cuerda con la que Cristo fue atado a la columna, la cortina del templo, la Santa Faz en el lienzo de la Verónica, los dados con los que [los soldados] se echaron a suertes los vestidos de Cristo, el paño de pureza, el martillo, la escalera y las tenazas».

*Arquivolta*: arco que forma parte de una serie concéntrica que enmarca la portada.

B

*Bajorrelieve*: composición esculpida en un muro que sobresale del fondo menos de la mitad de su bulto.

*Baldaquino*: templete cubierto por cúpula o dosel, sostenido sobre cuatro columnas que cobijan un ara o altar aislado. El término deriva del primitivo ciborio que incluía telas de Bagdad (*Baldac*).

*Baqueta* o *baquetón*: moldura cilíndrica o semicilíndrica que recorre un muro con carácter decorativo.

*Bidimensional*: representación en un plano de dos dimensiones, largo y alto.

*Billetes*: ornamentación a base de medios cilindros entrantes y salientes.

*Bocel*: moldura convexa semicircular de carácter decorativo que adorna las arquivoltas o la superficie de una fachada.

*Bóveda*: techo curvo. En el románico la más utilizada es la bóveda de cañón o medio cañón, originada por la proyección en el espacio de un arco de medio punto.

*Bulto redondo*: escultura que puede verse desde todos los ángulos y recorrerse alrededor.

C

*Cabecera*: zona de la iglesia dedicada al culto.

*Calvario*: Cristo en la cruz con la Virgen a su derecha y san Juan Evangelista a su izquierda.

*Canecillos*: elementos salientes que soportan la cornisa de un edificio.

*Capitel*: parte superior de una columna situada encima del fuste, sobre el que apoya el entablamento del edificio.

*Celosía*: enrejado de metal o piedra que cierra un vano.

*Ceroferarios, ángeles*: criaturas angélicas portando cirios.

*Champlevé:* talla en hueco. Técnica de esmaltado consistente en abrir cavidades en una placa de metal para depositar el esmalte. Las figuras se elaboran con hilos de metal.

*Ciborio*: baldaquino que coronaba un altar o tabernáculo en los primeros templos cristianos.

*Ciego*: vano cerrado o arco por el que no penetra la luz al estar adosado a un muro.

*Cimacio*: moldura situada sobre el capitel.

*Cimborrio* o *cimborio*: torre poligonal o cuadrada cubierta con cúpula, elevada sobre el crucero de una iglesia.

*Cimbra:* armazón de madera que se utiliza para la construcción de bóvedas o arcos mientras fragua la argamasa.

*Clasicismo*: tendencia artística basada en modelos grecorromanos.

*Clave*: pieza central de las dovelas que forman el arco o los plementos de la bóveda. *Pinjante:* clave colgante.

*Clípeo*: del latín *clipeus*, escudo circular que en el arte cristiano se emplea como símbolo honorífico para inscribir en su interior al *Agnus Dei*.

*Contrafuerte*: elemento arquitectónico que refuerza el muro.

*Contraposto*: postura de la figura humana con una pierna apoyada y otra ligeramente avanzada y flexionada, sugiriendo movimiento.

*Crucero*: en una iglesia, punto de intersección de la nave transversal con la nave mayor.

D

*Damero*: V. «Ajedrezado».

*Deambulatorio:* V. «Girola».

*Déesis*: Cristo entronizado con la Virgen a su derecha y san Juan Bautista a su izquierda.

*Dovela*: cada una de las piezas que forman un arco.

E

*Eboraria:* arte del trabajo y la talla del marfil.

*Ebúrneo*: de marfil o con su color y aspecto.

*Elefantino*: realizado en marfil.

*Enjuta*: cada uno de los espacios libres en un cuadrado al inscribir un círculo o un arco en su interior.

*Entronizado*: sedente en un trono.

*Estética*: disciplina que estudia y analiza el arte.

*Estilo*: conjunto de características artísticas comunes a una época, un país, una escuela, etcétera.

*Estofado:* madera dorada y policromada.

*Estuco:* baño a base de cal muerta, yeso o polvo de marfil y tiza.

*Expresionismo*: tendencia figurativa que deforma la realidad para plasmar connotaciones religiosas, místicas, psicológicas, satíricas, de crítica y denuncia, etcétera.

*Extradós*: parte superior de un arco o una bóveda.

*Exvoto*: acción de gracias mediante una obra artística.

F

*Faja*: moldura decorativa estrecha que recorre, total o parcialmente, una parte del edificio.

*Fajón:* arco que refuerza una bóveda de cañón adosado a la misma.

*Figurativo:* arte o artista que representa formas perceptibles y comprensibles a primera vista.

*Filigrana*: decoración geométrica a base de líneas entrelazadas.

*Fitomorfo*: que tiene forma vegetal.

*Flecha*: en un vano, su altura máxima.

*Follaje*: ornamento vegetal (hojas, tallos, ramas).

*Forma*: conjunto de líneas y colores, planos y volúmenes, que componen la obra de arte.

*Formero*: cada uno de los arcos dispuestos en sentido longitudinal sobre columnas o pilares que sujetan una bóveda de cañón.

*Fresco*: técnica pictórica que consiste en aplicar en un paramento los colores disueltos en agua sobre una mezcla de cal y arena.

*Friso*: banda horizontal decorada con escenas en serie.

*Fuste:* parte de una columna donde apoya el capitel.

G

*Geminados*: elementos dispuestos de dos en dos.

*Girola*: prolongación de las naves laterales, con apertura de capillas, rodeando el altar mayor. Deambulatorio.

*Greca*: motivo ornamental formado por líneas quebradas en ángulo recto con carácter repetitivo.

*Grutesco*: ornamento decorativo de carácter fantástico realizado con vegetales entrelazados.

H

*Hagiografía*: historia de la vida de los santos.

*Hastial:* parte superior o central de la fachada de un edificio. Imafronte.

*Hieratismo*: actitud rígida y carente de realismo en la representación de la figura humana.

*Historiado*: decoración a base de escenas figuradas.

*Hornacina:* hueco en forma de arco de medio punto abierto en un muro o un retablo, que puede albergar una estatua, un jarrón u otro elemento decorativo.

*Horror vacui*: expresión latina que significa «horror al vacío» y designa la tendencia a no dejar espacios libres de decoración en una superficie.

I

*Icono*: imagen religiosa pintada al temple sobre tabla.

*Iconografía*: ciencia que describe e identifica las imágenes de una obra de arte.

*Iconología*: ciencia que interpreta los símbolos y alegorías en las representaciones artísticas.

*Idealismo*: tendencia artística que pretende representar la belleza buscando la perfección.

*Iluminar*: decorar o ilustrar manuscritos.

*Ilusionismo*: representación de la tercera dimensión a base del volumen en las figuras y la profundidad espacial.

*Imposta*: línea de arranque de un arco o una bóveda.

*Intradós*: cara interior y cóncava de un arco o una bóveda.

*Isocefalia*: alineación a la misma altura de todas las cabezas de los personajes.

J

*Jambas*: Paramentos laterales verticales dispuestos en los vanos de puertas y ventanas.

L

*Lacería*: decoración geométrica a base de líneas curvas entrelazadas.

*Linterna*: pequeña construcción con ventanitas laterales superpuesta a la cúpula para que penetre la luz el interior del edificio.

*Lóbulo*: sector de un arco o adorno geométrico en forma de onda. En serie: polilobulado.

*Luz:* en un vano, su anchura máxima.

M

*Mainel*: V. parteluz.

*Mandorla*: del latín *amigdala* y este del griego *amigdale* («almendra»), designa el halo de forma ovalada (almendrada) que simboliza el resplandor del universo; suele rodear al Pantocrátor y a Cristo en Majestad; en ocasiones también a Dios Padre, a la Virgen y a algunos santos.

*Mediorrelieve*: composición esculpida en un muro que sobresale del fondo la mitad de su bulto.

*Ménsula*: pieza saliente de una pared que puede soportar una estatua, un arco, etcétera.

*Modillón*: pieza saliente que soporta la cornisa o alero de un edificio.

*Motivo*: rasgo que se repite en un conjunto de obras de arte o en una de ellas.

*Mural* o *parietal*: obra realizada sobre un muro o pared.

N

*Naturalismo*: tendencia artística que se basa en la imitación directa de la naturaleza y las actitudes humanas.

*Nimbo*: círculo luminoso que rodea la cabeza de una figura para indicar su santidad. Nimbo crucífero: aquel que tiene inscrita una cruz, exclusivo de Cristo y del *Agnus Dei;* circular simple en la Virgen y los santos; circular perlado, mayor distinción; cuadrado: personas aún vivas.

O

*Óculo:* abertura circular en un muro (generalmente, la fachada) para que penetre la luz exterior en el recinto. Simboliza a la Providencia como «ojo que todo lo ve».

*Onda*: motivo ornamental a base de curvas sucesivas.

*Orfebrería*: arte de los metales.

P

*Pan de oro*: finas láminas de oro batidas, mezcladas a veces con plata y cobre, que se aplican para lograr tonos dorados en las labores artísticas.

*Paramento:* superficie exterior de un muro.

*Parteluz:* elemento constructivo que divide verticalmente ("parte la luz") un vano, generalmente la portada principal.

*Peraltado*: arco o bóveda prolongado por debajo de la línea de impostas.

*Perspectiva*: método técnico en pintura y escultura (relieve) para representar la tercera dimensión, es decir, el volumen y la profundidad en un espacio bidimensional como la superficie de un muro o paramento.

*Piedad*: representación de la Madre de Dios con su Hijo muerto en el regazo.

*Pilastra*: pilar adosado a un muro.

*Planta*: plano o sección horizontal de un edifico cortado a ras de suelo.

*Plástica*: representación de tipo pictórico y escultórico.

*Policromar*: aplicar varios colores a una superficie.

*Polilobulado*: V. lóbulo.

*Predela*: parte inferior pintada de un retablo.

*Profano*: arte de temática social, no religiosa.

R

*Realismo*: tendencia artística que representa la realidad objetiva.

*Relieve*: escultura sobre el mismo bloque que le sirve de soporte. Según sobresalga del fondo menos de la mitad, la mitad o más de la mitad, se trata de bajo, medio o alto relieve.

*Reliquia*: del latín *reliquiae: «aquello que queda»;* resto sacro tras la muerte de una persona sagrada: cuerpo o partes del mismo, instrumentos de suplicio (si se trata de mártires), objetos que le pertenecieron o estuvieron en contacto con Cristo, la Virgen, los santos o mártires.

*Repujado*: labor artística sobre metal o cuero consistente en golpear el reverso hasta crear relieve en el anverso.

*Retablo:* del latín *retro tabulum* («detrás de la mesa del altar»). Estructura arquitectónica dividida verticalmente en calles y horizontalmente en pisos, protegida por un guardapolvo, para disponer figuras o imágenes sagradas. La parte superior que lo corona se denomina ático y la inferior banco o predela si está decorada.

*Roleo o rollo*: motivo decorativo circular.

*Roseta:* motivo geométrico decorativo en forma de rosa con sus pétalos en disposición radial.

S

*Saetera:* ventana alargada y muy estrecha.

*Salmer*: cada una de las dovelas del arco situadas a ambos lados de la línea de impostas.

*Sarcófago*: término de origen griego (*sarks:* carne; *fagos*: tragar: «el que come la carne») que designa la urna que contiene el cuerpo del difunto para su enterramiento.

*Sedente*: personaje que se representa sentado.

*Sillar:* cada una de las piedras de un muro.

*Sillarejo:* sillar pequeño.

*Simetría*: disposición de los elementos de un conjunto artístico para que se correspondan en relación a un eje central.

*Sogueado*: decoración en forma de soga.

*Sotabanco*: parte inferior del banco de un retablo.

T

*Tabla*: pintura realizada sobre madera.

*Talla*: escultura en madera.

*Tallar*: esculpir, labrar.

*Tambor:* construcción que sostiene la cúpula de un edificio. También, cada una de las piezas que forman el fuste de una columna.

*Tarjeta*: elemento decorativo que presenta una inscripción.

*Témpera* o *temple:* técnica pictórica consistente en diluir los colores en yema de huevo o agua de cola antes de pintar.

*Tenantes, ángeles*: criaturas divinas que sostienen dentro de una mandorla o un clípeo al *Agnus Dei*, a Cristo Salvador o bien su cuerpo muerto no inscrito.

*Tesela*: cada una de las pequeñas piezas cúbicas de mármol, vidrio o cerámica que componen un mosaico.

*Testero*: cabecera de un templo.

*Tímpano*: en una portada, espacio semicircular entre el dintel y la primera arquivolta.

*Torales*: cada uno de los cuatro arcos que sujetan el tambor de la cúpula sobre el crucero de un templo.

*Transepto*: nave perpendicular a la nave mayor en una iglesia, que forma el crucero.

*Tríptico*: objeto pintado o labrado formado por tres hojas, de las cuales las dos laterales se pliegan sobre la central.

*Triunfal, arco*: en el interior de un templo, arco que precede al presbiterio.

*Turiferarios, ángeles*: ángeles portadores de incensarios.

V

*Vano*: abertura en una pared o muro; puerta, ventana.

*Venera*: motivo decorativo. Concha. Vieira. Emblema de los peregrinos a Santiago.

*Votivo*: objeto o figura que se ofrenda a la divinidad.

Z

*Zigzag*: líneas quebradas decorativas que forman alternativamente ángulos entrantes y salientes.

*Zoomorfo*: representación artística de forma animal.

# *Créditos fotográficos*

Wikimedia Commons dominio público excepto págs.: 24 (Chosovi-CC BY-SA 2.5), 26 (Diego Delso-CC BY-SA 4.0), 56 (Carlos Delgado-CC-BY-SA), 70 (Guillaume Piolle-CC BY 3.0), 74 (BetacommandBot -CC BY GA 3.0), 84 y 92 (FrDr-CC BY 4.0), 95 (NeuCeu-CC BY-SA 3.0), 100, 101 y 103 (Ponyterr-CC BY-SA 3.0), 115 (Robert Breuer-CC BY-SA 3.0), 126 y 146 (Sailko-CC BY SA 3.0), 132 (Chris 73-CC BY-SA 3.0), 134 (Rama-CC BY-SA 2.0), 140 (Rowanwindwhistler-CC BY-SA 3.0), 144 (Mar del Sur-CC BY-SA 3.0), 153 (Robert Breuer-CC BY-SA 3.0), 157 (Miguel Hermoso Cuesta-CC BY-SA 3.0), 161 y 164 (Robert Breuer-CC BY-SA 3.0), 176a (Zoser-CC BY-SA 4.0), 176b (Uoaei1-CC BY-SA 3.0), 194 (Tostie14-Flickr, CC BY 2.0), 196 (LBM1948-CC BY-SA 4.0), 206 (Robert Breuer-CC BY-SA 3.0), 212 (Alexander Hoernigk-CC BY 3.0), 226 (Guu-CC BY-SA 4.0), 227 (Yiorsito -CC BY-SA 4.0), 227 (Ecelan-CC BY-SA 4.0), 228 (Antoine le Moiture-Poulpy-CC BY-SA3.0), 230 (Borjaanimal-CC BY-SA 4.0), 236 (Nodal Imagen-Universidad de Salamanca-CC BY-SA 3.0), 238 (Allie_Caulfield-CC BY 2.0), 240 (Joanbanjo CC BY-SA 3.0), 247 (Rama CC BY SA 2.0), 254 (Wi1234-CC BY-SA 3.0), 269 (Lancastermerrin88-CC BY-SA 4.0), 276 (Jawed Karim-CC BY-SA 3.0), 277 (Anonymous-CC BY-SA 4.0). Cuadernillo, págs.: 1 arriba (Artmch-CC BY-SA 3.0), 4 arriba (José Luis Filpo Cabana-CC B 4.0); 8 abajo (MOSSOT-CC BY-SA 3.0).

Autor págs.: 20, 22, 44, 45, 50, 52, 57, 58, 59, 76, 105, 112, 114, 118, 133, 136, 150, 168, 170, 172, 186, 191, 192, 197, 208, 215, 221, 222, 232, 235 superior, 242, 246, 248, 250, 252, 264, 265 y 268. Págs.: 105, 133, 150, 192, 197, 242 y cuadernillo 8 arriba con la autorización y el agradecimiento debido al Sr. deán de la Catedral de León.

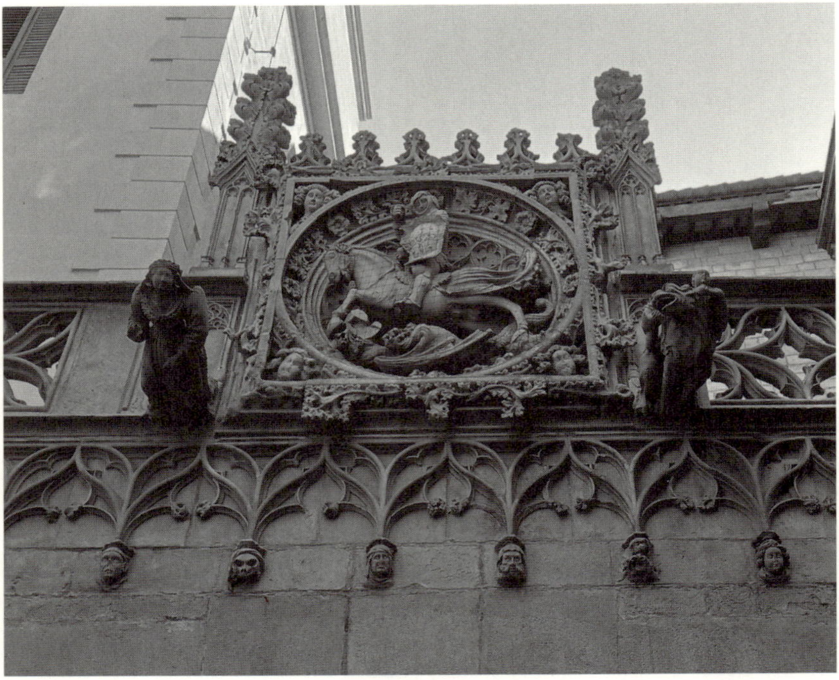

*Medallón de San Jorge*, obra de Pere Johan, circa 1420, en el Palau de la Generalitat de Barcelona. La gárgola representa a la princesa de la leyenda.

Concluyó la impresión de este libro, por encomienda de Editorial Almuzara, el 23 de abril de 2024, Día del Libro y de San Jorge/Sant Jordi, patrono de Aragón y Cataluña.